IMPÉRIO À DERIVA

OBJETIVA

PATRICK WILCKEN

IMPÉRIO À DERIVA

A CORTE PORTUGUESA NO RIO DE JANEIRO, 1808-1821

Tradução
Vera Ribeiro

OBJETIVA

Título original
Empire Adrift — The Portuguese Court in Rio de Janeiro 1808-1821

EDITORA OBJETIVA LTDA., Rua Cosme Velho, 103
Rio de Janeiro — RJ — CEP: 22241-090
Tel.: (21) 2556-7824 — Fax: (21) 2556-3322
www.objetiva.com.br

Capa
Fatima Agra sobre *design* original de William Webb

Revisão
Umberto Figueiredo Pinto
Tereza da Rocha
Taís Monteiro

Editoração Eletrônica
Abreu's System Ltda.

W667i

Wilcken, Patrick

Império à deriva : A corte portuguesa no Rio de Janeiro, 1808-1821 / Patrick Wilcken, tradução de Vera Ribeiro. – Rio de Janeiro : Objetiva, 2005

326p. ISBN 85-7302-738-X
Tradução de : *Empire adrift : The portuguese court in Rio de Janeiro, 1808-1821*

1. Brasil – História – Primeiro Reinado (1808-1821). I. Título

CDD 981.03

Para Andreia

SUMÁRIO

Mapa exibindo a fuga da
Corte Portuguesa para o Rio de Janeiro,
1807-1808

GRÃ-BRETANHA
Açores
PORTUGAL
ESPA
Lisboa
Tej
Madeira
Desmembramento da frota por tormentas na costa da I. Madeira
Atlântico Norte
Canárias
Cabo Verde
Bissau
Capitania Geral da VENEZUELA
Os navios que levam a família real ancoram em Salvador, antes de zarpar para o Rio
Equador
VICE-REINADO DE NOVA GRANADA
Amazonas
Recife
Depois de abastecer nas ilhas de Cabo Verd o resto da frota segue diretamente para o Rio
BRASIL
VICE-REINADO DO PERU
Minas de ouro
Salvador
Oceano
VICE-REINADO DO RIO DA PRATA
São Paulo
Rio de Janeiro
Capitania Geral do CHILE
Atlântico Sul
Montevidéu
Buenos Aires
Pacífico
Território disputado da Banda Oriental, posteriormente Uruguai

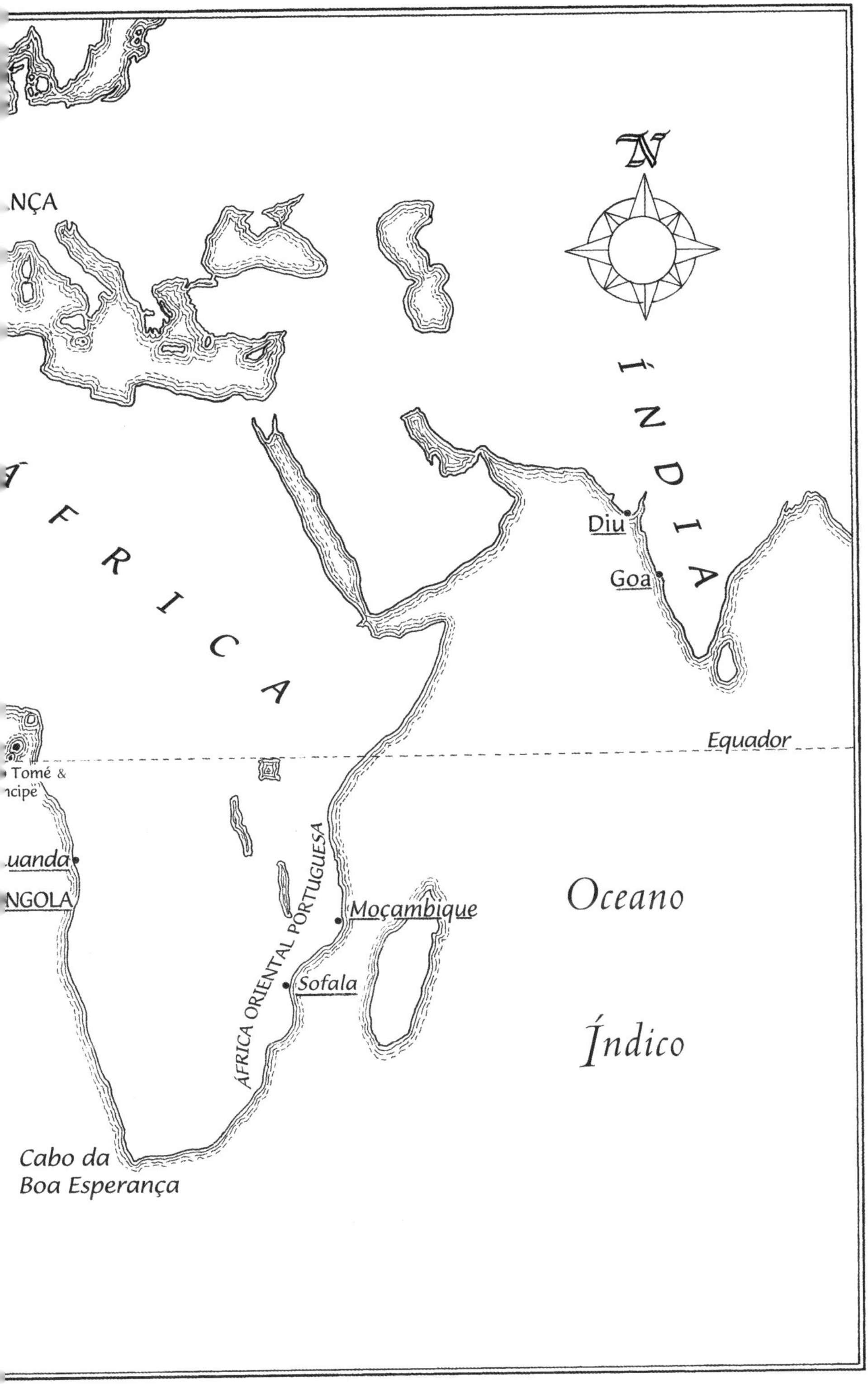
N
ÍNDIA
Diu
Goa
Equador
ÁFRICA ORIENTAL PORTUGUESA
Moçambique
Sofala
Oceano
Índico
Cabo da
Boa Esperança

LISTA DE ILUSTRAÇÕES COM CRÉDITOS

IMAGEM DA CAPA: *Funcionário do governo passeia com a família*, de Jean-Baptiste Debret.

Essa famosa aquarela de Debret retrata o passeio da família de um burocrata rico. Como era de costume, o chefe da família lidera o cortejo, seguido pelas filhas, a começar pela caçula; seguem-se a mãe (grávida) e um séqüito de escravos: sua dama de companhia, sua ama-de-leite e a escrava da ama-de-leite. Fechando o cortejo vêm o criado do senhor e dois jovens escravos aprendizes, "que crescerão no estalo do açoite", enquanto a cozinheira aparece parada à porta. (Jean-Baptiste Debret, *Voyage pittoresque et historique au Brésil, ou, Séjour d'un artiste français au Brésil, depuis 1816 jusqu'en 1831*, 3 vols., Paris: Firmin Didiot Frères, 1834-1839, vol. 3, p. 126-127.) Cortesia dos Museus Castro Maya.

LÂMINAS

1. *Dom João VI*, de José Inácio S. Paio (1824), Palácio Nacional de Mafra, cortesia do Instituto Português do Patrimônio Arquitectónico (IPPAR).

2. *Dona Carlota Joaquina*, autor anônimo, Palácio Nacional da Ajuda, cortesia do IPPAR.

3. *Dom Pedro*, desenho de Jean François Vautier, gravura de Badoureau, Palácio Nacional da Ajuda, cortesia do IPPAR.

4. *Percy Clinton Sydney Smythe, sexto visconde de Strangford*, cortesia da National Portrait Gallery, Londres.

5. *Embarque para o Brasil*, de Nicolas Louis Albert Delerive, Museu Nacional dos Conches, cortesia do Instituto Português de Museus.

6. *Alegoria das virtudes de Dom João VI*, de Domingos António de Sequeira, 1810, Palácio Nacional de Queluz, cortesia do IPPAR.

7. *Entrada no porto do Rio, in* João Maurício Rugendas, *Viagem Pitoresca Através do Brasil*, São Paulo: Biblioteca Histórica Brasileira, lâmina 1/6, cortesia da Canning House Library, Londres.

8. *Porto do Rio, in* João Maurício Rugendas, *Viagem Pitoresca Através do Brasil*, São Paulo: Biblioteca Histórica Brasileira, lâmina 1/7, cortesia da Canning House Library, Londres.

9. *Vista em frente ao Mosteiro de São Bento, in* João Maurício Rugendas, *Viagem Pitoresca Através do Brasil*, São Paulo: Biblioteca Histórica Brasileira, lâmina 3/12, cortesia da Canning House Library, Londres. Fotografia: Elisa Guerra.

10. *Castigo público, in* João Maurício Rugendas, *Viagem Pitoresca Através do Brasil*, São Paulo: Biblioteca Histórica Brasileira, lâmina 4/15, cortesia da Canning House Library, Londres.

11. *Retratos de escravas, in* Jean-Baptiste Debret, *Viagem Pitoresca e Histórica ao Brasil*, 3 vols., São Paulo: Biblioteca Histórica Brasileira, 1949, vol. 2, lâmina 22, cortesia da Canning House Library, Londres. Fotografia: Elisa Guerra.

12. *Senhora brasileira em casa, in* Jean-Baptiste Debret, *Viagem Pitoresca e Histórica ao Brasil*, 3 vols., São Paulo: Biblioteca Histórica Brasileira, 1949, vol. 2, lâmina 6, cortesia da Canning House Library, Londres. Fotografia: Elisa Guerra.

13. *Jantar no Brasil, in* Jean-Baptiste Debret, *Viagem Pitoresca e Histórica ao Brasil*, 3 vols., São Paulo: Biblioteca Histórica Brasileira, 1949, vol. 2, lâmina 7, cortesia da Canning House Library, Londres. Fotografia: Elisa Guerra.

14. A arquiduquesa Leopoldina, miniatura, *c.* 1817, *in Viagem ao Brasil nas Aquarelas de Thomas Ender, 1817-18*, Petrópolis: Kapa Editorial, 2000, vol. I, p. 22. Fotografia: Elisa Guerra.

15. *O desembarque da princesa real Dona Leopoldina, in* Jean-Baptiste Debret, *Viagem Pitoresca e Histórica ao Brasil*, 3 vols., São Paulo: Biblioteca Histórica Brasileira, 1949, vol. 3, lâmina 32, cortesia da Canning House Library, Londres. Fotografia: Elisa Guerra.

16. *A partida de Dona Carlota, in* Jean-Baptiste Debret, *Viagem Pitoresca e Histórica ao Brasil*, 3 vols., São Paulo: Biblioteca Histórica Brasileira, 1949, vol. 3, lâmina 46, cortesia da Canning House Library, Londres. Fotografia: Elisa Guerra.

17. *Desembarque do Rei Dom João VI acompanhado por uma comitiva parlamentar, em 4 de julho de 1821*, gravura de Constantino de Fontes, cortesia do Museu da Cidade, Lisboa.

Prefácio

Quarenta quilômetros ao norte de Lisboa, nas montanhas de Sintra, fica a cidadezinha de Mafra. Suas residências são apequenadas por uma enorme estrutura setecentista, um mosteiro em estilo barroco italiano, construído durante o reinado de D. João V (1706-1750).[1] As agulhas das torres e as cúpulas arredondadas podem ser vistas a quilômetros de distância; a fachada imponente, ladeada por duas volumosas torres, domina a região, mas obscurece a extensão completa do complexo arquitetônico, que se espalha por 40 mil metros quadrados de celas monásticas, capelas, apartamentos e salões de banquete.

No entanto, o projeto começou pequeno, quando D. João V ordenou a construção de um convento modesto, para agradecer pelo nascimento de um herdeiro. Originalmente, pretendia-se que ele abrigasse apenas 13 frades franciscanos e, em 1717, apenas algumas centenas de pedreiros deslocaram-se para o interior a fim de dar início à obra. Sete anos depois, havia 12 mil camponeses acampados numa área que, em pouco tempo, se transformou no maior canteiro de obras da Europa. Em 1730, a força de trabalho aproximava-se de 50 mil braços, o equivalente a uma grande cidade do século XVIII. O custo disparou, mas o Tesouro Real continuou a arcar com ele, encomendando mármores italianos em tons de rosa, branco, azul, amarelo e preto. Os sineiros de Liège e Antuérpia ficaram tão surpresos com a encomenda que questionaram seu tamanho, mas, com o tempo, mais de cem sinos foram fundidos e transportados de carroça pela Europa até Portugal.

Do outro lado do oceano Atlântico, a milhares de quilômetros dali, e adentrando outros 400 quilômetros pelo interior do Brasil, até uma região hoje conhecida como Minas Gerais, ficava a suprema fonte de renda da extravagância de Mafra. Ali, na nascente do sistema colonial, homens com escravos e "ajudantes" ameríndios revolviam o solo, cavando minas rudimentares e peneirando o leito dos rios, na primeira corrida do ouro do mundo moderno.[2] Nos primeiros anos, as condições eram pavorosas — as jazidas ficavam em território acidentado e inexplorado, e as levas de garimpeiros não tardavam a esgotar seus suprimentos. Contudo, ao se iniciarem as obras em Mafra, já havia ouro em pó cruzando o Atlântico. Em pouco tempo, diamantes e pedras preciosas passaram a ser arrancados da terra e embarcados para a Europa, e a coleta de tributos por sua venda engordava ainda mais os cofres da Coroa.

Com a renda crescente que chegava das colônias, os arquitetos se reuniram para refazer seus projetos do mosteiro. A enfermaria foi reprojetada de modo a se abrir para sua própria capela, a fim de que os pacientes acamados pudessem ouvir a missa; instalou-se uma biblioteca esplêndida, com um piso de mármore de 83 metros de comprimento e estantes altíssimas. Novas antecâmaras, capelas laterais e salas de despacho abriram-se para novos corredores, e não tardou a haver alas inteiras brotando do núcleo original do prédio, à medida que o labirinto se espalhava. As obras prosseguiram por muito tempo depois da morte de D. João V e, no início do século XIX, o conjunto arquitetônico havia-se tornado uma residência real favorita. De seu modesto começo como um mosteiro votivo, Mafra transformara-se num palácio — o posto de comando do império a que devia sua existência.

A grandeza de Mafra e a disputa renhida pela obtenção de riquezas no Brasil, apesar de, em certo sentido, estarem intimamente ligadas, nunca chegaram a se unir na época de D. João V. Para ele, o Brasil era um benfeitor bem-vindo, mas misterioso, um doador generoso de além-mar. O Império Português, nascido na "Era dos Descobrimentos", estendia-se desde Macau, no Oriente, passando por portos comerciais espalhados pela Índia e por centros escravagistas na África, até as plantações de cana-de-açúcar e as jazidas minerais do Brasil. Simbolicamente, o rei figurava em seu ápice, mas não tinha nenhum contato pessoal com seus domínios distantes, dos quais tinha escasso conhecimento. Em vez disso, Lisboa e sua região interiorana tornaram-se vitrines da riqueza imperial, enquanto, nos pontos distantes do império — Salvador, Rio de Janeiro, Moçambique e Goa —, o rei era celebrado *in absentia* com fogos de artifício, desfiles e missas de ação de graças.

Jorge III, da Grã-Bretanha, era similarmente festejado, desde os campos de cana-de-açúcar da Jamaica até as colônias penais da Austrália, mundos alheios à vida efetiva do rei na Inglaterra. No século XIX, a rainha Vitória, imperatriz da Índia, mandou construir o Salão Durbar na Osborne House, situada na ilha de Wight — uma fantasia indiana feita de sândalo, esculturas em pedra-sabão, marfim e incrustações de mármore. Mas a rainha jamais visitaria o subcontinente, que, durante sua vida inteira, se conservou como um reino imaginário de arte requintada e criados vestidos a caráter. Mais ou menos na mesma época, o rei Leopoldo II, da Bélgica, identificava-se de perto com outro projeto colonial — o Congo Belga —, e Bruxelas tornou-se o repositório dos anos de pilhagem que se seguiram. Ergueu-se o gigantesco arco do Cinqüentenário, e o palácio real e o castelo de Laeken foram reformados com os proventos da borracha congolesa. Leopoldo apaixonou-se pelo Congo, chegou a ter uma fixação por ele, mas nunca pôs os pés na África. Só no século XX, quando tiveram início as turnês reais, é que reis e rainhas enfim circularam por seus impérios — e, mesmo assim, apenas em visitas cuidadosamente coreografadas, que pareciam reenfatizar o abismo entre a metrópole e as colônias.

Este livro é o relato da única ocasião na história em que essa distância polida se rompeu. A narrativa segue D. João VI, tataraneto do extravagante D. João V, cujo reinado, primeiro como príncipe regente de Portugal, de 1799 a 1816, e depois como rei, até falecer em 1826, abarcou os dois lados do Atlântico.[3] No auge das Guerras Napoleônicas, ele e seu círculo fugiram de Mafra e zarparam para o Brasil, numa viagem que romperia a membrana delicada que separava o centro do império de sua periferia. Essa não foi uma turnê real previamente planejada: quando os membros da realeza desembarcaram nas Américas, postaram-se diante de seus vassalos coloniais não como senhores feudais distantes, mas como emigrados necessitados de socorro.

A corte fugiu de um continente que vinha sendo dilacerado, ao apagar das luzes da Revolução Francesa. Napoleão Bonaparte suportara a turbulência da década de 1790 como comandante militar e, em 1799, tomara o poder, num golpe atrevido. Nos 15 anos seguintes, transformou a Europa numa fileira de campos de batalha, recrutando toda uma geração para guerras travadas numa escala sem precedentes. Uma série de coalizões foi montada contra ele, para em seguida ser manipulada e acabar desmoronando ante o poderio e a habilidade tática de sua *Grande Armée*, em permanente expansão.

Os efeitos da campanha napoleônica foram muito além de apenas a Europa — houve um embate de impérios, uma luta pela supremacia no comércio global, uma batalha em que Portugal, um pequeno Estado europeu com vastas possessões imperiais, viu-se apanhado entre a Grã-Bretanha e a França, as duas superpotências da época. Portugal havia adotado uma política de neutralidade durante as Guerras Napoleônicas, determinado a se manter fora do conflito, mas, no outono de 1807, a situação chegou a um ponto crítico. Com um dos exércitos franceses avançando para Lisboa, a família real, com seus ministros, líderes religiosos e um sortimento de cortesãos e criados, formou uma grande caravana que desceu em meandros até as docas. Enquanto as tropas de Napoleão se aproximavam da capital, milhares de pessoas apinharam-se a bordo da frota real. Às sete horas da manhã de 29 de novembro de 1807, o comboio abastecido às pressas deixou a península Ibérica e navegou rumo ao Atlântico, ladeado por uma escolta britânica.

Após quase dois meses no mar e uma escala em Salvador, a corte chegou ao Rio de Janeiro, desembarcando da frota numa cidade tropical desconhecida. Fazia muito tempo que as minas de ouro se haviam esgotado e a colônia recaíra em seu papel tradicional — uma fábrica de produtos agrícolas para a Europa, movida por escravos. Na época, o Rio era a cidade com o maior mercado de escravos das Américas. Seu porto era movimentado pelas idas e vindas dos navios negreiros. Sua população era ⅓ africana. Ali, aninhados entre cordilheiras arrebatadoras e praias majestosas, os ministros e assessores do regente viram-se obrigados a contemplar os efeitos de suas políticas e, o que era ainda pior, viver em meio a sua obra colonial. O choque foi recíproco. Para os brasileiros, acontecera o impensável: figuras míticas tinham-se materializado de improviso na colônia. Os ícones gravados em suas moedas, as pessoas que eles só conheciam sob a forma de estátuas e gravuras, estavam agora entre eles, em carne e osso.

Na umidade fatigante, os nobres da corte adornavam-se de perucas, vestiam calções amarrados sob os joelhos e jaquetas ajustadas ao tronco, e saíam para cuidar de seus negócios, administrando o Império Português a partir dos trópicos. Sua presença introduziu grandes mudanças numa cidade que, da noite para o dia, transformou-se de entreposto colonial em capital do império. Eles supervisionaram a construção de um novo teatro e de prédios do governo, a reforma da mansão de um produtor agrícola para fazer dela um palácio, e a transferência da Biblioteca Real para o Rio, enquanto se erigia às pressas uma fachada metropolitana. À sombra do Corcovado, o príncipe regente no exílio, D. João, fundou um jardim botânico — um dos símbolos de modernidade e saber da época —, encravado na floresta tropical. E nele plantou uma nova variedade de palmeira que, nos anos subseqüentes, inspecionaria a intervalos, enquanto ela germinava e se erguia altaneira.

Enquanto a corte se instalava no Rio, Portugal serviu de anfitrião para os primeiros anos das Guerras Peninsulares. O convento de Mafra foi transformado num quartel do Exército, primeiro entregue a tropas francesas e, depois, inglesas, alojadas nas capelas e nos apartamentos que antes tinham sido um privilégio da realeza. Suas temporadas foram destrutivas — eles deixaram para trás aposentos imundos, obras de arte vandalizadas e móveis quebrados. O resto do país também foi devastado, absorvido num conflito que fizera de tudo para evitar. Foi o início de um período longo e tenebroso da história portuguesa, o primeiro passo de um processo que destroçaria a nação e a deixaria politicamente instável pelo século XIX adentro. Com a transferência da corte e do governo desapareceu qualquer simulacro de autodeterminação portuguesa, qualquer capacidade de negociação ou postura na Europa, à medida que um Estado antes respeitado mergulhava nas profundezas da obscuridade.

Embora, em 1815, Napoleão tenha sido derrotado e permanentemente exilado na ilha de Santa Helena, no Atlântico Sul, e a Europa tenha ficado finalmente em paz, persistiu um sentimento de mal-estar em Portugal. Depois da guerra, o complexo arquitetônico de Mafra ficou vazio, abandonado, com a vegetação dos jardins crescida e malcuidada. Passaram-se anos sem que chegasse uma só palavra do Rio. Havia rumores, boatos oficiosos, promessas vagas, mas nenhum sinal de retorno da frota real. Se tanto, o tráfego fluía mais na direção oposta. Navios de carga zarpavam de Lisboa levando carruagens reais, caixotes com livros raros e partituras musicais destinados ao Brasil; cortesãos que tinham ficado em Portugal embarcavam em navios com destino às Américas; soldados portugueses, recém-retornados das campanhas peninsulares, eram amontoados a bordo de navios de transporte com destino ao Brasil, para realizar operações na colônia, enquanto seus compatriotas observavam do cais, incrédulos.

Já então a palmeira de D. João transformara-se numa árvore magnífica, com seu tronco esguio erguendo-se a mais de 30 metros de altura, sólida como um mastro. Sementeiras bem dispostas sulcavam os jardins, servindo de campo de prova para enxertos exóticos que chegavam de todo o império. Na cidade propriamente dita, os escravos trabalhavam em mais outras construções, pavimentando ruas e esculpindo parques nas encostas dos morros que ondulavam em volta do Rio. Estrangeiros — comerciantes, diplomatas e viajantes — inundavam a capital em número cada vez maior, à medida que um porto colonial evoluía para uma metrópole vital no Atlântico Sul.

Passados dez anos da temporada da família real, a idéia de seu retorno a Portugal desfizera-se num sonho, numa fantasia a que os mais crédulos se agarravam. É que, no Rio de Janeiro, estava acontecendo uma coisa notável, que não tinha paralelo na história do colonialismo europeu. D. João deixara a mãe pátria para trás. Sua corte e seu governo haviam criado raízes em meio às palmeiras e bananeiras da antiga colônia. A sede do Império Português, lançada à deriva do continente europeu, fora firmar-se no Novo Mundo.

UM

Êxodo

Em 25 de setembro de 1807, um coche serpenteou pelas ruas mal pavimentadas de Lisboa. Depois de se arrastar pelos morros que cercavam o porto, entrou em campo aberto e começou a chacoalhar por entre pastagens ondulantes e bosques de frutas cítricas. Sentado na cabine ia um irlandês de 27 anos, o par do reino Percy Clinton Sydney Smythe, sexto visconde de Strangford,[1] emissário britânico em Lisboa. Enquanto a carruagem disparava para o norte, Strangford ia examinando a pilha de correspondência diplomática espalhada em seu colo — cartas de Jorge III, recomendações do ministro das Relações Exteriores britânico, George Canning, e de seu equivalente em Portugal, Antônio de Araújo —, nos preparativos para o encontro mais crucial de sua carreira. Nos trechos mais planos de estrada, Strangford rabiscava comentários nas margens de seus papéis, e, afora isso, ensaiava mentalmente o que planejava dizer ao ficar frente a frente com o príncipe regente português, D. João.

Strangford chegara a Lisboa com apenas 22 anos, como secretário da missão diplomática britânica. Depois de se formar no Trinity College de Dublin, iniciara sua carreira de funcionário do Ministério das Relações Exteriores em Londres, mas sua transferência para Lisboa viria a ser pouco convencional. Enquanto trabalhava nas Relações Exteriores, ele havia passado longas noites na sala de leitura de seu apartamento, na Bury Street, perto de Piccadilly, traduzindo para o inglês alguns dos poemas líricos menos conhecidos do poeta épico português Luís de

Camões, e foi o livro resultante desse trabalho, e não qualquer habilidade diplomática, que lhe assegurou seu cargo em Portugal. Ao ser publicada, a coletânea de Strangford fez um sucesso estrondoso, chegando aos salões de visitas da corte britânica e distinguindo-o como um especialista em coisas portuguesas.

Mas essa coletânea também viria a lançar as primeiras dúvidas sobre a probidade de Strangford. Apesar de sua popularidade, o livro atraiu algumas críticas, em parte por sua tradução incerta do original português, mas sobretudo por suas semelhanças com a obra do poeta Tom Moore, que morava no andar superior ao de Strangford. Numa resenha condenatória, o poeta e crítico Robert Southey chamou o livro de fraude literária, enquanto Strangford ganhava um papel nem um pouco lisonjeiro num poema de Byron, *English Bards*: "Emenda-te, Strangford! Corrige tua moral e teu gosto; / Sê caloroso, puro, amoroso, mas sê casto: / Pára de enganar: tua harpa furtada devolve, / E não ensines o bardo lusitano a copiar Moore."*

Uma vez em Lisboa, a princípio Strangford passou o tempo dormindo até tarde e trabalhando em novas traduções, até que, com a partida de lorde Robert Fitzgerald, foi promovido a representante da Grã-Bretanha na corte portuguesa. Ruivo e de feições finas, Strangford vestia-se para o papel, usando trajes e gravatas ajanotados. Também por temperamento, era o homem certo para o cargo: um manobrista diplomático, um defensor arrogante dos interesses britânicos a qualquer preço, um egoísta que mal deixava transparecer sua má-fé quando as circunstâncias o exigiam. Assumiu seu posto no mais delicado dos momentos: a conquista napoleônica da Europa já ia avançada, e a corte portuguesa, no desespero de manter a neutralidade, vinha ficando sob enorme pressão para escolher entre ingleses e franceses.

Strangford resvalou com facilidade para o papel de agitador dissimulado, usando uma rede de espiões e uma combinação de intriga e intimidação, mas, nesse processo, passou a ser visto com suspeita por todos os lados, até mesmo pelos britânicos. Um jovem advogado cha-

* No original: "*Mend, Strangford! Mend thy morals and thy taste; / Be warm, be pure, be amorous, but be chaste: / Cease to deceive; thy pilfered harp restore, / Nor teach the Lusian bard to copy Moore.*" (N. da T.)

mado lorde Brougham, que fez parte de uma equipe diplomática britânica que visitou Lisboa em 1806, ficou tão inseguro a respeito de Strangford que relutou em compartilhar informações com ele. "Preferiria divulgá-las a outro que não lorde Strangford, que é um tanto leviano e inseguro demais em seus movimentos para conquistar minha confiança",[*,2] escreveu a Londres na ocasião. Pior do que isso, julgou o par do reino imaturo e indigno de confiança, queixando-se de sua "*total carência*" daquela "qualidade suprema que confere à palavra de um homem o direito de merecer crédito", bem como de "respeito pelo convívio comum ou por parte daqueles com quem tem de negociar".[3] Brougham também se aborreceu com o fato de Strangford não se ter dado ao trabalho de apresentá-lo a ninguém na corte, forçando-o a escrever a Londres para obter cartas de apresentação. Não obstante, com típica insinceridade para consigo mesmo, Strangford elogiou seu relacionamento com Brougham, tempos depois, dizendo que os dois conviveram em Lisboa "como Helena e Hermione".[**,4]

Enfurnado no convento de Mafra, D. João, o príncipe regente, aguardava a chegada de Strangford. Homem corpulento, no auge da meia-idade, estava sentado à sua escrivaninha, examinando uma cópia da carta de Jorge III que Strangford lhe enviara antes e ponderando sua resposta. Na véspera, tinha recebido uma visita similar do *chargé d'affaires* francês, que levara uma carta ameaçadora de Bonaparte. A reunião havia durado apenas alguns minutos — D. João tinha dificuldades com a língua francesa, mas, de qualquer modo, pouco podia fazer, naquele estágio, para atender às demandas cada vez mais exageradas de Napoleão.

Fazia vários anos que o príncipe regente morava em Mafra, afastado da capital e a uns bons 24 quilômetros do resto da família real, que estava instalada no palácio rococó de Queluz. Sua esposa indiferente, a princesa regente dona Carlota Joaquina, filha do rei espanhol Carlos IV, mantinha mais uma residência — sua própria casa de campo em

---

[*] As citações de textos ingleses ou franceses seguem a forma apresentada pelo autor, que lhes atualizou a sintaxe e a ortografia. Já os textos em português, em sua maioria, são aqui reproduzidos com base nos originais indicados. (N. da T.)

[**] Alusão a célebres personagens da mitologia grega: Helena, filha de Zeus e Leda e, depois, mulher de Menelau, com quem teve Hermione. (N. da T.)

Ramalhão. Em parte, o amor de D. João por Mafra era religioso. Ali, com seus frades agostinianos e franciscanos, ele podia entregar-se a sua paixão por missas cantadas, bênçãos, música de órgão e cantos gregorianos. Nas circunstâncias do momento, entretanto, por certo havia também o toque de uma mentalidade de cerco: o complexo arquitetônico parecia um *bunker*, e sua estrutura em forma de grade dava uma sensação de solidez — como se sua simples extensão pudesse proteger o regente da violência antimonarquista que se vinha espalhando pela Europa de Napoleão.

Mafra era um mundo fechado, uma pequena cidade monárquica. D. João podia caminhar por quilômetros de corredores, visitar a esplêndida biblioteca e escolher entre dois mosteiros gigantescos ou uma multiplicidade de capelas menores; durante a temporada, podia caçar no parque adjacente e se regalar com carne de caça no salão de banquetes, tudo sem sair de casa. Mas nenhum aparato da realeza, nenhuma pilhagem imperialista seria capaz de proteger o príncipe regente do que estava em andamento. É que, no momento mesmo em que D. João considerava suas alternativas, dois veteranos das Guerras Napoleônicas recebiam novas ordens, que representariam o fim de seu reinado europeu.

No outono de 1807, o almirante *sir* Sidney Smith foi chamado de volta de seu período de licença em Bath, onde vinha-se tratando com as águas medicinais, após uma campanha desastrosa nos Dardanelos. Recebeu instruções de comandar a nau capitânia *Hibernia* e zarpar com uma esquadra de nove navios de guerra para Portugal. Na França, Napoleão mandou o general Andoche Junot de Paris para Bayonne, no litoral do Atlântico. Ali, ele deveria assumir o comando de uma força francesa de 20 mil homens e levá-la para a península Ibérica. Os dois homens receberam ordens de rumar para a capital portuguesa, Lisboa.

Filho de um próspero fazendeiro da Borgonha, Junot estava em meio à casa dos 30 anos. Seu rosto trazia as marcas de sua carreira militar: uma nítida cicatriz que lhe descia por um dos lados da face, resultado de um golpe de sabre recebido durante as campanhas italianas; afora isso, era um homem de feições harmoniosas e simétricas. Sabia-se que tinha um temperamento acalorado e, embora houvesse acompanhado

Napoleão em sua ascensão ao poder, trabalhando como seu lugar-tenente de confiança, não fora recompensado com o bastão de marechal. Uma breve temporada como embaixador em Portugal, em 1805, fazia dele a escolha ideal para a investida ibérica — seu primeiro grande comando numa campanha. Smith também havia desempenhado um papel vital nas guerras, cruzando as rotas navegáveis da Europa como almirante da Marinha Britânica. Causara certo mal-estar ao assumir o comando dos navios de Nelson no leste do Mediterrâneo, mas depois provara seu valor no bombardeio de Acre (1799), durante a malfadada incursão napoleônica no Oriente Médio.

Quando Smith e Junot começaram a se mobilizar contra Portugal, a guerra na Europa havia chegado a um momento crítico. À primeira vista, a cruzada de Napoleão estava em seu ponto alto. Depois de expansões anteriores pela Holanda, Suíça e pelo norte da Itália, o fim de 1805 assistira a um confronto decisivo no leste. Em Austerlitz (dezembro de 1805), numa batalha hibernal travada em meio a brumas gélidas, camadas de gelo e nevascas, a *Grande Armée* de Napoleão pusera em debandada os exércitos conjuntos da Áustria e da Rússia. A derrota fora tão devastadora, que a Grã-Bretanha e a Rússia haviam considerado a hipótese de suplicar pela paz, mas Napoleão continuara a avançar, reprimindo uma revolta prussiana em Jena e Auerstädt, em outubro de 1806, e ocupando Berlim. Na primavera de 1807, Napoleão estava em Varsóvia e, no verão seguinte, havia destroçado o Exército russo em Friedland, forçando o czar Alexandre I a se sentar à mesa de negociações. Os dois se encontraram em junho de 1807, numa balsa especialmente construída no meio do rio Niemen, e, ao longo de duas semanas de conversações, Napoleão elaborou os detalhes. A Europa Oriental foi dividida, a Prússia, desacreditada, e a Grã-Bretanha, tão isolada do continente quanto possível. Nos três anos decorridos desde que Napoleão se declarara imperador da França, a paisagem européia havia sofrido mudanças radicais. Através de sua rede de Estados-clientes, ocupações e cortes — os ducados e reinos que Napoleão distribuiu entre seus familiares e marechais —, o Império Napoleônico passara a se estender da Polônia aos Pireneus, dos Países Baixos a Nápoles.

A Grã-Bretanha continuava fora de seu alcance, mas, mesmo nessa frente, a situação francesa parecia promissora. Depois da derrota das marinhas espanhola e francesa pelos britânicos em Trafalgar, Napoleão havia tratado de enfraquecer a Grã-Bretanha economicamente. Em 1806, assinara o Decreto de Berlim — um bloqueio geral das ilhas britânicas, que envolvia não só mercadorias, mas qualquer contato, comercial ou de outra natureza, com a Grã-Bretanha e suas colônias. Em 1807, haviam restado à Grã-Bretanha apenas apoios precários na Sicília e em Gibraltar, afora um punhado de aliados impotentes ou de dóceis países neutros: Suécia, Portugal e Dinamarca. Esses reveses tinham gerado insegurança em Westminster. No Parlamento, havia simpatizantes do projeto napoleônico no Partido Liberal e, com a deterioração mental de Jorge III, que se tornava patente para todos, seu reino parecia abalado. O sucessor imediato ao trono era o ineficaz príncipe de Gales, favorável aos *whigs* e visto por muitos como tendo pouca probabilidade de defender os interesses ingleses contra a França. As campanhas recorrentes de Napoleão e o decreto de Berlim também vinham afetando a economia, e as privações no norte da Inglaterra estavam levando os fabricantes a se voltarem contra a guerra.

No correr de 1807, Napoleão tentou impor seu bloqueio econômico, e a Grã-Bretanha e a França lutaram desordenadamente para obter o controle dos poucos portos neutros que restavam e das frotas neles ancoradas. Copenhague foi o primeiro a cair, num ataque preventivo lançado pela Grã-Bretanha em agosto de 1807. Os britânicos entraram no ancoradouro, apossaram-se da frota dinamarquesa e, na batalha subseqüente, bombardearam o porto e o despojaram "até o último prego e o menor pedaço de cordame",[5] deixando-o em ruínas para os franceses. Mais de mil civis dinamarqueses morreram durante o bombardeio e nos incêndios subseqüentes ao ataque, o que tornou essa ação sumamente controvertida, mesmo na Grã-Bretanha. A brutalidade, a natureza sigilosa da operação e o fato de ela ter sido executada contra um Estado neutro e fraco despertaram a condenação da Europa inteira. Com a disputa de interesses em alta, todos os olhos se voltaram para Lisboa, um porto estratégico no Atlântico, vital para a navegação mercante britânica.

Até então, Portugal mantivera sua neutralidade, mas fazia tempo que algum tipo de compromisso parecia inevitável. O país situava-se na borda da Europa napoleônica, encurralado pela Espanha, aliada da França. Seus portos marítimos tinham uma localização ideal para o comércio do Atlântico, e a posição privilegiada de Lisboa como um porto de águas cálidas durante o ano inteiro tornava-a particularmente vulnerável. A cidade servia de cabeça-de-ponte na Europa para os britânicos e, para Napoleão, era a única brecha séria que restava em seu "Sistema Continental". Lisboa era também o eixo do império de Portugal, a câmara de compensação do comércio brasileiro, do qual a Grã-Bretanha tirava enorme proveito, e isso lhe dava uma aura de importância numa guerra que começava a se centrar no acesso às rotas comerciais. A frota portuguesa, por pequena que fosse, seria um bônus a mais na luta contínua de Napoleão para reconstruir sua Marinha.

No entanto, enquanto o general Junot se preparava para cruzar os Pireneus e iniciar sua longa marcha para Lisboa, a batalha de Napoleão pela supremacia entrou numa fase nova e menos propícia. Embora ele não tivesse como percebê-lo na época, a decisão de enviar essa pequena divisão de soldados para a península teria vastas conseqüências. Centenas de milhares de soldados seguiriam Junot pelos desfiladeiros nos anos posteriores, enquanto as operações de Napoleão se esgarçavam, divididas entre frentes distantes na Europa. Com o tempo, o início do que ficaria conhecido como Guerras Peninsulares[6] viraria a sorte contra Napoleão. Sua dominação da Europa chegaria ao fim no leste, mas começaria a vacilar onde ele menos esperava — nas planícies ensolaradas da região central da Espanha.

Nas praças centrais de Lisboa, as pessoas se reuniam para discutir as últimas notícias, e o fatalismo se infiltrava em todos os seus ditos. A guerra parecia inevitável e, pela cidade, já havia preparativos em andamento. Os lojistas erguiam barricadas improvisadas à frente de portas e janelas, frágeis defesas contra a pilhagem que com certeza viria. As famílias despediam-se de suas mulheres e filhas, que estavam sendo mandadas para o interior, para longe do alcance dos soldados franceses saqueadores. E nas vielas de paralelepípedos que serpeavam pelos famosos morros de Lisboa, a ordem já começava a se romper, com os ladrões e vadios intuindo sua oportunidade.

Mas uma outra coisa, ainda mais subversiva, também vinha acontecendo. Não houvera nenhum sinal de que o Exército português estivesse tomando posições defensivas. Em vez disso, as pessoas discutiam relatos de uma movimentação incomum nas docas de Belém — a zona portuária de Lisboa. Corria a notícia de que os trabalhos de reparos da frota portuguesa, iniciados em agosto, estavam sendo acelerados. Havia burocratas de altos cargos circulando por lá, supervisionando pessoalmente os trabalhos a bordo da frota, e, passada a meia-noite, viam-se estivadores carregando grandes engradados de mercadorias nos navios de carreira. Um ar de sigilo perpassava essas atividades no cais, mas, a julgar pelo trânsito constante de carruagens reais que levavam autoridades de governo de um lado para outro, era claro que os preparativos estavam chegando ao clímax.

Os mais bem-relacionados tinham ao menos uma idéia do que logo se desenrolaria na cidade. Em meio à insegurança, Pedro Gomes, um comerciante abastado, escreveu a seu sogro:

> Nós não temos ainda embarcação justa, nem sei se a teremos, pois que são muitos a quererem ir, os navios poucos (...) O que houver de novo, eu participarei a V. Exa.; e, entretanto, o que fazemos é arranjar-nos para sair desta capital, seja para onde for, ao primeiro indício de maior perigo. Dizem que D. Lourenço [o embaixador português na França] trouxe boas esperanças de acomodação com franceses, e que a bulha seria com os ingleses. As naus continuam [a] preparar-se com grande pressa, e todas as disposições indicam alguma coisa de embarque.[7]

A verdade seria descoberta nas complexas negociações levadas a efeito entre Grã-Bretanha, França e Portugal, na fase preparatória da invasão francesa. A escalada diplomática para a crise começou um mês depois da assinatura do Tratado de Tilsit, quando Napoleão ordenou que a corte portuguesa se alinhasse com o bloqueio continental contra a Grã-Bretanha. Em meados de agosto, Napoleão respaldou suas exigências com um ultimato: os portugueses deveriam obedecer até 1º de setembro, ou enfrentar um ataque francês.

Numa série de reuniões extremamente tensas, o Conselho de Estado português debateu a melhor maneira de reagir. Todos os caminhos pareciam suicidas. A obediência significaria uma repetição da ação havida em Copenhague: um bombardeio britânico de Lisboa, a perda da frota e, quem sabe, até a captura das lucrativas colônias de Portugal no Atlântico. Rechaçar Napoleão levaria a um cenário já conhecido na maior parte da Europa: a ocupação francesa, junto com a derrubada do trono português. Mas havia uma saída possível, ainda que drástica — e, ao se intensificarem as discussões, ela despontou repetidamente como a melhor candidata. Enquanto as negociações tentavam retardar os franceses, finalizou-se um plano extraordinário. No fim de agosto, o Conselho recomendou ao príncipe regente, D. João, que preparasse seus navios para a fuga. A jornada seria uma viagem épica para a maior das colônias portuguesas, o Brasil. A princípio, pensara-se que somente o herdeiro do trono, Pedro, o filho de 8 anos de D. João, zarparia, mas o projeto evoluiu rapidamente para algo muito mais ambicioso.[8]

Decidiu-se que, se obrigada a isso, a frota partiria levando não apenas a família real, mas também a corte e o governo, seus funcionários e o aparato de Estado — em suma, toda a elite portuguesa — para a cidade colonial do Rio de Janeiro. Lá chegando, a corte e o governo se reinstalariam e continuariam a governar dos trópicos. Fazia muito tempo que os britânicos vinham pressionando por essa alternativa, oferecendo-se para escoltar os portugueses na travessia do Atlântico, em troca do *status* de parceiro comercial preferencial do Brasil. Após a ignominiosa expulsão das forças britânicas de Buenos Aires, em agosto do ano anterior, e de um segundo ataque malogrado em junho de 1807, os britânicos estavam buscando um modo de voltar aos mercados sul-americanos, a fim de compensar a perda do comércio no continente europeu.

Apanhado no redemoinho político estava o ministro português das Relações Exteriores, um homem de meia-idade chamado Antônio de Araújo, conde de Barca, antigo emissário em Haia e que também havia exercido cargos em Paris e Berlim. Araújo era um homem culto, fluente em francês, inglês e italiano, e fora um líder eloqüente da facção pró-França na corte portuguesa. Quando Junot estivera em Lisboa pela última vez como embaixador, Araújo lhe havia facilitado o caminho, isentando-o o máximo possível do protocolo antiquado da corte. Por seus serviços, Araújo recebera aplausos da mulher de Junot, a duquesa d'Abrantès, que adorava seus "olhinhos marotos preto-acinzentados e sua encantadora espirituosidade".[9] Ela o considerava o perfeito cavalheiro — "um homem de caráter muito conciliador, porém decidido".[10] No impasse vigente, Araújo encontrava-se numa situação impossível. Anos de servil apoio diplomático à França estavam sendo recompensados com a invasão. Com o avançar do outono, o reconhecimento de que ele havia apostado no cavalo errado foi despontando em sua mente, e Araújo viu sua carreira política desfazer-se diante de seus olhos.

Algumas semanas antes da importantíssima reunião de Mafra, Strangford encontrou-se com Araújo. "Tive muitas conversas com o Sr. d'Araújo a respeito da atividade inusitada que hoje perpassa as Docas e o Arsenal de Lisboa (...)", relatou Strangford a Londres; "ele declara que os preparativos em questão vêm sendo feitos unicamente com vistas à Emergência que poderá compelir a Família Real de Portugal a se retirar para os Brasis".[11] Ostentando enfrentar a crise com bravura, Araújo lhe disse que, uma vez no Brasil, D. João estabeleceria "um grande e poderoso império, que, protegido em sua primeira infância pela superioridade naval da Inglaterra, poderia, com o tempo, rivalizar com qualquer outro estabelecimento político do universo".[12] Araújo avisou a Strangford que o tempo estava esgotando-se e que talvez fosse preciso declarar uma guerra "simulada" à Grã-Bretanha, a fim de retardar a invasão francesa. A prevaricação diplomática havia empurrado o prazo dado pelos franceses para o fim de setembro, mas estava claro que Napoleão não poderia ser indefinidamente retardado.

Quando Strangford apeou de sua carruagem em Mafra, depois da viagem de 40 quilômetros de Lisboa, seu objetivo era claro: impedir qualquer gesto de apaziguamento dos franceses e recomendar o embarque imediato da corte para as Américas, com o auxílio britânico. Mas ele sabia que estaria encarando uma missão difícil. O consenso em torno da mudança para o Brasil vinha ganhando impulso no Conselho de Estado português e na missão diplomática britânica, mas a última palavra estava nas mãos do príncipe regente, D. João, homem famoso por sua falta de iniciativa e sua indecisão.

Lacaios palacianos escoltaram Strangford pelo labirinto de corredores de Mafra e o deixaram na penumbra da sala de despachos, revestida de madeira. Ali ele passaria a hora e meia seguinte com o príncipe regente, numa reunião que, segundo seu próprio despacho para o Ministério das Relações Exteriores, incluiu diatribes, ameaças e alusões pessoais ferinas, tudo revestido dos tons moderados da polidez diplomática. Strangford começou por advertir o regente sobre as terríveis conseqüências que adviriam, caso ele se tornasse um "vassalo voluntário, ou, pelo menos, não resistente da França".[13] Em seguida, ridicularizou as táticas de retardamento do regente — "certamente, Sua Majestade Real não poderia supor que a França se satisfizesse, neste momento, com qualquer medida imperfeita ou contemporizadora de hostilidade que Portugal (no intuito de aplacá-la) pudesse empregar contra a Inglaterra". "De acordo com nosso sistema", concluiu sombriamente, "a espada deve estar totalmente embainhada ou totalmente desembainhada."

D. João ficou transtornado com essa linha de ataque — "Oxalá eu nunca veja uma pessoa numa ansiedade e agitação mais intensas do que as exibidas por Sua Majestade Real durante esta conversa", escreveu Strangford —, mas o pior ainda estava por vir. Apelando para o que julgava ser a natureza supersticiosa do regente, Strangford recordou-lhe que "as duas ocasiões anteriores em que ele cedera aos inimigos da Inglaterra tinham sido severamente marcadas por acontecimentos tristes e desastrosos". Referia-se a um tratado de paz assinado com a França em 1797, que havia coincidido com o mergulho da rainha Maria I, mãe de D. João, na demência incurável, e ao tratado de 1801 com a Espanha e a França, finalizado por ocasião da morte do filho primogênito do príncipe regente. "Tais coincidências terríveis", ameaçou Strangford, deveriam ser consideradas "algo mais do que acidentais." O regente tornou a ficar perplexo, e até Strangford se apercebeu de haver ultrapassado uma espécie de limite, com o que descreveu como uma "alusão inesperada e, noutras circunstâncias, injustificável".

Embora desconcertado com a investida de Strangford, D. João esquivou-se com os circunlóquios que lhe eram típicos. Com respeito à questão de deixar Lisboa, foi evasivo. Em princípio, concordaria com a fuga para o Brasil, na eventualidade de uma invasão francesa, mas acrescentou que só daria essa ordem no momento da "chegada efetiva do perigo". Sua preocupação era com seus súditos — "o dever o proibia de abandonar seu povo até o último instante", escreveu Strangford —, embora houvesse também uma sugestão de que suas inquietações estariam mais perto de casa. D. João era um homem tímido por natureza e, de acordo com Strangford, temia a reação hostil do populacho lisboeta. Dizia-se também que tinha pavor da mareação e entrava em pânico ante a perspectiva de uma travessia do Atlântico.

Apesar de todas as suas fraquezas, D. João não era ingênuo. Tinha plena consciência das intenções secretas de Strangford e falou de suas esperanças de que a Grã-Bretanha não "tencionasse obrigá-lo a sacrificar suas possessões européias, meramente para quc ela pudesse ter o benefício de negociar com suas colônias e de recuperar, no Novo Mundo, os prejuízos que seu comércio havia sofrido no Velho". "Se a Inglaterra desejava engrandecer-se no outro hemisfério", contrapôs o príncipe, "deveria fazê-lo à custa de seus inimigos na América [isto é, a Espanha], e não de seus amigos na Europa."

Quando a carruagem de Strangford iniciou a longa viagem de volta a Lisboa, ele sabia ter fracassado, mas, mesmo assim, concluiu seu relatório para Londres em tom otimista: "Tudo o que eu disse causou a mais forte impressão em Sua Alteza Real e, embora eu não tenha obtido nenhuma promessa positiva de acessão a minhas exigências, deixei Sua Alteza Real num estado de espírito do qual auguro os mais favoráveis resultados." Já em Lisboa, Strangford pôs mãos à obra. "Apesar de já ser tarde da noite", escreveu, "fui ter com o Sr. d'Araújo e o fiz comprometer-se a escrever uma carta ao príncipe, recomendando da mais rigorosa forma a necessidade imperiosa da medida em questão. Em seguida, passei a empregar alguns meios de influência indiscretos, porém seguros, sobre o médico em quem o príncipe tem extrema confiança, e a quem é natural supor que Sua Alteza Real consulte numa ocasião de grande importância."

Pouco depois da reunião de Strangford com o príncipe regente, os embaixadores francês e espanhol romperam relações diplomáticas e se retiraram tempestuosamente de Lisboa. Assim, com Portugal tecnicamente em guerra com a França, D. João apressou-se a tranqüilizar Napoleão, fechando os portos do reino à navegação britânica. O príncipe regente se precavia. Enquanto tentava amolecer Napoleão, também estava assinando um acordo secreto com Londres, abrindo o comércio do Brasil à Grã-Bretanha em troca da proteção naval inglesa, caso fosse obrigado a sair de Portugal.

Durante o mês de outubro, a crise se agravou. O embaixador português na França, D. Lourenço de Lima, abandonou seu posto em Paris e estava a caminho de Lisboa. Num despacho alarmista, antecipou a informação de que Napoleão se mostrava longe de estar satisfeito com a postura de Portugal e exigia a prisão imediata de todos os cidadãos britânicos e o confisco de seus bens. O que ele não sabia é que, naquele exato momento, autoridades francesas e espanholas estavam-se reunindo para discutir o destino de Portugal. Suas conversações, formalizadas no Tratado de Fontainebleau, dividiram o país entre eles. Quando da ocupação, Portugal seria cortado em três faixas: a do norte, renomeada "Lusitânia Setentrional", iria para a casa real de Etrúria (a fim de que, numa troca bizarra, a irmã de Napoleão pudesse apossar-se da Toscana), a do centro iria para os franceses e o Algarve ficaria com o ministro espanhol das Relações Exteriores, Manuel de Godoy.

A pressão também vinha aumentando do lado inglês. D. João ficou furioso ao receber um bilhete de Strangford avisando que, caso ele não concordasse em se exilar, deveria ao menos deslocar sua frota para a ilha da Madeira, ou talvez até para a base britânica em Cádiz, a fim de evitar que fosse capturada por Bonaparte. Se o regente se recusasse, "o governo de Sua Majestade estará plena e manifestamente justificado para tomar qualquer providência que julgue apropriada".[14] Atendendo prontamente ao chamado, a esquadra de navios de guerra de *sir* Sidney Smith apareceu numa formação de bloqueio, claramente visível ao largo da costa portuguesa.

Em meados de outubro chegaram novas notícias ruins: Junot havia partido de Bayonne e, naquele momento, conduzia suas tropas em marcha pela Espanha em direção a Portugal. A campanha tivera um mau começo. "Junot (...) entrou na Espanha em 17 de outubro",[15] relembrou o barão de Marbot, um oficial de alta patente do Exército napoleônico, "e mandou suas colunas avançarem por estradas em que não se fizera nenhum preparativo para recebê-las. Nossos soldados dormiam ao relento e recebiam apenas meia ração de comida. O outono estava chegando ao fim, o Exército atravessava os contrafortes dos Pireneus, onde o clima é rigoroso, e em pouco tempo a estrada ficou coberta de homens doentes e extraviados." Num clima atroz, o resto do Exército seguiu em frente, com Junot fazendo seus soldados marcharem à força pela península.

Para quem estava em Lisboa, ainda parecia possível que a invasão francesa fosse impedida, ou pelo menos adiada, e os assessores do príncipe regente pressionavam para que as exigências de Napoleão fossem plenamente cumpridas, inclusive com a prisão dos cidadãos britânicos e o confisco de seus bens. Era uma decisão que D. João execrava ter de tomar, um gesto que quase certamente arrastaria Portugal para as guerras que já tinham representado a ruína de reinos menores a leste dos Pireneus, como Piemonte, Parma e Nápoles. Para grande angústia do príncipe regente, a prolongada estratégia portuguesa de neutralidade estava-se desmanchando, com seu equilíbrio delicado entre a Grã-Bretanha e a França prestes a desmoronar. Sentado à escrivaninha, com o decreto diante dos olhos, D. João teve um acesso de indecisão de última hora. Por cinco vezes fez que ia assinar, antes de jogar de lado a pena, exasperado; no fim, porém, instigado pelos assessores, obrigou-se a rabiscar seu nome no documento.[16]

Concedeu-se tempo para que os ingleses saíssem de Lisboa, estando lorde Strangford entre os muitos que foram solicitados a se retirar. A princípio, ele se recusou, deixando-se ficar mais dez dias na cidade, até que um bilhete ríspido de Araújo o forçou a partir. Alugando um pequeno barco de pesca, Strangford desceu o Tejo e, após dois dias incômodos no mar, chegou à frota britânica.

No começo de novembro, D. João saiu às pressas de Mafra para mais uma residência real — o Palácio da Ajuda, parcialmente construído junto ao cais. Bem perto de seus aposentos, por sobre fileiras de telhados de terracota e descendo até as margens do Tejo, o abastecimento da frota prosseguia em ritmo acelerado. Funcionários do palácio deslocavam-se discretamente pela área das docas, dando instruções aos sussurros; grandes tonéis eram cuidadosamente baixados nas galeras ancoradas, enquanto, no cais, cortesãos separavam livros e documentos, arrumando-os em caixas de madeira para serem transportados.

As tropas francesas já se acumulavam na fronteira, mas D. João ainda se recusava a dar o sinal de assentimento. Em vez disso, enviou um emissário a Paris, o marquês de Marialva, para levar pessoalmente a notícia da completa capitulação de Portugal. Marialva levou consigo um mimo para adoçar os inimigos — um lote escondido de diamantes — e deveria oferecer em casamento ao clã dos Bonaparte o filho do regente, Pedro, mas sua viagem teve um fim prematuro, com o confisco de seu passaporte em Madri.

Entrementes, o comerciante José de Oliveira Barreto foi despachado para a fronteira, a fim de estabelecer contato com Junot. Esperava-se que conseguisse persuadi-lo a sustar a invasão, ou, no mínimo, que ganhasse um tempo precioso para a corte. Os dois se reuniram às margens do rio Zêzere, com suas águas elevadas pelas chuvas recentes. Barreto encontrou o Exército francês num estado deplorável, "empobrecido, carente de tudo",[17] e Junot ocupado em tentar requisitar calçados para suas tropas na zona rural circunvizinha. A chuva caía aos borbotões e o rio roncava, enquanto os dois iniciaram suas negociações sob o abrigo precário de uma árvore próxima. Junot disse estar ali para libertar Portugal dos britânicos, descartando os protestos de Barreto de que eles já tinham sido expulsos. Em resposta, Barreto tentou convencê-lo da conversão de D. João à causa napoleônica, ao mesmo tempo que o advertia de que, se os franceses invadissem, a corte embarcaria para o Brasil.

Foi a última tentativa. Com Junot a quatro dias de marcha de Lisboa e o bloqueio de Smith em posição, chegou à capital uma prova inequívoca das intenções napoleônicas. Em 23 de novembro, um exemplar do órgão oficial de Napoleão, *Le Moniteur*, despachado de Londres num paquete expresso, chegou a Lisboa em tempo recorde. Nele estava a notícia que D. João certamente esperava, mas na qual se recusara a acreditar — o anúncio da decisão de Napoleão de acabar com a dinastia dos Bragança e usurpar o trono português.

À meia-noite de 24 de novembro, um funcionário da corte, Joaquim José de Azevedo, foi acordado por um mensageiro e instruído a se apresentar imediatamente no palácio.[18] Ao se aproximar da sala de reuniões do Conselho de Estado, viu por uma porta entreaberta um grupo de assessores de peruca, em meio a uma agitada discussão. Foi introduzido no aposento e, de forma inusitada, recebeu do príncipe regente em pessoa a ordem de começar a organizar o embarque da família real e dos dignitários do Estado. Outros funcionários lhe deram informações sobre as providências já tomadas. O almirante da esquadra havia traçado um conjunto de diagramas pormenorizados, definindo a destinação do espaço para passageiros e mercadorias a bordo da frota portuguesa. Os escolhidos para acompanhar a família real na ida para o Brasil tinham recebido autorizações concernentes a eles, seus familiares e sua bagagem, as quais deveriam exibir ao embarcar. A partida foi marcada para a tarde de 27 de novembro, o que dava a Azevedo menos de três dias para concluir sua tarefa.

Antes de partir para as docas, Azevedo certificou-se de obter sua própria passagem para o Brasil e, em seguida, alertou os principais servidores do palácio — o grande camarista e o superintendente de suprimentos do Palácio Real —, bem como autoridades da Igreja e do Tesouro. Quando chegou ao porto, encontrou-o fervilhando de burocratas, trabalhadores das docas e uma multidão de espectadores. No chuvisco do amanhecer, havia carruagens chegando de todos os cantos da cidade, abrindo caminho por entre os caixotes, baús de bagagem e pipas d'água que enchiam a zona portuária. Ao largo, brigues transportavam suprimentos pela vasta amplitude do Tejo até a frota, onde era possível discernir figuras minúsculas escalando as embarcações, fazendo verificações e consertos de última hora. Azevedo montou sua barraca no cais e ali trabalhou a noite inteira e todo o dia seguinte, até as primeiras horas da madrugada.

O arquivista Cristiano Müller também foi acordado naquela noite e instruído a embalar os volumosos registros dos ministérios de Estado que andara preparando nos meses anteriores para uma possível retirada. Consultando Araújo, Müller finalizou as providências concernentes aos 34 grandes caixotes de papéis a serem despachados para o Brasil a bordo da fragata portuguesa *Medusa*. Entrementes, as residências reais de Mafra e Queluz foram evacuadas. Os corredores de Mafra fervilhavam de copeiras, pajens e camareiros que trabalharam a noite inteira, desmontando adornos do palácio, retirando o ouro e a prata da basílica e carregando quadros a óleo sob as chuvas de outono. De lá, os conteúdos do mosteiro foram carregados em centenas de carroças e despachados para as docas. Os servidores do palácio limparam a segunda grande residência real, Queluz, empilhando suas antigüidades, porcelanas, prataria e quaisquer objetos de valor que estivessem à mão em mais outras carroças. Era ali que os outros membros da família real — a mãe de D. João, rainha Maria I, a Louca, sua minúscula esposa espanhola, dona Carlota, e seus oito filhos — se juntariam ao êxodo em direção ao porto.

Embora os planos tivessem sido cogitados por alguns meses, a evacuação desordenou-se rapidamente, como descreveu um cortesão:

> Se [alguém] olhava para aqui, via um montão de fato, exposto ao tempo; se para acolá, via as carruagens ricas, esperando pela família [real], que toda andava sem tino para ali, para acolá, sem a perturbação dar lugar à decência e ao recato costumado em tais occasiões, umas desejando não se separar do seu fato ou de suas amas (...) outras sem atender nada (...) temendo que lhes faltasse o tempo (...) assim deixamos Queluz.[19]

Quando a última carruagem deixou o adro de Queluz, o que antes fora uma sede sagrada da realeza começou a assumir a aparência de um prédio condenado. Visto do comboio que se deslocava vagarosamente, o palácio foi recuando na distância, não mais imponentes as suas paredes riscadas pela chuva, com suas sebes bem aparadas, sua topiaria requintada, suas fontes e suas estátuas esvaziadas do poder simbólico.

Na cidade, multidões deslocavam-se pelo labirinto de vielas, descendo as escadarias em caracol e as ruas estreitas que cortavam as encostas escarpadas dos morros, em direção ao porto, lá embaixo. Elas se amontoavam nas docas, onde os ânimos estavam exacerbados. Após meses de preparativos sigilosos, mercadorias eram abertamente carregadas nos navios da frota e dignitários abriam caminho pela multidão hostil para embarcar. Araújo achava-se numa posição particularmente vulnerável, conhecido como era por suas simpatias pelos franceses e tido por alguns como conivente com Napoleão durante todo o processo. Avistado quando tentava entrar no embarcadouro, ele teve sua carruagem apedrejada, o que danificou a cabine e feriu seu cocheiro. Araújo saiu ileso e foi rapidamente colocado num esquife que o levou até a *Medusa*.

Os que estavam prestes a ser abandonados aos invasores franceses olhavam, incrédulos, enquanto a escala de seu desamparo ia ficando evidente. Foi um exercício gigantesco. O Tesouro Real — metade das moedas que circulavam em Portugal na época — e uma imensa quantidade de diamantes brasileiros receberam prioridade. Inúmeras caixas de arquivos do governo, contendo registros que remontavam a centenas de anos antes, foram embarcadas nos porões dos navios. Uma nova impressora, recém-chegada de Londres, foi despachada para o comboio, ainda em sua embalagem original. A biblioteca pessoal de Araújo, uma impressionante coleção acumulada ao longo de suas viagens diplomáticas, foi içada a bordo, enquanto os 60 mil volumes da Biblioteca Real da Ajuda esperavam em caixotes nas docas. Apetrechos religiosos, bens de família transmitidos por gerações e peças de mobiliário foram chegando de Mafra em caravana. Após longas filas para entrar no porto, as carruagens chegaram ao embarcadouro, onde uma massa de artigos menores — baús com pertences pessoais, alimentos e trouxas de roupa de cama — começara a se empilhar. O tempo continuamente úmido atrapalhava a operação, a zona portuária estava saturada e as carruagens lutavam por abrir caminho pela lama.

Qualquer esperança de que a fuga pudesse ser evitada desfez-se na manhã de 27 de novembro, quando o próprio D. João chegou às docas, acompanhado pelo infante espanhol, Pedro Carlos, um favorito do príncipe regente que havia crescido na corte portuguesa. Por recomendação de seus conselheiros, que temiam a violência, o príncipe regente seguira para o porto numa carruagem sem distinção, com seu cocheiro usando roupas comuns. Considerou-se desaconselhável um discurso de despedida, dadas as circunstâncias, e, em lugar dele, o príncipe regente deixou instruções por escrito sobre como os franceses deveriam ser acolhidos ao entrarem na cidade. Receberiam as boas-vindas de uma assembléia de regentes nomeada por D. João — o Conselho de Governadores —, que tinha ordens rigorosas de cooperar com Junot e alojar seus soldados. A saída do príncipe regente foi discreta, e o embarque em si, uma experiência pouco edificante para um soberano acostumado a profusas demonstrações de devoção. No porto não havia pálios de seda, cortinas adamascadas nem trilhas salpicadas de flores para o monarca de partida, mas apenas uma prancha de embarque rudimentar — duas tábuas de madeira deitadas sobre a lama — que levava de sua carruagem ao embarcadouro. D. João ficou visivelmente abalado durante toda essa provação e prendeu o choro ao embarcar no esquife, sob chuva forte.[20]

A mulher de D. João, dona Carlota, chegou logo depois do regente, numa carruagem decorada mais conspícua, juntamente com os dois filhos varões, Pedro e seu irmão Miguel, então com 6 anos, alguns criados e uma ama-de-leite da infanta Ana de Jesus Maria, na ocasião a um mês de seu primeiro aniversário. Outras carruagens chegaram com suas outras cinco filhas: a adolescente Maria Teresa e suas irmãs Maria Isabel (de 10 anos), Maria Francisca (de 7), Isabel Maria (de 6) e Maria d'Assunção (de 2).

Em seguida veio a mãe de D. João, em seus 73 anos, a rainha Maria I, mulher que havia enlouquecido bem mais de dez anos antes e era propensa a surtos repentinos e irracionais. Dizem que, quando sua carruagem corria para as docas, ela teria gritado: "Não vá tão depressa, pensarão que estamos fugindo!"[21] Ao chegar ao porto, ela se recusou a descer da carruagem, obrigando o comandante da frota real, num deslize momentâneo do decoro palaciano, a retirá-la em pessoa do veículo, carregá-la pelo cais e depositá-la como um fardo a bordo da galera que aguardava. A cunhada de D. João, Maria Benedita, de 61 anos, e sua tia Maria Anna, de 71, completaram o embarque de três gerações da dinastia dos Bragança.

No interior de Portugal, Junot deixou para trás o grosso de sua tropa, abandonou a artilharia pesada e arremeteu para a capital com a guarda avançada. Àquela altura, seus soldados estavam cobertos de lama, com os uniformes começando a se desintegrar e os membros esgotados pelas quatro semanas de marcha. Ainda assim, sua reputação lhes garantia uma passagem segura. Os camponeses ficaram olhando em silêncio enquanto essa coluna desgrenhada avançava a custo por campos encharcados, em direção a Lisboa.

Com a notícia de que as forças francesas estavam a apenas dois dias de marcha, o último simulacro de ordem e organização no porto evaporou-se. Eusébio Gomes, intendente da Casa Real, foi apanhado em meio à confusão: "Todos a quererem embarcar, o cais amontoado de caixas, caixotes, baús, malas, malotões e 30 mil coisas, que muitas ficaram no cais tendo os seus donos embarcado, outras foram para bordo e seus donos não puderam ir."[22] Os que tinham alguma chance de conseguir um beliche trocavam empurrões com as autoridades; irromperam brigas deselegantes entre pequenos aristocratas que afirmavam seu direito a um lugar na frota já apinhada.

Enquanto muitas pessoas que tinham apenas tênues ligações com a corte e o governo conseguiram entrar à força na frota nas horas finais, outras não tiveram a mesma sorte.[23] Entre estas estava Lourenço de Caleppi, de 67 anos, o núncio apostólico do Palácio da Ajuda. D. João lhe prometera um lugar, mas ele teve o caminho barrado quando não conseguiu exibir sua autorização. Bernardo José Farto Pacheco, mestre das estrebarias reais, foi outro que ficou para trás por detalhes burocráticos. Todo um regimento da tropa, que deveria acompanhar a corte, também ficou em Lisboa, porque não foi possível arranjar espaço para acomodá-lo. Para alguns desses homens, este seria um dia fatídico. Eles tinham sido destinados aos trópicos, mas agora seriam coagidos a entrar no Exército francês e, anos depois, morreriam congelados nos campos de batalha da Rússia.

O próprio Joaquim José de Azevedo quase foi detido em Lisboa pela multidão enraivecida, como depois escreveu do Brasil:

> Era neste estado de frenesi popular que ele [o visconde do Rio Seco], no seu regresso para o cais de Belém, foi envolvido em uma nuvem de verdadeiros filhos, que desacordadamente lhe pediam contas do seu chefe, do seu príncipe, do seu pai, como se ele fora o autor de um expediente que tanto os flagelava. A nada se poupou para serenar a multidão; desculpas oficiosas, protestações sinceras de que ele nada influíra para tais sucessos, preces, rogos, tudo era perdido para um povo [que, no seu excesso de dor, o caracterizava de instrumento do seu martírio, sem se abster de o sentenciar de

> traidor!]. Ele não foi para o seu quartel, mas [sim arrastado pela multidão; em meio ao tumulto, avistou um guarda que se dirigia para o local a que ele] fora destinado; e, reclamando a sua proteção, tratou de serenar o povo, protestando-lhe que tanto era inocente do que lhe acumulavam, que lhe assegurava de não embarcar, visto acabar de ser nomeado quarteleiro de Junot (...)[*,24]

Azevedo estava mentindo. E, com esse artifício, conseguiu escapar da turba. Embarcou à meia-noite, deixando seu chapéu, seu dinheiro e seus papéis na barraca que montara na zona portuária.

Em meio à massa humana, um menino observava. De linhagem nobre, José Trazimundo, futuro marquês de Fronteira, tinha apenas 5 anos quando a corte deixou Lisboa. Permaneceu em Portugal, mas vários membros de sua família estavam nos barcos destinados ao Brasil. Tempos depois, ele relembrou o tumulto emocional daquele dia em que famílias se dividiram e amigos foram separados, alguns para nunca mais voltar a se unir:

> Minhas tias mandaram logo [chamar] por duas carruagens, que nos levaram a toda a pressa ao cais de Belém, onde reinava a maior confusão e desordem. As bagagens da corte, expostas ao tempo e quase abandonadas, ocupavam desde a rua da Junqueira até ao cais; as carruagens não puderam entrar no largo de Belém, porque o Estado do Príncipe, o imenso povo que estava no largo, as bagagens e o regimento de Alcântara, que fazia a guarda de honra, impediam o trânsito. Não pudemos, portanto, ver os nossos parentes que partiam. Por uma salva da esquadra, soubemos que SA [Sua Alteza] tinha chegado a bordo. Meu tio, conde de Ega, aproximando-se das nossas carruagens, disse-nos que a esquadra ia levantar ferro e fazer esforços para sair à barra, mas que duvidava o pudesse conseguir, por causa do grande temporal que havia. Nunca me esquecerei as lágrimas que vi derramar, tanto ao povo como aos criados da Casa Real, e aos soldados que estavam no largo de Belém.[25]

---

[*] Cabe assinalar que, no texto original de Joaquim José de Azevedo (o futuro visconde do Rio Seco), ele descreveu suas próprias experiências na terceira pessoa (N. da T.).

Arrasada, a família de Trazimundo recolheu-se à casa do conde de Ribeira, onde "as salas estavam cheias de parentes que tinham tido a nossa mesma sorte, não podendo dizer o último adeus aos emigrados".

Tarde da noite de 28 de novembro, Strangford desembarcou furtivamente. "Soube que a maior parte da família real e da nobreza portuguesa já havia embarcado", escreveu depois a Londres, num despacho do Ministério das Relações Exteriores, "que os franceses estavam em Portugal e que Sua Alteza Real se mostrava extremamente desejoso de me ver, a fim de saber por minha boca se era intenção dos ingleses tratá-lo como amigo ou como inimigo".[26] Ele tentou entrar em contato com Araújo, mas encontrou sua casa aferrolhada e com as grades trancadas. "Lisboa encontrava-se num estado de soturna insatisfação, pavorosa demais para ser descrita", prosseguiu seu despacho. "Viam-se massas de pessoas armadas e desconhecidas, vagando pelas ruas em profundo silêncio, sem nenhum objetivo legal ou óbvio em vista; e tudo parecia indicar que, não fora a partida do príncipe efetuada de imediato, teria sido detida por tumultos populares, até ser inviabilizada pela chegada efetiva dos franceses." De fato, as forças de Junot aproximavam-se rapidamente da capital, mas um vento palmelão continuava a soprar, mantendo a frota ancorada. Os navios portugueses, já então perigosamente sobrecarregados, bordejavam. Um medo não enunciado espalhou-se pelos conveses — a possibilidade muito real de que eles fossem retidos no porto pelo avanço francês.

Escolhendo seu caminho pelas ruas, Strangford voltou para as docas e subiu a bordo do navio português *Príncipe Real*. Ali, segundo sua versão dos acontecimentos, encontrou o príncipe regente ainda indeciso, mas conseguiu persuadi-lo. "Tudo dependia do grau de incentivo e consolo oferecido a Sua Majestade Real", escreveu o emissário inglês no que é o mais controvertido de seus despachos, "a cuja mente era necessário apresentar continuamente a medida sob as formas mais agradáveis e cativantes (...), destruir qualquer esperança de acordo com os invasores, aterrorizá-lo com descrições sombrias e deprimentes da capital que eu acabara de deixar e, em seguida, deslumbrá-lo subitamente com as brilhantes perspectivas à sua frente (...)."[27] Outras pessoas presentes nessa cena viriam depois a contestar o testemunho de Strangford. Naquele estágio avançado, sem dúvida já se tomara a decisão definitiva; estava tudo pronto, mas o tempo continuava a retardar a partida.

Na manhã de 29 de novembro, o vento virou. Às sete horas foi dada a ordem de levantar âncora. A chuva passara e, com tempo claro, as embarcações oscilaram pelo Tejo em direção ao mar alto. Para os que ficaram em Lisboa, foi um momento desolador, como recordou José Trazimundo:

> O vento soprava fortíssimo da barra e, por isso, quando estávamos jantando, ouvimos uma salva ao longe. Era a esquadra inglesa do almirante Sidney Smith, que saudava o pavilhão real da nau que conduzia o PR [príncipe regente], que, naquele momento, seriam três horas da tarde, saía à barra. Ainda que, pela minha pouca idade, não pudesse dar a devida importância à crise em que estava o país, e principalmente a capital, que tinha o Exército francês a duas léguas das suas barreiras, lembro-me porém de que muito me impressionava a fisionomia dos parentes e das pessoas que nos cercavam.[28]

O comboio passou perto de uma frota russa que se extraviara em direção ao porto algum tempo antes, mas cuja pólvora fora confiscada por nervosas autoridades portuárias. A esquadra real deixou para trás uma cena desoladora: bagagens, papéis ensopados e caixotes abandonados espalhavam-se pelo embarcadouro; a lama remexida começara a endurecer, deixando as marcas da comoção recente — um caos de pegadas, pedaços de limo e riscas sinuosas. Em meio aos destroços havia artefatos de valor inestimável do patrimônio real, deixados para trás na pressa de abandonar o porto. Carruagens luxuosas, com arreios magnificamente cuidados, muitas ainda abarrotadas dos bens que haviam transportado dos palácios, postavam-se no embarcadouro deserto; 14 carruagens carregadas de prataria da Igreja foram abandonadas para os franceses, e todos os 60 mil volumes da Biblioteca Real da Ajuda ficaram na lama. Em algum lugar dessa coleção de caixotes, empilhados no cais de qualquer maneira, havia Bíblias raras do século XVI, mapas em pergaminho datados da "Era dos Descobrimentos", primeiras edições da epopéia de Camões, *Os Lusíadas*, e manuscritos com iluminuras requintadas.

DOIS

A Travessia

Talvez nunca saibamos quantos conseguiram embarcar na frota, mas parece que cerca de 10 mil pessoas viajaram para o Brasil na primeira leva — um número gigantesco, considerando que a população de Lisboa, na época, era de pouco mais de 200 mil habitantes. A um vasto séqüito de cortesãos — cirurgiões reais, confessores, damas de companhia, encarregados do guarda-roupa do rei, cozinheiros e pajens — juntou-se a nata ilustre da sociedade lisboeta: conselheiros de Estado, assessores militares, padres, juízes e advogados, juntamente com suas famílias extensas. Do núcleo original formado pela corte e funcionários do governo, os subornos e a cobrança de favores ampliaram o grupo para que incluísse pequenos burocratas, negociantes, parentes distantes e um sortimento variado de parasitas. Muitos nunca tinham viajado por mar, alguns nunca haviam deixado Lisboa.[1]

A família real dividiu-se entre quatro navios. O *Alfonso de Albuquerque* levou dona Carlota e quatro de suas seis filhas. As duas filhas do meio, Maria Francisca e Isabel Maria, viajaram no *Rainha de Portugal*, enquanto os membros inferiores do cortejo real, a tia e a cunhada idosas de D. João ficaram a bordo do *Príncipe do Brasil*. Na nau capitânia, a *Príncipe Real*, embarcaram D. João, a rainha Maria I, a Louca, e os herdeiros varões, Pedro e Miguel — uma sala do trono flutuante, que continha toda a linha sucessória dos Bragança. Se o *Príncipe Real* tivesse ido a pique nas tormentas que aguardavam a frota, a monarquia portuguesa, tão recentemente salva da destruição certeira nas mãos dos franceses, teria encontrado seu fim nas águas do Atlântico Norte.

Quando a esquadra atravessou a barra, uma salva de 21 tiros ribombou no bloqueio britânico. Foi retribuída pelo comandante aliviado do *Príncipe Real*: apesar dos protestos de Strangford, ainda persistiam algumas dúvidas sobre se o lado britânico da negociação honraria seu compromisso. O *Príncipe Real* manobrou em direção à nau capitânia inglesa, o HMS *Hibernia*. Em seguida, Strangford trocou rapidamente de navio, voltando ao *Príncipe Real* com *sir* Sidney Smith. O clima a bordo era lúgubre, segundo Strangford: "É impossível descrever a situação dessas pessoas ilustres, seu desconforto e a paciência e resignação com que elas têm suportado as privações e dificuldades decorrentes da mudança."[2] Houve uma conferência de três horas entre Smith, Strangford e D. João, na qual foram discutidos os detalhes da viagem. Quatro navios de guerra britânicos — o HMS *Marlborough*, o HMS *Bedford*, o HMS *London* e o HMS *Monarch* — se juntariam à frota portuguesa como escolta; os demais, depois de acompanharem a frota a meio caminho da ilha da Madeira, voltariam para Portugal e retomariam seu bloqueio de Lisboa. *Sir* Sidney Smith ofereceu a D. João o embarque num dos navios britânicos, mas o príncipe regente recusou, sem dúvida cônscio da mensagem que isso transmitiria a seus companheiros de exílio.

O alívio pela travessia da barra deu ensejo a um sentimento momentâneo de otimismo a bordo da frota. O que quer que viesse pela frente, eles seriam poupados do horror da ocupação francesa, perspectiva justificadamente temida pelos europeus da época. Os que haviam ficado para trás sentiram seus efeitos antes mesmo que os primeiros soldados chegassem à cidade; os movimentos populacionais que veriam a sociedade portuguesa sucumbir aos ataques violentos das Guerras Peninsulares já haviam começado. Os camponeses, sabendo que suas provisões seriam um alvo precoce dos soldados franceses, entraram em Lisboa aos borbotões, vindo da zona rural, enquanto outros fugiram na direção oposta. Todos esperavam com inquietação a chegada dos franceses.

Como se constatou, as impressões iniciais dos franceses dominadores foram decepcionantes. Os primeiros soldados a entrar na cidade estavam exaustos e com os pés feridos, alguns tão fracos que haviam recrutado campônios portugueses para carregar suas armas. "Mal se pode acreditar (...) no estado em que nos achávamos", recordou o barão Thiébault, que participou da campanha. "Nossa roupa perdera todo o feitio e cor; eu não trocava a roupa de baixo desde Abrantes. Meus pés apareciam através da sola das botas."[3] Àquela altura, as ruas de Lisboa estavam desertas, e os soldados de Junot entraram claudicando na capital, sem encontrar oposição. Haviam chegado às docas tarde demais para sequer avistarem o comboio em fuga. Junot apressou-se a ocupar a torre fortificada de Belém, mas tudo o que se viu foi um navio mercante solitário, que decidira tardiamente deixar o porto. Ele foi inutilizado por tiros de canhão que romperam seus cordames — um prêmio irrisório para os invasores franceses. O saque da cidade teve início de imediato. O material deixado nas docas foi vasculhado, invadiram-se casas e pilharam-se os estoques das lojas, à medida que mais soldados famintos, não remunerados e indisciplinados foram chegando do interior.

Ao largo, o comboio português fundiu-se com sua escolta britânica. Inspeções e reparos de última hora, assim como transferências de pessoas e mantimentos entre os navios, foram executados em antecipação à longa viagem. Ao entardecer, o vento virou. Caída a noite, ganhou força de vendaval, empurrando a frota de volta para a costa portuguesa. Os navios foram obrigados a navegar em direção nordeste, enquanto as tripulações desmontavam a parte superior dos mastros e a desciam. Grupos de aristocratas e cortesãos apavorados acotovelavam-se nos conveses, com os rostos pálidos de ansiedade e náusea, a alma já saudosa do país que fora deixado para trás.

Os ventos sopraram durante toda a noite e todo o dia seguinte, mas, para alívio geral, a tormenta se acalmou em 1º de dezembro e as embarcações se reuniram para uma última inspeção. Um pequeno navio de guerra foi considerado impróprio para a navegação e mandado de volta para as forças que estavam à espera de Junot em Lisboa; outro navio de carreira foi julgado inapto para a travessia do Atlântico, mas, contrariando o parecer britânico, continuou com o restante da frota. A viagem deveria ser feita por uma grande esquadra, composta de brigues, fragatas, navios de carreira e navios mercantes, mas pareceu diminuta ao entrar em mar alto.

Enquanto essa coleção mista de navios balançava nas águas do Atlântico Norte, a história imperial de Portugal ficou em suspenso. O eixo do império fora separado de sua metrópole, e sua sede, seguindo antiqüíssimas rotas marítimas coloniais, estava em movimento.[4]

O comboio partiu, navegando para sudoeste em direção ao arquipélago da Madeira, rumo à massa de nuvens de uma tempestade que se aproximava. Quando a frota se aproximou das ilhas, caiu a neblina e a visibilidade ficou precária — "com o tempo tão carregado que não conseguíamos ver três vezes o comprimento do navio",[5] escreveu o comandante James Walker, a bordo do HMS *Bedford*. Castigados pelo nevoeiro cinzento, os navios seguiram oscilando pela ondulação incômoda, com as vagas a atirar periodicamente uma água enregelante sobre os conveses abarrotados. Para os muitos que nunca tinham posto os pés numa embarcação oceânica, seriam momentos desgastantes. Até os marinheiros veteranos do começo do século XIX temiam as borrascas, mas ao menos tinham uma idéia do que esperar. Após anos de experiência, haviam-se acostumado à instabilidade desnorteante de um navio em alto-mar; quando ele escalava uma onda, fazia uma pausa e se precipitava na depressão formada depois dela. Seus ouvidos já estavam sintonizados com o ranger indolente do madeirame, entremeado dos sons mais prementes do guinchar de polias, sarilhos e rodas. Para os não iniciados, no entanto, aquilo era um pesadelo desperto de ventos fustigantes, espuma, náusea e pânico coletivo.

Até para olhos não acostumados, as embarcações escolhidas para a viagem pareciam impróprias para a navegação. Faziam água copiosamente, tinham cordames antiqüíssimos e seus mastros e vergas estavam meio podres. E não demorou para que os temores dos passageiros se confirmassem. Houve cenas frenéticas a bordo do *Medusa* quando, subitamente, o mastro central rachou e se partiu. Logo depois, tombou o mastro da mezena, deixando o navio a se debater no mar encapelado. Os danos acabaram sendo reparados, mas se perdeu um pouco da confiança. Outros navios da frota também foram obrigados a sofrer reparos nas proximidades da Madeira. A verga inferior do mastro principal do *Rainha de Portugal* quebrou-se, e ele começou a se distanciar dos outros navios da frota, perdendo-os de vista; o *Dom João de Castro* também perdeu o mastro e, fazendo água, foi depois obrigado a realizar um desembarque de emergência no Nordeste do Brasil. Até os ministros diretamente responsáveis pela manutenção naval ficaram estarrecidos com o despreparo do comboio real. O relatório de Antônio de Araújo sobre as condições a bordo do *Medusa* constituiu uma leitura comedida para quem ainda tivesse ilusões sobre o estado da esquadra portuguesa, antes grandiosa:

> O mastro grande não estava velejado e quebrou, porque estava totalmente podre; os cabos são indignos; tudo tem concorrido para pôr em perigo as nossas vidas e deve-se muito à atividade e inteligência do comandante e alguns oficiais. Para V.A.R. [Vossa Alteza Real] fazer idéia da miséria que há nesta nau, basta dizer que não teríamos fio para coser as velas, se por acaso as criadas de José Egídio não trouxessem alguns sacos de fiado para uma teia (...)[6]

Nos mares revoltos do arquipélago da Madeira, a frota separou-se. Os densos véus de neblina haviam desnorteado os comandantes e tripulações e, quando as brumas se dissiparam, eles se descobriram em dois grupos, a muitas milhas de distância. Metade do comboio, inclusive o *Príncipe Real* e o *Alfonso de Albuquerque*, nos quais viajava o grosso da família real, evadiu-se, enveredando para noroeste; o restante emergiu da tormenta ainda no rumo certo para chegar ao ponto de encontro combinado, San Tiago, uma possessão insular portuguesa no arquipélago de Cabo Verde, na costa oeste da África. O grupo da família real decidiu que, em vez de virar de bordo em direção à África Ocidental, rumaria diretamente para o porto de Salvador, no Nordeste do Brasil; os outros, depois de uma escala em San Tiago, navegaram diretamente para o Rio.

Em cursos paralelos, os grupos seguiram para o sul, singrando as águas com mais confiança pelo mar serenado. Num dado momento, ficaram a uma distância de tiro — três navios foram avistados pelo *Bedford*, a escolta britânica do grupo real, mas os ventos leves impediram que ele aprofundasse sua investigação. Em vez disso, depois do anoitecer, enviou-se um sinal sob a forma de uma lamparina azul, colocada no topo do mastro.[7] Perto da meia-noite, de acordo com uma anotação do diário de bordo, um ponto luminoso azul foi avistado no horizonte pelo *Marlborough*, que rumava para o Rio. Depois desse diálogo enigmático, as duas frotas parecem ter divergido e, a partir dali, seguiram rumos separados para o Brasil.

Com a melhora do tempo, dona Carlota fez uma visita ao *Príncipe Real*, numa suave marola em meio ao oceano Atlântico.[8] Enfrentando o mar alto, ela embarcou num esquife com as filhas e foi visitar sua sogra, a rainha Maria I, o marido, D. João, e os filhos Pedro e Miguel, antes de retornar a seu navio. Esse seria o último contato entre eles antes de Salvador — que, sem novos contratempos, ainda estava a cinco semanas de distância pelo mar encapelado.

Os relatos da travessia são de uma incompletude frustrante, silenciando as memórias da corte sobre o que deve ter sido um episódio traumático para todos os implicados. Questiona-se até a composição da frota: três fragatas (alguns dizem cinco), dois (ou talvez quatro) brigues e um navio de provisões acompanharam o núcleo da esquadra real — oito navios de carreira com 64 a 84 canhões.[9] Navegando com eles seguia uma "multidão de grandes navios mercantes armados", na formulação vaga de Smith, ou "diversos brigues, chalupas e corvetas armados, e alguns navios do Brasil", nas palavras de Strangford, compondo "cerca de 36 velas, ao todo".[10] Os quatro navios britânicos de escolta completavam o que, independentemente de sua composição exata, era uma frota considerável. A nau capitânia da esquadra portuguesa, o *Príncipe Real*, com seus 84 canhões, tinha 67 metros de comprimento, com vau de 16,5 metros, três conveses para as baterias de tiro e um porão espaçoso, mas havia pouco espaço de sobra. Calcula-se que mais de mil pessoas (talvez 1.600, de acordo com as estimativas mais altas) abarrotassem seus conveses.[11] O *Minerva*, que se juntou à frota no último momento, teria zarpado com mais de setecentas pessoas a bordo. O *Martins de Freitas* transportou um número similar, com os passageiros apinhando-se ao lado da carga substancial que transbordava dos porões.

Num aspecto, entretanto, o comboio levava pouca carga. "A frota deixou o Tejo com tamanha pressa, que pouquíssimos dos navios mercantes têm víveres ou água para mais de três semanas a um mês", comentou Strangford, "muitos navios de guerra encontram-se no mesmo estado, e *sir* Sidney Smith é de opinião que a maior parte do comboio deve rumar para a Inglaterra a fim de completar suas provisões."[12] Mas isso não era possível: os navios seguiriam para o Brasil com o pouco que tinham. Um relatório divulgado às vésperas da partida listou as deficiências deploráveis:

> *Rainha de Portugal* – precisa de 27 tonéis de água (...)
> *Fragata Minerva* – tem só 60 tonéis de água (...)
> *Príncipe Real* – precisa de uma botica, [de] galinhas, cabo, cera, 20 tonéis de água, marlim e linha de barca e lenha (...)
> *Príncipe do Brasil* – faltam azeite, cera, cabo, 30 tonéis de água e lenha e linha de barca.[13]

A escassez começou a se agravar com o correr das semanas. Caixotes de roupas de cama e mesa tinham sido deixados em Lisboa, e a maioria das mulheres fez a travessia do Atlântico com a roupa do corpo. Nos casos desesperados, lençóis e cobertores da Marinha britânica foram enviados e transformados em trajes amorfos.

No *Alfonso de Albuquerque*, os sofrimentos foram agravados por uma infestação de piolhos que se espalhou pelos conveses abarrotados. Os nobres lançaram suas perucas infestadas ao mar e as mulheres, de dona Carlota para baixo, fizeram fila para raspar a cabeça.[14] Em algum ponto do Atlântico Norte, damas de companhia carecas reuniram-se no castelo de proa depois de sua provação. Seu couro cabeludo foi então lavado e tratado com pós, para matar os piolhos restantes. Foi uma humilhação ritualística, um ato teatral que resumiu a transformação abrupta que estava ocorrendo na vida da corte, enquanto o comboio avançava em direção ao Novo Mundo.

Quanto à vida cotidiana a bordo da frota, durante quase dois meses no mar, os registros são fragmentados. Os retratos românticos de homens e mulheres entoando canções ao dedilhar das cordas de violões e jogando cartas em conveses enluarados, pintados pelo cronista Luiz Edmundo em meados do século XX, não soam convincentes.[15] Outra história improvável mostra o herdeiro do trono, Pedro, de 9 anos, deleitando-se com a experiência e correndo pelo tombadilho superior, ajudando a tripulação a calcular a longitude. Nessa versão, frei Arrábida, o bibliotecário de Mafra, passa o tempo ensinando ao jovem herdeiro trechos da *Eneida*, ilustrando suas aulas com paralelos traçados entre a epopéia de Virgílio e a viagem de D. João para as Américas.

Para um retrato mais realista, devemos voltar-nos para as poucas fontes primárias que foram preservadas. Uma delas, uma carta de um oficial português, descreve algo mais parecido com as frotas de condenados destinadas à Austrália, com a diferença de que, enquanto os prisioneiros ficavam abafados nos porões, muitos portugueses foram obrigados a enfrentar os conveses descobertos com bravura:

> (...) tão grande foi o número de pessoas que seguiram o destino de seus protetores reais e tão apinhados estavam todos os navios, que mal havia espaço para que elas se deitassem nos conveses; as damas (...) desprovidas de qualquer traje, à exceção do que estavam usando. Como os navios tinham apenas uma pequena proporção de mantimentos, logo se constatou ser necessário solicitar ao almirante britânico que acolhesse alguns [passageiros] a bordo de sua esquadra; e foi uma sorte para os indivíduos assim enviados, pois os que permaneceram foram realmente dignos de pena de Lisboa à Baha [Bahia]. A maior parte dormia no convés, sem camas nem cobertas. A água era o artigo principal que nos chamava a atenção; (...) a porção que recebíamos dela era pequena e nossos víveres eram da pior qualidade, e tão escassos (...) que a própria vida se tornou um fardo. Nossa situação era aflitiva a um ponto que espero que ninguém jamais testemunhe nem experimente. Homens, mulheres e crianças exibiam, todos eles, um espetáculo dos mais lastimáveis; a Divina Providência, contudo, em meio a nossa aflição, concedeu-nos uma graça — poucos sentiram os efeitos da doença.[16,17]

Outro relato, anônimo, mas provavelmente escrito por um integrante da corte, faz referências fugazes ao estado emocional dos que se encontravam a bordo. As pessoas não tardaram a ansiar por coisas que haviam abandonado, na pressa de sair de Portugal: "A um tinha ficado em Lisboa um bule de muita estimação que fazia o melhor chá do mundo; outra tinha deixado de trazer um baú, em que tinha trastes muito necessários."[18] A partir dessas pequenas ansiedades, as frustrações transbordaram, e "era a conclusão certa de que aquela jornada tinha sido muito mal determinada; deviam ter sido avisados com mais antecipação, e tantos navios que ficavam no Tejo deviam ter sido preparados para transporte". Em meio a censuras e ditos maldosos, D. João manteve a calma: "SAR [Sua Alteza Real], nas audiências de despedida, nas que deu ao ministro e comandante inglês, e em todas as mais ações em que foi visto em público, teve um comportamento heróico", prosseguiu o cronista anônimo, "e uma serenidade de espírito que nenhum de seus vassalos pôde imitar: a sua dor era somente desafogada com alguns criados do seu mais particular serviço". Todavia, o clima de recriminação era tamanho que D. João impôs uma norma de silêncio, proibindo qualquer queixa ou discussão sobre os erros e acertos da decisão de deixar Lisboa. A partir desse momento, conclui sarcasticamente o cronista anônimo, o mar se manteve como seu único assunto de conversa.

Um último relato revela as tensões a bordo de uma frota apinhada de políticos e nobres, ao eclodir em alto-mar uma luta pelo poder. Espalhados pelos conveses da esquadra que se dirigia ao Brasil, os homens disputavam posições, no breve intervalo limítrofe que separava o antigo governo do novo. Um dos principais atores foi D. Rodrigo de Sousa Coutinho, conde de Linhares, que viajou no comboio destinado ao Rio. Atarracado, de cabelos encaracolados e tez tão morena que muitos suspeitavam que tivesse ancestrais africanos, Sousa Coutinho tivera uma longa carreira na corte. Depois de trabalhar como diplomata na Itália, voltara a Portugal decidido a reconstruir a debilitada Marinha portuguesa, mas acabara sendo impedido de uma participação ativa, nos anos que antecederam o exílio, por sua postura pró-britânica.

No Atlântico, ele pressentiu sua oportunidade. O principal rival de Sousa Coutinho na corte, Antônio de Araújo, havia caído em desgraça, uma vez desacreditada sua política de apaziguar os franceses. Com Araújo fora do caminho, Sousa Coutinho antevia com deleite a chegada ao Rio, de olho numa posição ministerial de influência, à mão direita do príncipe regente. Quando eles cruzavam a linha do equador, um dos passageiros a bordo do navio de Sousa Coutinho adoeceu, exibindo as primícias do escorbuto, com as pernas inchadas pelo calor. O navio estava ficando com um nível perigosamente reduzido de suprimentos, e a família do passageiro enfermo implorou ao comandante que alterasse o curso e seguisse para Salvador, onde eles poderiam reabastecer-se e buscar socorro médico. Ao ouvir falar do possível desvio, Sousa Coutinho fez valer sua posição de superioridade: após uma discussão acalorada, na qual insultou a família "nos termos mais violentos",[19] obrigou o comandante a manter o rumo. Não se sabe o que aconteceu com o passageiro doente, mas, afinal, Sousa Coutinho não precisaria ter-se preocupado com a idéia de ser vencido na corrida para o Rio. Atracou na capital quase dois meses antes de Araújo, cujo navio avariado, o *Medusa*, perdera o rumo no equador e acabara parado numa calmaria no litoral de Pernambuco.

Em sua maior parte, no entanto, o registro histórico nos dá pouca idéia dos pensamentos e experiências da família real portuguesa e seu exército de acompanhantes nas longas semanas em que eles avançaram lentamente na travessia do Atlântico. Resta-nos imaginar os odores que subiriam do fundo das embarcações — as colunas de ar fétido que se elevavam pelas escotilhas de navios que, em muitos casos, haviam passado anos sem manutenção; as longas filas para usar as "cloacas" —, plataformas amarradas à proa, suspensas sobre a esteira dos navios, que serviam de toalete ao ar livre; o tédio, a vergonha e a angústia dos que haviam abandonado seus amigos e familiares na hora do aperto. As acomodações deviam ser primitivas, a privacidade, inexistente, e o sono, difícil, se não impossível, nos conveses descobertos, com salpicos sistemáticos de espuma sobre as fileiras de nobres estirados nas tábuas. E, durante o dia, o balanço constante das embarcações devia sujeitar aristocratas respeitados à indignidade dos episódios públicos de vômito.

A viagem fez lembrar uma outra fuga real em menor escala, quando Nelson supervisionara a evacuação do rei e da rainha de Nápoles às vésperas de uma invasão francesa, oito anos antes.[20] Na ocasião, o *Vanguard*, carregado de ouro e jóias e coroado por membros da realeza, enfrentou os mares bravios do litoral de Nápoles. O tempo estava tão ruim quanto Nelson era capaz de lembrar. Após dois dias de viagem, a vela da mezena ficou em frangalhos. O confessor do rei quebrou o braço ao ser derrubado de sua rede, enquanto cortesãos vomitavam pelos bordos. Mas a comparação fica muito aquém da realidade — o *Vanguard* liderou uma pequena frota e chegou ao refúgio de Palermo em menos de uma semana, e a provação foi um interlúdio breve, embora desagradável.

Os portugueses, em contraste, suportaram seis semanas de vida a bordo em alto-mar, antes de entrarem na zona das calmarias equatoriais e iniciarem a corrida para Salvador. A velocidade do comboio reduziu-se a um ritmo inquietante — em dez dias, ele perfez apenas 30 léguas, o que corresponderia a um dia de viagem em boas condições —, mas os ventos recomeçaram quando ele se aproximou do Brasil e, pela primeira vez, os ânimos começaram a se elevar. Um bergantim saído do Recife foi avistado a distância e, quando se aproximou, constatou-se que transportava víveres muito necessários, com uma seleta de frutas tropicais entre os produtos mais corriqueiros. O navio fora despachado pelo governador da província nordestina de Pernambuco, depois de ele ter sido alertado sobre a provável posição da frota pelo comandante do *Medusa*, já atracado no Recife para reparos. Em algum ponto do litoral do Brasil, paladares embotados por mais de um mês de bolachas duras e rações de arroz deleitaram-se com os sabores inusitados de cajus e pitangas, antegozando sua futura pátria.

Dias depois, vista dos conveses da frota, uma silhueta costeira baixa reluziu ao longe, com suas formas coloridas pelos tons verde-escuros da folhagem tropical. Mais perto do porto, uma cidade colonial emergiu do borrão indistinto, com seus telhados vermelhos e suas paredes caiadas. Silhuetas de palmeiras pontilhavam os cimos dos morros, e colunas de terras cultivadas — canaviais, plantações de tabaco e bosques de frutas cítricas — ondulavam na distância. Os ventos gelados de novembro tinham dado lugar ao ar superaquecido do Brasil equatorial. Mais de sete semanas e 6.400 quilômetros depois de escaparem de Lisboa, eles se aproximavam do fim da viagem.

Os caprichos do tempo e as exigências de uma frota mal equipada haviam deixado a família real mais de mil quilômetros ao norte do alvo pretendido. O comboio original vira-se dispersado pelo vasto litoral brasileiro: alguns navios tinham atracado mais acima da costa de Salvador, e apenas um pequeno número chegara com sucesso ao Rio. Entretanto, houve uma simetria histórica no desfecho, porque a rota do príncipe regente seguiu mais ou menos a da primeira viagem portuguesa ao Brasil, e ele não tardaria a desembarcar pouco ao norte da cena inaugural da colonização portuguesa do país.

Em 9 de março de 1500, mais de três séculos antes do precipitado êxodo da família real de Lisboa, 13 navios comandados pelo aristocrata Pedro Álvares Cabral tinham feito um embarque mais organizado, descendo o Tejo e deslizando para o alto-mar. A travessia deu seqüência à histórica viagem às Índias (1497-1499) de Vasco da Gama, navegador este que tivera uma acolhida extasiada em seu retorno, no ano anterior. Cabral foi instruído a refazer a rota pioneira de Vasco da Gama, contornando o cabo da Boa Esperança em direção às Índias, mas, intencionalmente ou por erro de cálculo, acabou dando à costa do Brasil no caminho de ida.[21]

A expedição tivera um começo pouco auspicioso. Após duas semanas de viagem, um dos navios de Cabral havia desaparecido, "sem que houvesse condições climáticas violentas ou adversas para que isso acontecesse".[22] O comandante vasculhara a área imediata, mas sem encontrar nada. Foi uma tragédia inquietante, talvez mais ainda, de um modo contido, que o trauma de um naufrágio em meio a uma grande borrasca. Cento e cinqüenta homens desapareceram, tragados pelas calmarias ao largo da costa africana.

Uma vez no equador, Cabral distanciou-se da costa, girando para o Atlântico Sul a fim de usar os ventos fortes para cruzar o cabo da Boa Esperança; entretanto, puxada pelas correntes transatlânticas, a frota se desviou muito mais para oeste do que a rota original de Vasco da Gama. Ainda em mar aberto, a frota cabralina havia deparado com "uma grande quantidade de ervas marinhas compridas, a que os mareantes chamam 'botelho'". Na manhã seguinte, houvera "aves a que chamam furabuchos".[23] Na tarde do mesmo dia, mais ou menos na hora das vésperas, eles avistaram terra.

A bordo, Pero Vaz de Caminha, escrivão real, registrou numa carta ao rei o que o historiador Capistrano de Abreu chamou de "certidão de nascimento do Brasil".[24] Despojando-a de suas implicações coloniais, o que, com o benefício da visão retrospectiva, é difícil não impor, a carta retrata um contato grosseiro, repleto de ignorância e mal-entendidos de ambos os lados, mas isento de má-fé. Trata-se de um documento estranho. No geral, é uma descrição pormenorizada e amiúde repetitiva, um assentamento de fatos, mas, sob a superfície, a humanidade de Caminha medita, com suas esperanças e sua curiosidade temperadas pelo sentimento de missão religiosa que tinham em comum todas essas viagens desbravadoras.

Ancorado perto da costa, um dos comandantes dos navios, Nicolau Coelho, veterano da viagem de Vasco da Gama, foi enviado por Cabral para explorar a praia e o rio. Nativos tupis em grupos de dois e três começaram a se juntar na praia. Coelho tentou falar com eles, mas sua voz foi abafada pelo barulho das ondas quebrando na costa. Assim, "[s]omente arremessou-lhes um barrete vermelho e uma carapuça de linho que levava na cabeça, e um sombreiro preto. E um deles lhe arremessou um sombreiro de penas de ave, compridas, com uma copazinha de penas vermelhas e pardas, como de papagaio. E outro lhe deu um ramal grande de continhas brancas, miúdas que querem parecer de aljôfar (...)".[25]

Tendo de se afastar de seu ancoradouro original, os portugueses navegaram 10 léguas litoral acima, em busca de atracação mais segura. O piloto Afonso Lopes foi enviado para sondar o porto. Voltou com dois nativos, que foram levados a bordo da nau capitânia para serem recebidos pelo almirante. Ali tiveram uma recepção própria das cortes medievais: "O capitão, quando eles vieram, estava sentado em uma cadeira, aos pés uma alcatifa por estrado; e bem vestido, com um colar de ouro, mui grande, ao pescoço. (...) Acenderam-se tochas. E eles entraram. Mas nem sinal de cortesia fizeram, nem de falar ao capitão; nem a alguém." Em vez disso, puseram-se a fitar, fascinados, os objetos de ouro e prata que viam e, fixados nos metais preciosos, de acordo com os portugueses, apontaram para a terra para lhes dizer que lá existiam ouro e prata.

O que veio a seguir foi uma pantomima:

> Mostraram-lhes um carneiro; não fizeram caso dele. Mostraram-lhes uma galinha; quase tiveram medo dela, e não lhe queriam pôr a mão. Depois lhe pegaram, mas como espantados. Deram-lhes ali de comer: pão e peixe cozido, confeitos, fartéis, mel, figos passados. Não quiseram comer daquilo quase nada; e se provavam alguma coisa, logo a lançavam fora. Trouxeram-lhes vinho em uma taça; mal lhe puseram a boca; não gostaram dele nada, nem quiseram

> mais. Trouxeram-lhes água em uma albarrada, provaram cada um o seu bochecho, mas não beberam; apenas lavaram as bocas e lançaram-na fora.[26]

Por fim, deitaram-se na alcatifa para descansar. O almirante ofereceu-lhes coxins e um manto: "e consentindo [nisso], aconchegaram-se e adormeceram". Os portugueses passaram pouco mais de uma semana no litoral no Brasil. Nesse curto período, deixaram a marca de sua cultura no que então chamaram de Ilha de Vera Cruz. Para encerrar sua visita, prepararam o que se transformou na cena icônica do nascimento do moderno projeto colonial brasileiro. Fincaram na terra uma cruz de madeira, montaram um altar na praia e, ao farfalhar das palmas dos coqueiros que balançavam à cálida brisa do mar, rezaram uma missa perante uma congregação em que se misturavam marinheiros e indígenas.

A cruz foi feita por dois carpinteiros. Enquanto trabalhavam, eles foram cercados por índios, cativados não pelo símbolo cristão em si, mas pelas ferramentas usadas para moldá-lo. O capitão marcou um lugar na areia e mandou cavar um poço. Com a ajuda dos indígenas, carregou-se a cruz pela praia até o local de sua fundação. Depois disso, os tupis sentaram-se durante a missa, sem nada compreender. No final do sermão, receberam crucifixos de estanho, remanescentes da viagem de Vasco da Gama às Índias: "E houveram por bem que lançassem a cada um a sua [cruz de estanho] ao pescoço. Por essa causa se assentou o padre frei Henrique ao pé da cruz; e ali lançava a sua a todos — um a um — do pescoço, atada em fio, fazendo-lha primeiro beijar e levantar as mãos. Vinham a isso muitos; e lançavam-nas todas, que seriam obra de quarenta ou cinqüenta."

Pouca comunicação poderia ocorrer entre os portugueses e os indígenas nesse breve encontro inicial. Mesmo assim, Caminha ficou fascinado com os tupis; sua carta traz descrições detalhadas deles, de sua complexa pintura corporal e de sua nudez descontraída. Ele descreveu os botoques dos índios, cuja parte interna era feita "a modo de roque de xadrez", e seus corpos, coloridos por tinturas vegetais em tons vivos de vermelho e preto. Observou seus extravagantes cocares de penas e seus cabelos, cortados num certo comprimento e raspados acima das orelhas. Fez referências reiteradas às "vergonhas, tão altas e tão cerradinhas e tão limpas das cabeleiras", exibidas pelas mulheres. Intrigou-se com a falta de pudor destas, mas, em última instância, isso o deixou embaraçado. Na última missa, os portugueses enrolaram um pano numa mulher para cobrir sua nudez. Mas ela, "ao sentar-se, não se lembrava de o estender muito para se cobrir".

Dois detentos que tinham sido condenados à morte em Lisboa foram deixados para trás, a fim de aprenderem a língua e os costumes dos nativos. Não eram desejados pelos índios, que em várias ocasiões tentaram devolvê-los aos portugueses. Os degredados também não queriam ficar. Quando a frota se aprontou para zarpar, eles começaram a lamentar seu destino terrível, largados numa terra distante sobre a qual nada sabiam. Enquanto se ultimavam os preparativos para a viagem, decidiu-se mandar um dos navios de volta a Portugal com a carta de Caminha. Ele próprio zarpou para as Índias com o resto da frota, sobrevivendo a uma travessia pavorosa do cabo da Boa Esperança, na qual se perderam diversas naus. Em Calicute, continuou a trabalhar como escrivão, mas não viveu para contar belezas de suas experiências no Brasil. Pereceu no cumprimento de outro papel, como soldado de infantaria do império, num campo de batalha na Índia.

Sua carta perdurou, sofrendo anos de descaso, enterrada nos arquivos labirínticos de Lisboa. No século XVIII, voltou à tona, mas continuou na obscuridade, acessível a um punhado de arquivistas gerais e altas autoridades de governo. Há indícios de que a carta de Caminha fez o trajeto de volta para o Brasil nos porões do comboio da família real em fuga.[27] Se realmente estava lá, três séculos depois de redigida, navegando em direção ao porto de Salvador em meio aos arquivos que tinham sido empilhados a bordo, no pânico dos últimos dias em Lisboa, talvez nunca venhamos a saber.

Houve uma certa inquietação a bordo, à medida que a esquadra real se aproximou de seu destino. Nenhum navio de reconhecimento fora enviado de antemão, e não se sabia ao certo que impacto teria na colônia a súbita chegada da família real. Os exilados haviam esperado que houvesse multidões para lhes dar as boas-vindas, mas o cais parecia deserto quando as naus entraram na baía de Salvador. Tudo o que viram foi uma única autoridade — o governador — postada nas docas de um porto deserto.[28] Como representante colonial da Coroa, ele estava prestes a presidir um acontecimento sem precedentes na época: a recepção de uma família real num povoado colonial, a milhares de quilômetros das cortes européias. Não recebera nenhum aviso desse evento histórico e estava visivelmente confuso quanto ao que seria o curso de ação apropriado. Ao subir a bordo do *Príncipe Real*, disse ao príncipe regente que ele é que mandara esvaziar as ruas nas imediações das docas, inseguro dos desejos do regente. Em resposta, D. João disse que desejava ver seus vassalos do Novo Mundo e, uma vez espalhada a notícia, as ruas encheram-se aos poucos de espectadores curiosos.

Quando a frota ancorou, em 22 de janeiro de 1808, um ar de irrealidade desceu sobre a região da baía. Para quem estava a bordo e para a multidão que se juntava nas docas, tratava-se de um evento inesperado e meio bizarro. A família real e a elite da metrópole — figuras distantes de autoridade para todos, com exceção dos escalões superiores da sociedade brasileira — haviam chegado, surgidas do nada. E, confundindo todas as expectativas, chegaram numa esquadra em condições muito piores que as de alguns surrados navios mercantes que atracavam naquele porto normalmente movimentado. Mais espantoso ainda, houve solicitações de que se levassem roupas femininas a bordo, para aliviar as passageiras vestidas com os andrajos que haviam restado dos trajes com que tinham saído de Lisboa, ou envoltas em roupas improvisadas.

Parte do mistério do poder colonial foi destruído para sempre nesse dia. O apreço quase religioso em que era tida a realeza também ficou momentaneamente abalado. Quem já fora exposto às idéias revolucionárias que então varriam a Europa e as Américas teve muito o que pensar, ao ver aqueles refugiados de alta classe chegando em situação de penúria a uma de suas próprias colônias.

Na época, Salvador era a cidade mais populosa do Império Português e, em certos aspectos, pareceu familiar aos emigrados — construída em dois níveis, com um traçado semelhante ao da cidade do Porto ou, em menor grau, ao da própria Lisboa. Sua parte alta era ligada ao porto comercial por um sistema de polias e contrapesos que transportava as mercadorias de um ponto a outro, além das trilhas íngremes que subiam em ziguezague pela escarpa de 60 metros. Havia igrejas opulentas, conventos e prédios do governo espalhados pelas colinas da cidade, enquanto uma rede de vielas estreitas cruzava a zona portuária na cidade baixa. Essa era uma disposição favorita em todo o império: Macau, Luanda (Angola), Olinda (em Pernambuco) e o Rio de Janeiro situavam-se igualmente em terrenos desnivelados, seguindo o que tinha sido uma estratégia medieval de construir cidades fortificadas em colinas. Ao contrário do traçado em grades que se espalhava por toda a zona urbana da América espanhola, a cidade brasileira típica tinha um caráter não uniforme.

Noutros aspectos, contudo, Salvador era inquietante para quem chegava da Europa, porque se situava na encruzilhada da rede de comércio transcontinental portuguesa. Sua posição numa das extremidades da carreira das Índias — a viagem de ida e volta entre Lisboa e Goa — havia acarretado o contado com o Oriente. Embora não pudessem comerciar enquanto estavam em trânsito, os navios atracavam ilegalmente na volta da Índia para descarregar seus produtos. Mais importante, o tráfico de escravos ligara tão intimamente a África Ocidental e a Bahia que, em muitos aspectos, Salvador era uma cidade mais africana que européia. Suas ruas eram povoadas por uma população predominantemente negra e mulata. O cheiro de dendê erguia-se dos tabuleiros das vendedoras de rua — afro-brasileiras corpulentas, usando turbantes e envoltas em roupas brancas — que se enfileiravam ao longo do porto. Os vendedores ambulantes enchiam a cidade baixa, equilibrando na cabeça tabuleiros de doces, peixe frito ou frutas. Os ricos circulavam em liteiras carregadas por escravos, prática esta aprendida nos tempos de decadência do antigo Império do Oriente. O burburinho de Salvador deixava transparecer o papel histórico da cidade como câmara de compensação tropical — "o porto do Brasil", como já fora conhecida —, absorvendo escravos da África e despachando para a Europa o fruto do trabalho destes: açúcar, tabaco e produtos agrícolas.

Desenvolvera-se uma mudança sutil da pronúncia, e os sons mais amplos e abertos do português do Brasil já divergiam da fala cerrada da metrópole; uma informalidade equatorial abrandava o ritmo da vida cotidiana. Para quem estava saindo do início de um inverno europeu, a luminosidade era intensa, suavizada apenas pela sombra das mangueiras, bananeiras e coqueiros que brotavam de ruas e praças não pavimentadas. A luz se refletia nas conhecidas paredes caiadas e nas fachadas de azulejos da arquitetura portuguesa, mas nem mesmo os prédios da cidade eram exatamente como seriam em Lisboa; varandas orientais de treliça enxertavam-se na fachada das casas, exibindo mais uma influência da Índia portuguesa. Na realidade, tratava-se de uma paisagem eclética, um aglomerado de pessoas, hábitos e vegetação provenientes de todo o império.

Depois de um dia ancorada, a família real pisou em solo brasileiro pela primeira vez. Desembarcou diante de uma recepção animada: as figuras ilustres da cidade, seus fazendeiros e até grupos de escravos ladeavam as ruas, saudando os visitantes inesperados. Todos se assombraram com o que era um evento singular na história do colonialismo europeu. Até aquele momento, nenhum monarca no poder viajara às Américas nem mesmo para uma visita, muito menos para ali instalar uma corte. O caráter de novidade foi acentuado pela primeira visão de dona Carlota, uma mulher que já tinha uma aparência inusitada em seus melhores momentos. Era baixa (menos de 1,50 metro), de feições andaluzas morenas e, nessa ocasião, usava um curioso turbante para cobrir a cabeça raspada. Outras mulheres da corte saíram à luz, exibindo turbantes similares, para assombro da multidão reunida. Cortesãos e seus criados as seguiam pelo ar úmido, embrulhados em jaquetas justas, calções até os joelhos e meias compridas.

É difícil imaginar o que a família real terá pensado de Salvador naquela tarde clara e arejada pela brisa. Ao menos puderam guiar-se por um protocolo real improvisado às pressas, para receber as boas-vindas dos representantes da vice-realeza da cidade. O primeiro compromisso do príncipe regente foi uma missa de ação de graças na grande catedral. Um grupo de músicos baianos conduziu a congregação por uma ladainha de músicas sacras, cantadas em latim, enquanto o padre oficiava a primeira das inúmeras cerimônias religiosas a que a família real compareceria no Brasil.

A 6.500 quilômetros dali, no litoral de Lisboa, o bloqueio britânico continuava a postos, com sua missão de expulsar da cidade, pela fome, as forças de Junot, independentemente dos efeitos que isso tivesse nos moradores da capital. Junot se autodenominara um libertador, proclamando que "serão abertas estradas e escavados canais para facilitar as comunicações e tornar florescentes a agricultura e a indústria", enquanto o Exército português formaria "uma só família com os soldados de Marengo, Austerlitz, Jena e Friedland".[29] A realidade, no entanto, era bem diferente. Bandeiras francesas tremulavam nas ruas desertas e o porto era uma cidade fantasma, feita de armazéns abandonados e ancoradouros varridos pelo vento. A escassez de toda sorte de produtos ameaçava a vida cotidiana, pois os saques iniciados quando da entrada das tropas francesas na cidade continuavam a esvaziar os depósitos municipais. Junot impusera o pagamento de indenizações pesadas e introduzira novos impostos, para arrancar ainda mais da população. O mais antigo Estado da Europa foi friamente dilacerado, devastado por soldados espanhóis e franceses.

Para os que tinham sido deixados em Portugal, as perspectivas eram sombrias. Os remanescentes da corte e do governo que não haviam conseguido arranjar um lugar a bordo da frota ficaram na penúria. Alguns recorreram à redação de cartas súplices ao Brasil, implorando ajuda financeira para eles e seus familiares, mas não receberam resposta. Outros acabaram colaborando com os franceses — o marquês de Marialva chegou a chefiar uma delegação de alto nível enviada a Paris. Com os ingleses no controle das águas oceânicas, a fuga pelo mar era relativamente fácil, e muitos optaram por essa alternativa. Quando conseguiam chegar à Grã-Bretanha, eles recebiam passagem gratuita para o Brasil, e, com o tempo, multidões de portugueses acotovelaram-se em Plymouth, à espera de embarcações destinadas ao Novo Mundo. D. Domingos de Sousa Coutinho (irmão de D. Rodrigo), embaixador português da Grã-Bretanha, viu-se sobrecarregado pela resposta e escreveu à corte no Brasil: "Tão grande é o número das pessoas aqui chegadas, que não sei como possa ajudá-las, pois a maioria chegou sem absolutamente nada, quase nua."[30] No momento mesmo em que a família real desembarcava em Salvador, outras centenas de pessoas já estavam a caminho para se juntar a ela.

Àquela altura, lorde Strangford tinha voltado a Londres, reivindicando o mérito pelo êxito da operação em Lisboa, mas nem todos se convenceram de sua versão dos acontecimentos. Numa polêmica que continuaria a ribombar nos trinta anos seguintes, fizeram-se perguntas sobre exatamente quão crucial fora o papel de Strangford na evacuação. Enquanto ele tentava defender-se na imprensa, lorde Brougham escreveu sobre seu ceticismo ao conde Grey Albany:

> Com respeito ao assunto de Lisboa, Strangford queixa-se amargamente de que seu despacho foi truncado; mas, enquanto diz isso a mim e a mais um ou outros dois que tendem a saber a verdade, à guisa de desculpa pela jactância que transparece em sua carta [à imprensa], diz às pessoas as quais se julga capaz de tapear que, se o despacho inteiro tivesse sido divulgado, ficaria evidente a participação muito maior que ele teve na transação.[31]

A situação pioraria muito para Strangford, com acusações de que ele havia adulterado os dados e de que, na verdade, o despacho crucial escrito a bordo do HMS *Hibernia* tinha sido redigido em data posterior, no escritório de Canning em Londres. O capitão Graham Moore, comandante de um dos navios da escolta britânica, ficou desconfiado e comentou, tempos depois: "Tenho (...) perfeita lembrança da surpresa sentida por todos, no Rio de Janeiro, quando lá apareceu o despacho assinado por Strangford e datado 'Do navio de Sua Majestade, *Hibernia*, no Tejo, 29 de novembro de 1807'."[32] O caso acabaria sendo levado aos tribunais (e arquivado), mas a controvérsia não afetou o progresso ininterrupto da carreira diplomática de Strangford. Para espanto de lorde Brougham, o homem foi nomeado emissário britânico na corte portuguesa no Brasil. "Todos concordam em que a escolha de um ministro para o Brasil é infinitamente momentosa", escreveu lorde Brougham, "e não poderia ter sido feita de forma pior. É concebível que Strangford tenha sido nomeado para dar *éclat* [brilho] a nossa gestão desse assunto e fazer o país pensar que resolvemos a questão."[33]

Strangford só chegaria ao Brasil em meados de 1808, o que deu à corte portuguesa um valioso intervalo para respirar em seus primeiros meses no Brasil. Durante um breve período, D. João e seus conselheiros ficaram livres das pressões diplomáticas das superpotências européias, enquanto se arranjavam com sua nova vida nos trópicos.

TRÊS

A Corte de Lisboa

A chegada ao Novo Mundo assinalou uma grande convulsão na família real portuguesa, mas sua dinâmica afetiva sobreviveu intacta à travessia do Atlântico. Uma família excêntrica e disfuncional logo se instalaria no Brasil, com suas batalhas internas recomeçando num novo continente. À primeira vista, os Bragança quase parecem caricaturas da realeza européia da época: a rainha Maria I, a Louca, em luto perpétuo, o ineficaz príncipe regente D. João, um homem que, na condição de segundo filho, nunca fora destinado a governar, e sua esposa maquinadora, dona Carlota. Entretanto, esmiuçando mais suas histórias, deparamos com uma família mergulhada na infelicidade, na desconfiança e na frustração, fragmentando-se sob as pressões da era napoleônica.

No cerne dos problemas da família real portuguesa estava um casamento tão desastroso que, em alguns momentos, suas conseqüências transbordariam para o domínio público. Dona Carlota fora convocada para desposar D. João, então com 18 anos, em 1785, quando contava apenas 10 anos. Selada por razões de Estado, a união deu continuidade a uma tradição de casamentos entre as cortes espanhola e portuguesa — vista como uma forma de cimentar alianças com esse vizinho mais poderoso de Portugal. Já desde criança, entretanto, dona Carlota tomou-se de uma antipatia visceral pelo recém-conhecido marido. Na hora do casamento, num incidente que daria o tom dos quarenta anos seguintes, dona Carlota deu uma mordida violenta na orelha de D. João.

A mudança da sua Espanha natalícia para Portugal foi claramente traumática para a menina Carlota. Ao chegar a Lisboa, ela pouco falava o português e era a única criança numa corte envelhecida. Os primeiros anos ensejaram um rosário de queixas de sua criada, dona Anna Miquelina, que transmitia suas preocupações em cartas enviadas à corte de Madri. Os "*mui malos modos*" da infanta iam desde o "não querer fazer nada do que lhe dizem", o "demorar tempos infindos a vestir-se" e o "levantar-se sempre tarde" até as eternas birras por causa da "roupa que lhe apertava ou os sapatos que não queria calçar".[1] À mesa, a infanta se negava a comer com civilidade, "pegando os alimentos com a mão" ou "atirando comida à cara do infante [D. João] e às criadas de servir". E levava ao desespero seu professor, o padre Filipe, "por estar durante as lições duas ou três horas sem querer falar uma palavra". Em certa ocasião, ela escandalizou o confessor da rainha e o padre Filipe, ao levantar as saias de suas criadas.

Apenas sua sogra, a rainha Maria I, na época em plena posse de suas faculdades mentais, parecia capaz de lidar com a menina. Toda vez que ela se descontrolava, a rainha Maria era chamada para discipliná-la e, ao que parece, a estratégia mais eficaz consistia em dizer-lhe que, se não se comportasse, ela não teria permissão para montar seu burrego. Antes de seu declínio mental, a rainha Maria estabeleceu uma relação íntima com a jovem Carlota, passando um bom tempo com ela e levando-a a passeios por conventos e igrejas, assim como às fontes termais da cidade de Caldas. A menina tornou-se a substituta afetiva de sua própria filha, dona Maria Ana Victória, casada com um integrante da corte espanhola em troca de dona Carlota. "A nossa amada Carlota me agrada muito pelas suas boas qualidades e até agora não tem estranhado, graças a Deus", escreveu ela, com certa dissimulação, a seu equivalente em Madri, o rei Carlos III (avô de dona Carlota), e "todos estes motivos suavizam o apartar-me de minha filha."[2]

Nos primeiros anos, D. João, jovem desajeitado e pouco robusto, desempenhou o papel de irmão mais velho. Tentou cuidar de sua rebelde noiva menina, repreendendo-a quando se atrasava para os compromissos oficiais e reclamando quando ela se portava mal diante dele. O infante escreveu sobre sua preocupação com Carlota quando, numa situação que se repetiria em algum ponto do Atlântico, vinte anos depois, o cabelo dela teve de ser raspado depois de uma infestação por piolhos. De início, ele se impressionou com a precocidade da menina, escrevendo a sua irmã que "(...) ela é muito esperta e tem muito juízo, só o que tem é ser ainda muito pequena",[3] e se surpreendeu com a natureza extrovertida da infanta: ela "estava muito desembaraçada", escreveu ele em outra carta, "sem vergonha de ninguém".[4] Mais tarde, porém, D. João aprenderia a ter horror à personalidade irrefreável de dona Carlota.

Desde muito cedo, dona Carlota foi coerente com seu papel. Quando menina, empenhava-se em ser o centro das atenções e desenvolveu o que viriam a ser suas paixões da vida inteira — a dança andaluza e a equitação. No começo da adolescência, usava roupas e jóias extravagantes que se tornariam sua marca registrada. A mulher Carlota, no entanto, é difícil de desvendar. Envolveu-se em tantas polêmicas, que até as descrições físicas que lhe são dadas se revelam variadas e incoerentes. Alternadamente vista como exótica e vilipendiada, ela suportou o peso dos insultos anticolonialistas do Brasil e do ódio liberal de Portugal. Foi tachada de "bruxa de Córdoba", "Maria Antonieta" da corte de Lisboa, adúltera e, acima de tudo, conspiradora.

Dois retratos famosos e freqüentemente citados, ambos escritos por estrangeiros, abarcam o espectro das opiniões acerca de dona Carlota: o de William Beckford, aristocrata britânico, poeta e autor de livros de viagem, e o da mulher de Junot, a duquesa d'Abrantès. Beckford disse ter conhecido dona Carlota quando ela estava com 19 anos, num encontro fortuito nos jardins do palácio de Queluz. Ele estava lá para uma audiência com D. João, mas, ao chegar, foi convidado a ver "os curiosos pássaros e flores recém-enviados dos Brasis"[5] nas terras do palácio. "A tarde ia chegando ao fim, e os arvoredos, pavilhões e aviários mergulhavam rapidamente na penumbra. (...) Havia cascatas e repuxos em pleno funcionamento; um milhar de *jets d'eau* esportivos borrifavam as densas massas de loureiros e cidreiras, despertando todos os seus aromas (...)" Inebriado com seus arredores, Beckford avistou o círculo de dona Carlota "por entre as moitas", disposto como num quadro erótico do início do século XIX: "as acompanhantes da infanta, que lembravam ninfas, todas diafanamente vestidas, a exemplo de sua figura majestática e ágil, olhavam de um lado para outro, visíveis num instante, invisíveis no outro, rindo e conversando o tempo todo, com suas vozes musicais e cristalinas".

O marquês de Marialva apareceu e disse a Beckford que dona Carlota queria vê-lo, e ali, no jardim, ele foi apresentado à infame princesa. "Partimos de um salto (...) para um anfiteatro de folhagens, oculto no mais profundo recesso das moitas odoríferas, onde, sentado à moda oriental num rico tapete estendido na relva, fitei a Alcina do local, cercada por trinta ou quarenta jovens, todas muito superiores, no encanto das feições e no fascínio do sorriso, a sua augusta senhora." A narrativa prossegue no mesmo tom, com dona Carlota ordenando jocosamente a Beckford que apostasse uma corrida com suas moças espanholas até o fim da avenida e, em seguida, dançasse um bolero com uma acompanhante andaluza. Essa é a dona Carlota exótica, a sensualista, a líder de uma audaciosa corte mouro-ibérica dentro da corte, e uma mulher que já despertava comentários, maldosos ou não. "As histórias", escreveu Beckford, "voejavam por toda parte, numerosas como borboletas, algumas escuras como asas de bruxa, outras brilhantes e alegres como asas de fritilárias."

No outro extremo da escala situam-se as longas descrições da aparência física de dona Carlota nas memórias da duquesa d'Abrantès. Esta chegou a Lisboa como esposa do general Andoche Junot, que fora embaixador francês na corte em 1805, dois anos antes de chefiar as forças de invasão. A duquesa d'Abrantès ficou consternada com o grau de atraso da corte portuguesa e desconcertada com sua etiqueta antiquada, que a obrigou a comprar vestidos de saia-balão para usar em ocasiões formais. Estarreceu-se também à visão do casal de monarcas. Suas memórias mexeriqueiras, amiúde rancorosas, descreveram dona Carlota, então com 30 anos, praticamente como uma exposição de aberrações — "o mais medonho espécimen de feiúra" —,[6] com sua aparência ananicada, seu corpo assimétrico (uma das pernas de dona Carlota era mais curta que a outra, em decorrência de um acidente de caça) e seu "peito todo torto". Segundo a duquesa, dona Carlota tinha "olhos injetados", "pele de *legume*" e cabelos grossos e crespos, com "aparência de sujos". A duquesa impressionou-se ainda mais com as roupas de dona Carlota, deslumbrando-se com a delicada musselina indiana, bordada com fios de ouro e prata e realçada por magníficas pérolas e diamantes, apenas para concluir em tom condenatório: "A requintada beleza dessas jóias, combinada com a extrema feiúra da pessoa que as usava, [produzia] um efeito indescritivelmente estranho e fazia assemelhar-se a princesa a um ser que mal pertencia à nossa espécie." E não foi só a aparência dela que perturbou a duquesa. Esta ficou chocada com o fato de dona Carlota cavalgar montada sobre o cavalo, com trajes de caça masculinizados, e registrou seu espanto com o seguinte fato: "Quando entrei na sala de estar da princesa do Brasil [dona Carlota], todas as *damas de honra* estavam sentadas... imagine onde, leitor? No chão! Sim, no chão, sobre suas pernas cruzadas, como alfaiates, ou melhor, como árabes, que legaram este dentre os muitos outros costumes que deixaram na península [Ibérica]."[7]

As memórias da duquesa d'Abrantès são obra de uma mulher esnobe da alta sociedade, que olhava com desdém para uma corte provinciana, e dona Carlota certamente não foi o único alvo de suas caricaturas. A persistência das descrições sensacionalistas da duquesa, que têm sido acriticamente reproduzidas em muitos textos portugueses, brasileiros e ingleses de história da época, é um testemunho da intensidade dos ressentimentos contra dona Carlota como personagem histórico. Os próprios retratos da princesa são variados. Alguns mal parecem retratar a mesma mulher, mas nenhum se equipara às descrições barrocas da duquesa. Dona Carlota decerto não era nenhuma beldade e tinha uma aparência estranha, com um rosto anguloso e quase masculino e uma estatura que a fazia destacar-se em qualquer grupo. Seu gosto espalhafatoso em matéria de vestuário sobrevive em diversas telas, a mais famosa das quais é a gravura feita no Brasil pelo pintor francês Jean-Baptiste Debret, na qual dona Carlota se afigura uma espécie de Carmen Miranda do começo do século XIX, com a cabeça adornada por um arranjo exuberante de pedras preciosas e plumas.

Talvez essa iconografia desigual fosse adequada a uma mulher de tantas contradições. Passional, poética e dotada de senso dramático, ela também sabia ser cruel e vingativa. Havia na princesa algo de compulsivo. No âmbito político, era autodidata, com uma biblioteca particular diversificada que incluía livros sobre assuntos coloniais espanhóis, a Revolução Francesa e a história de Portugal, ao lado dos escritos teóricos de Rousseau, Chateaubriand e Condorcet. Mas ela estava confinada a um papel no qual nunca se sentiria à vontade, como princesa consorte e mãe dos nove filhos que deu à luz (um deles morto na primeira infância) ao longo de uma estirada de 13 anos de gestações. Desde o início, ela se rebelou contra sua situação, tentando cavar para si uma posição de poder nas cortes portuguesa e espanhola.

Enquanto as descrições da duquesa d'Abrantès têm ao menos um certo imediatismo, a descrição surrealista que Beckford deu a seu encontro com dona Carlota foi escrita quarenta anos depois desse evento e, com toda a probabilidade, é uma fantasia romântica de um *artiste manqué* envelhecido. Mas Beckford morou em Portugal por longos períodos, tendo visitado a corte mais ou menos nessa época (na verdade, um ano depois do que afirma em seu relato), e grande parte do restante de suas memórias soa verdadeira. Ele descreveu um país dilapidado e bucólico, avistando, a caminho do palácio, "um negligenciado pomar de laranjeiras, com seu quiosque decrépito" e "um moinho parcialmente em ruínas, com suas velas esfrangalhadas a girar languidamente".[8] A corte em si lhe pareceu antiquada, e o palácio, um lugar deserto e escuro, semelhante a um mausoléu, cheio de criados lúgubres. "Os seres que vagavam por aquele limbo", escreveu Beckford, "pertenciam sobretudo à espécie de mobiliário vivo que atravanca os palácios reais — cadeiras ambulantes, biombos, cômodas e lavatórios animados, a serem usados pelos soberanos como melhor lhes aprouvesse (...) cavalariços curtidos pelo tempo, *véadors* [camareiros] reformados e pajens encarquilhados. O grupo inteiro bocejava ao redor de empoeiradas mesas de cartas."[9]

Beckford encontrou-se com D. João, então com 27 anos — um homem afável e dotado de senso de humor, que, falando o português com "pureza e elegância"[10] e perfeita dicção, disse-lhe: "Todo despacho proveniente da França traz-nos informações tão assustadoras, que me sinto admirado e horrorizado; a nau do Estado, em todos os países da Europa, vê-se castigada por uma grande tormenta — só Deus sabe para que praia todos seremos arrastados." Na saída, Beckford deparou com outro aposento repleto, com "15 ou vinte pobres aspirantes a benefícios da corte que ainda se deixavam ficar por ali".[11] "O soberano, aos olhos deles, era a personificação da sorte", explicou Beckford; "seus decretos a favor ou contra alguém, modestamente chamados de 'avisos', eram conselhos aos que obedeciam criteriosamente a suas ordens, e, se recebidos, nunca eram menosprezados. A maioria das vítimas desse sistema, na ocasião reunida nesse grande salão, parecia padecer visivelmente da doença da esperança adiada." Com efeito, muitos se viam apanhados no que era um sistema absolutista insuportavelmente centralizado. A palavra do monarca era onipotente e, como regente, D. João passava a maior parte de seu tempo ouvindo petições de reparação judicial, dinheiro ou emprego.

Por ocasião da visita de Beckford (1795), a corte já mergulhava na espiral descendente que terminaria em novembro de 1807, nas docas de Lisboa. Em 1788, D. José, o irmão mais velho de D. João, que durante anos fora preparado para assumir o trono, morreu subitamente de varíola, aos 27 anos de idade. Um ano depois, a Revolução Francesa disseminou o medo por todas as famílias reais da Europa e desencadeou acontecimentos que culminariam em sua perda completa de legitimidade na era napoleônica. A revolução eclodiu quando dona Carlota tinha 14 anos e, durante a adolescência, ela acompanharia a humilhação e, por fim, a execução de seu primo Bourbon, Luís XVI.

O início da década de 1790 assistiu à confirmação do declínio mental da rainha Maria I, que se tornou público, certa noite, em função de um surto histérico ocorrido durante uma apresentação no teatro de Lisboa. As primeiras falhas de sua sanidade tinham surgido quando ela contava 47 anos, e se haviam relacionado com uma sentença na qual diversos membros da corte foram inocentados de envolvimento numa tentativa de assassinato de D. José I, pai de dona Maria, mais de vinte anos antes. Dona Maria ficara perturbada com a decisão e, a princípio, recusara-se a assinar o édito, mas fora persuadida por seu confessor, o bispo de Algarve. Após a assinatura, dona Maria gritara que estava condenada a ir para o inferno e tivera de ser carregada para seus aposentos, em meio a um acesso de histeria. Nos anos seguintes, uma sucessão de acontecimentos a levara a perder o controle da realidade. Ela ficara arrasada com a perda de seu marido (e tio, irmão mais novo de D. José I), D. Pedro (em 1786). Dois anos depois, sentira-se extremamente culpada pela morte de seu filho primogênito, D. José, que ela se recusara a vacinar contra a varíola, que o matou. Enquanto ainda estava de luto, eclodiu a Revolução Francesa, provocando-lhe surtos paranóicos. Quaisquer que tenham sido as causas de sua loucura, D. João, que crescera como herdeiro real secundário, na condição de segundo na linha sucessória do trono, foi obrigado a segurar oficiosamente as rédeas, enquanto se trabalhava nos bastidores para encontrar uma cura para o comportamento cada vez mais imprevisível da rainha.

Enquanto Jorge III, da Grã-Bretanha, era capaz de falar ininterruptamente por 19 horas, engolir a comida sem mastigar e mergulhar em episódios prolongados de melancolia, a doença de dona Maria I tinha um pendor mais religioso. No começo, seus surtos eram curtos e explosivos: ela quebrava ícones e insultava seus confessores, e tomou pavor de crucifixos e lugares sagrados. Havia visões repetidas do diabo espreitando em cada canto, bem como o que se descreveu, na época, como a "convicção de que ela estava irrevogavelmente condenada à perdição eterna".[12] As manias religiosas eram apimentadas por um comportamento excêntrico: "ela come cevada e ostras guisadas às sextas-feiras e sábados", escreveu Beckford, "e se entrega a conversas bastante despudoradas".[13] Sua depressão e acessos de melancolia envolviam a própria Lisboa: as festividades reais foram proibidas, e as próprias visitas de Estado tornaram-se ocasiões austeras, quase religiosas. Em fevereiro de 1792, o primeiro-ministro, Luís Pinto, foi obrigado a escrever a seu emissário em Londres:

> Tenho o dissabor de participar a Vmce. [Vossa Mercê] que S.M. [Sua Majestade] se acha atualmente padecendo uma afecção melancólica, que tem degenerado em insânia, e chega aos termos de um frenesi. Esta triste situação fez lembrar aqui que poderia talvez ser útil passar esta corte, sem a menor perda de tempo, ao Willis, o principal médico, que suponho ser o que assistia a S.M. Britânica em circunstâncias análogas.[14]

O Dr. Francis Willis, médico que, como parte do clã de médicos da família Willis, celebrizara-se por seu tratamento esporadicamente exitoso de Jorge III, realmente fez a viagem a Portugal para cuidar da rainha. Dizem que teria recebido 20 mil libras esterlinas — uma soma estonteante para a época —, mas teve de lutar com sua nova paciente. A mania religiosa de Maria I parecia imune a tratamentos "científicos", convicção esta que ela mesma sustentava: "Sua Majestade tem exclamado com freqüência, nos paroxismos de seu distúrbio", relatou uma fonte da época, "que, vez por outra, um médico habilidoso pode curar a loucura, mas nunca poderia reverter os ditames celestiais."[15] No fim, o Dr. Willis propôs levar a rainha Maria para a Inglaterra, a fim de dar continuidade ao tratamento, e chamou essa viagem de jornada terapêutica marítima, porém sua sugestão foi rejeitada.

O Dr. Willis não foi o único inglês empenhado em curar a rainha, cujo estado foi ficando muito conhecido em toda a Europa. O Dr. James Graham, autodenominado "Vencedor das Doenças, abaixo de Deus",[16] que defendia os "banhos de terra" como uma forma universal de purificação e cura, também fez a viagem a Portugal. Graham tinha escrito um tratado sobre saúde para a corte de Jorge III, mas permanecera na periferia da medicina psiquiátrica do começo do século XIX. É bem possível que ele mesmo não fosse inteiramente são — afirmava ter recebido ordens, numa visão, de empreender a viagem até Portugal. Um passageiro do mesmo navio avistou-o no quarto refeitório da embarcação destinada a Lisboa e o descreveu como "loucamente ou hipocritamente religioso (...) Vive de legumes, leite, mel e água, e lê a Bíblia de manhã à noite (...) Solicitou, embora sem consegui-la, uma audiência com o cavalheiro Pinto, primeiro-ministro daqui".[17] Não se sabe ao certo se o Dr. Graham chegou a ter a oportunidade de experimentar seus tratamentos idiossincráticos com a rainha, mas, com ou sem as atenções dos profissionais da medicina britânica, dona Maria nunca recuperou a sanidade. Em 1799, a corte reconheceu a derrota e D. João foi oficialmente proclamado príncipe regente.

Nos anos decorridos entre os primeiros sinais de insanidade de dona Maria e o início da regência de D. João, a família real começou a se desintegrar. Depois que um incêndio destruiu a Barraca Real, um palácio de madeira provisório que ficava perto da zona ribeirinha e era usado enquanto se construía o Palácio da Ajuda, a família mudou-se para

Queluz, um retiro semelhante a Versalhes, em menor escala, dotado de jardins formalmente projetados, chafarizes e pomares de frutas cítricas. No verão, grupos da realeza saíam de barco pelos canais azulejados que cortavam a propriedade; em algumas noites, realizavam-se touradas portuguesas no pátio do palácio. Do lado de dentro, porém, a vida estava longe de ser ideal. Os gritos de dona Maria reverberavam pelos corredores, tirando o sossego de funcionários e visitantes. D. João, que era muito apegado à mãe, ia ficando cada vez mais introvertido, enquanto tentava se arranjar com seu cargo de chefe de Estado interino.

Era uma posição pouco invejável. D. João fora precipitado nela sem preparação e durante anos prosseguiu tateando, aconselhado por um pequeno grupo de ministros de confiança e por instinto conservador. Não era um líder nato e, quando assumiu oficialmente a regência, a situação de Portugal na Europa era terrível. Enquanto D. João era declarado regente, Napoleão tomou o poder, no audacioso golpe do Dezoito Brumário (9 de novembro de 1799). Dois anos depois, Portugal foi invadido por sua vizinha, a Espanha, já então aliada à França de Napoleão, e, além de sofrer algumas perdas territoriais, foi obrigado a pagar indenizações. Nos anos seguintes, a própria existência do reino de D. João ficaria sob constante ameaça.

É difícil superestimar o pavor inspirado pela ascensão de Napoleão nos monarcas hereditários da Europa, medo este cultivado pelo próprio Bonaparte. No fim de 1804, Napoleão havia mandado seus soldados cruzarem a fronteira para tomar Baden, capturara o último príncipe Bourbon, o duque de Enghien, e, após um julgamento superficial, mandara fuzilá-lo por conspiração contra a França. Monarcas da Europa inteira ficaram abalados com esse ato deliberado de intimidação, que equivaleu ao seqüestro e assassinato de um de seus irmãos. Mesmo monarcas como D. João, que até aquele momento estavam bem longe das guerras, passaram a temer por suas vidas.

Nos retratos oficiais, D. João aparece obeso, de tez morena e olhos grandes e encovados. Era um homem de gostos palacianos simples. Apreciador especial da música litúrgica, também gostava de longos banquetes, nos quais consumia quantidades prodigiosas de carne de veado e aves de caça. Havia algo de comovedoramente antiquado em D. João —

ele foi um dos últimos monarcas europeus a praticar o esporte medieval da falcoaria, e tinha o cômico hábito de se referir a si mesmo na terceira pessoa, como em "Sua Majestade não está bem". Apesar da rigorosa adesão à etiqueta da corte, ele nunca teve a imagem de um monarca europeu. Não gostava de roupas novas e usava as que lhe eram favoritas até praticamente caírem aos pedaços. Também sofria de uma variedade de doenças cutâneas — suas feridas demoravam a cicatrizar, especialmente nas pernas, e por seu corpo se espalhavam erupções prurientes. Visivelmente incomodado, D. João se remexia e se coçava incessantemente, até ao receber visitas importantes.[18]

Emotivo — chorou com freqüência durante seu reinado turbulento —, ele decerto não era nenhum gênio, mas tampouco era o bobalhão retratado na propaganda antimonarquista. Passava boa parte do dia lendo documentos de Estado e reunido com seus ministros, mas descobriu-se numa série de posições impossíveis, destinado a presidir quase uma década de engodos diplomáticos, até os soldados franceses finalmente cruzarem as indefesas fronteiras de Portugal. Atormentado pela indecisão, de algum modo ele conduziu o país pelo labirinto político de 1807-1808, um dos períodos mais complexos da história nacional e imperial portuguesa, sobrevivendo como monarca enquanto seus equivalentes em toda a Europa eram destronados e humilhados por Napoleão.

Nenhum líder, por mais forte ou carismático que fosse, teria evitado o destino reservado a Portugal, à medida que Napoleão intensificava seu controle do continente europeu, mas o reinado fraco de D. João teve efeitos importantes na vida da própria corte. No período que antecedeu a fuga da família real para o Brasil, a corte se dividiu por inteiro entre facções favoráveis aos ingleses e aos franceses. Do lado britânico, havia homens como Sousa Coutinho, que apoiavam o que era uma aliança venerável, com antiqüíssimos laços comerciais e marítimos, e que viam a Grã-Bretanha como um baluarte contra a França revolucionária. Do lado oposto, políticos como Araújo mostravam-se pró-franceses, por uma combinação de realismo — começava a parecer inevitável que Napoleão prevalecesse na Europa — e profundo apego cultural à França. Essa clivagem foi aprofundada pela agressão das sucessivas delegações francesas e inglesas que se empenharam numa guerra fria pelo exercício de influência na corte portuguesa — papel que Strangford assumiu com grande entusiasmo.

É nesse contexto que convém situar as manobras políticas de dona Carlota. Ela se encontrava numa corte em que a intriga era a norma, sendo até incentivada por emissários poderosos como Strangford. Sua posição singular, como uma Bourbon casada com um regente da linhagem dos Bragança, fazia dela uma peça-chave na política da península Ibérica. A princípio, ela previu que teria um papel político legítimo ao lado de D. João, mas, quando este assumiu a regência, viu-se excluída de qualquer participação no governo do marido. Evitada pelos conselheiros do monarca, que ignoravam suas iniciativas e policiavam com rigor seus contatos com D. João, dona Carlota não tardou a se empenhar diretamente em seus próprios projetos. Suas primeiras tentativas foram sutis e pouco ameaçadoras — ela criou a Ordem das Nobres de Santa Isabel, o que lhe facultou conferir privilégios às esposas de alguns dos membros mais influentes da classe governante portuguesa, bem como realizar no palácio *soirées* em que podia misturar-se com a alta sociedade lisboeta. Mas suas ambições não tardaram a crescer, e ela iniciou sua busca de poder e influência verdadeiros dentro da corte.

No começo de 1802, o casamento desmoronou e dona Carlota mudou-se para Queluz, comprando, com o consentimento de D. João, o solar de Ramalhão, situado na região serrana próxima de Sintra. A mudança foi oficialmente justificada por motivos de saúde — o palacete tinha aposentos espaçosos e bem arejados, que davam para laranjais e limoais —, mas, para dona Carlota, que assim passou a dispor de uma casa e serviçais próprios, foi ideal por outras razões. Ela enfim gozava de independência — uma base a partir da qual poderia explorar modos de desafiar diretamente o governo do marido. Havia diversos níveis em seu malabarismo político. Eclodiu assim uma "verdadeira guerrilha conjugal",[19] que seria travada ao longo de todo o casamento. Todas as decisões que tinham alguma ligação com a política da corte eram disputadas com unhas e dentes por dona Carlota e seu marido. Havia discussões concernentes ao arranjo de casamentos, ao tratamento dos criados, à nomeação de cortesãos e até a questões de etiqueta.

Dona Carlota também solapava a posição do marido por uma série de romances que mantinha em seu palacete suntuosamente decorado. Nesse ponto, ressurge a controvérsia, havendo boatos conflitantes quanto à identidade dos amantes da princesa. Esse tema ficou ligado à mitologia dela, mas, no cômputo final, são poucos os indícios sólidos capazes de comprovar suas escapadas num ou noutro sentido.[20] A paternidade do filho predileto de dona Carlota, Miguel, é uma área particularmente difícil. Que ele nasceu fora do casamento parece ter sido confirmado pela declaração do próprio D. João, publicada num jornal londrino,[21] de que, na época da gravidez de dona Carlota, fazia dois anos que não mantinha relações com a esposa. Nesse caso, como diziam alguns, seria Miguel o produto de uma aventura entre dona Carlota e seu jardineiro? Ou seria o pai um almoxarife de Ramalhão, João dos Santos? Ou será que a semelhança entre Miguel e outro parceiro de dona Carlota, o marquês de Marialva, era a prova concreta de uma aventura extraconjugal? A verdade é toldada pelo ódio virulento que se desenvolveu em relação a dona Carlota e D. Miguel, nos anos finais do reinado de D. João, quando a postura contra-revolucionária dos dois fez Portugal mergulhar numa guerra civil em torno de reformas liberais. Também houve rumores sobre a paternidade das duas filhas mais novas da princesa, Ana de Jesus e Maria d'Assunção, que dificilmente teriam sido geradas no casamento, uma vez que, àquela altura, dona Carlota só se encontrava com D. João em público, quando o cerimonial o exigia.

A "Conspiração de Mafra" foi a jogada mais ambiciosa de dona Carlota na luta pelo trono português, antes de seu exílio no Brasil. No início do inverno de 1805, quando D. João caiu doente, queixando-se de problemas intestinais numa temporada de caça fora de Lisboa, os boatos abundaram na capital. A doença também havia afetado outros integrantes do grupo — entre eles, Antônio de Araújo —, mas afirmou-se em Lisboa que D. João estava sofrendo de uma moléstia semelhante à de sua mãe. De fato, ele desenvolveu sintomas psicológicos que faziam eco aos primeiros tempos da paranóia de Maria I. Houve acessos de tonteira, explicados pelo príncipe regente de forma perturbadora: ele dizia ter visto grandes abismos abrindo-se no chão em torno de seus pés.

D. João afastou-se da visão do público. Suas ausências prolongadas de Lisboa, passadas no convento de Mafra ou numa casa de campo em Alentejo, alimentavam os rumores sobre sua loucura. Essa crise era a deixa esperada por muitos integrantes da corte e, durante os primeiros meses de 1806, formou-se em torno de dona Carlota uma facção de cortesãos insatisfeitos. O golpe foi marcado para 25 de abril de 1806, aniversário de 31 anos de dona Carlota, na cerimônia do beija-mão no palácio. O não-comparecimento de D. João deveria ser interpretado como um sinal para que os conspiradores se revelassem, levando as mãos ao coração depois de beijarem a mão da princesa regente. Mas o plano malogrou, provavelmente traído por uma das damas de companhia de dona Carlota. Alertado por seus conselheiros, D. João apareceu de improviso na cerimônia do beija-mão. Dona Carlota foi poupada das atenções do inquérito que se seguiu, mas diversos nobres foram acusados de traição e mandados para o exílio.

Esse revés não reduziu expressivamente o entusiasmo dos conspiradores carlotistas. Em agosto de 1806, um dos conspiradores que havia escapado do expurgo, o marquês de Ponte Lima, escreveu sobre a situação cada vez mais tensa, insinuando um envolvimento dos franceses nas tentativas de derrubar D. João:

> O nosso homem [D. João] está cada dia pior; e pouco falta para se declarar completamente alienado; todos dizem claramente que todas as jornadas que inventa é para ter motivos de estar mais ausente. Nenhum negócio sério vai à presença do dito senhor. Os biltres gozam de maior valimento, e servem sempre os seus afilhados, seja ou não justo (...) Parte um expresso para Paris e, segundo todas as probabilidades, com alguma coisa relativa a este nosso caso. É absolutamente necessário que a Princesa saiba, e que cuide a tempo em reparar qualquer coisa que possa vir por este lado. (...) O homem certamente está louco, até o conde de Belmonte o diz.[22]

Uma semana depois, dona Carlota enviou a Madri uma carta para seu pai, Carlos IV, exortando-o a intervir em seu favor:

> Escrevo com maior consternação, para dizer a V.M. que o Príncipe está cada dia pior da cabeça e que, por conseqüência, tudo vai ser perdido, porque aquelas figuras estão cada dia mais absolutas, e que é chegada a ocasião de V.M. acudir-me e a seus netos (...) que já não têm um pai capaz de cuidar deles (...) é este o modo de evitar que corra muito sangue neste reino, porque a corte quer sacar a espada em meu favor, e também o povo, porque se vê por fatos imensos que [o príncipe] está com a cabeça perdida.[23]

Carlos IV, entretanto, ficou surdo aos apelos da filha; já vinha mantendo negociações secretas com a França sobre a eventual fragmentação de Portugal.

Após a tentativa de golpe no palácio, D. João tornou-se um recluso. Enfurnou-se no convento de Mafra, desaparecendo em seu labirinto de celas monásticas e aposentos reais e se sentindo sitiado por dentro e por fora. Sua vida tornou-se sedentária; ele engordou e não mais pôde montar seu cavalo. Embora não estivesse louco, D. João ficou claramente deprimido durante esse período, e seu isolamento o estava deixando neurótico. Ao chegar a Lisboa no fim de 1806, o jovem diplomata D. Pedro de Sousa e Holstein, futuro conde de Palmela, constatou ser impossível obter uma audiência com o príncipe, que estava "mortificado pelas discussões domésticas e pelo aspecto tenebroso que ia assumindo o nosso horizonte político, e [que,] afetado por uma doença nervosa, talvez em parte imaginária, vivia, por assim dizer, encerrado no palácio de Mafra, sem outra companhia mais que a dos frades e de um pequeno número de familiares, e sem querer receber pessoa alguma estranha".[24]

Na corte, Palmela talvez fosse um dos poucos com possibilidade de ajudar o príncipe regente a abrir caminho pela intrincada política da época. Como filho de diplomata, desde a primeira infância ele vivera no cenário europeu mais amplo, passando temporadas em Copenhague, Berlim, Roma e Genebra. Crescera na estrada, habituado a semanas encerrado em carruagens que cruzavam os Alpes aos solavancos, assim como a noites passadas em remotas hospedarias para viajantes.[25]

Chegando à maioridade, Palmela começara a viajar pela Europa por conta própria. Em Roma, transformara-se num *bon vivant* apreciador de vinhos finos, que fumava charutos caros e circulava pelas rodas elegantes da alta sociedade. Durante dois meses, teve uma ligação apaixonada com a romancista e crítica francesa Madame de Staël, antes de partir via Genebra para a França, onde passou sete meses na Embaixada portuguesa em Paris. Era o ano de 1806, e uma nova nobreza, a dos eleitos de Napoleão, gastava extravagantemente na capital, consumida pelo culto do imperador. Paris era uma cidade de energia e idéias novas — uma espécie de metrópole imperial da Europa —, transbordante dos despojos culturais trazidos pelas campanhas de Bonaparte. Dali, Palmela visitou Madri e viu o outro extremo da Europa: uma corte absolutista decadente, retrógrada e falida em matéria de idéias. Ela o fez lembrar Portugal: "A mesma ignorância, a mesma ambição servil e degradação, com a diferença, a nosso favor, de que o caráter de nosso príncipe merecia mais consideração e inspirava mais respeito que o de Carlos IV [então rei da Espanha]."[26]

Palmela retornou a Lisboa para encontrar uma corte em crise e um país desoladoramente despreparado para o que lhe reservava o futuro. Por ocasião da fuga, D. João lhe ofereceu um lugar a bordo da esquadra, mas Palmela escolheu permanecer na Europa. Foi uma decisão perspicaz, uma vez que ele acabaria sendo o ponto de ligação continental do novo governo sediado no Brasil, passando a representar na Espanha, na Grã-Bretanha e no Congresso de Viena, na Áustria, os interesses da corte exilada. Em 29 de novembro de 1807, ele viu de sua janela a frota real descer lentamente o Tejo e desaparecer no Atlântico.[27] Logo no dia seguinte, já estava novamente à janela, avistando os exaustos soldados do Exército francês, que entravam aos trancos e barrancos na cidade.

Para D. João, a fuga para o Brasil representou uma saída, uma oportunidade para apagar a lembrança da Europa e recomeçar a vida. Foi como se o tivessem arrancado de um mundo de pesadelo — as intermináveis reuniões sobre a perigosa situação do reino, a sensação de colapso iminente e as maquinações da própria corte — e o transportado para um sonho.

Dona Carlota, por outro lado, enfrentou o ostracismo — para ela, o exílio foi uma tragédia pessoal. Ao chegar ao Brasil, a mulher do príncipe regente estava com 32 anos e, embora suas intrigas não tivessem logrado êxito até então, ela fizera um longo aprendizado e havia construído uma base informal de poder, composta de simpatizantes e parceiros de conspiração. Tudo isso foi demolido de um só golpe quando a frota zarpou pelo Tejo e tomou o rumo da colônia distante, a milhares de quilômetros das cortes européias. Nos meses que antecederam a fuga, ela tentou de tudo para evitar o exílio iminente, escrevendo cartas súplices a seus pais em Madri:

> Querida mãe, não posso atirar-me voluntariamente num poço — se eu for, isso significará minha ruína, pois, se aqui me têm tratado como tratam, como me hão de tratar por lá, longe de V.M. [Vossa Majestade]? Só há um modo de me salvar. Eu lhe imploro que escreva ao Príncipe [Fernando, irmão de Dona Carlota], dizendo-lhe que deseja que eu vá ficar com a senhora, a fim de estar em segurança — tão segura quanto se nos entregássemos aos ingleses. E deixe claro que V.M. não aceitará uma recusa.[28]

"Minha mãe do meu coração, de minha vida e de minha alma (...)", escreveu ela em outra carta, tentando uma estratégia diferente, "peço a V.M. que se lembre, e que tenha compaixão desta pobre filha, pois me vejo rodeada de oito filhos, e estes pobres inocentes não têm culpa de nada; e tenha compaixão deles, mais que de mim, pois são seus netos; eu e eles sob o amparo e proteção de V.V.M.M. [Vossas Majestades] e eu descansada na bondade de V.V.M.M., pois se eu morrer, ficam meus filhos amparados."[29]

Mas seus apelos foram em vão. Ao chegar a Salvador, dona Carlota era uma mulher abatida. Amargurada, tomou-se de ódio pelo país e por seu povo. Mesmo assim, não perdeu tempo em suas tentativas de recompor sua base política no Brasil, e pelo menos os primeiros anos foram reveladores, pois ela descobriu que a América do Sul do início do século XIX lhe proporcionava oportunidades novas e ainda mais grandiosas em sua disputa pelo poder.

Passadas as cerimônias de boas-vindas em Salvador, D. João, seu filho Pedro e sua mãe, a rainha Maria I, desembarcaram para uma semana de recuperação no palácio do governador. Dona Carlota não os acompanhou, permanecendo mais cinco dias a bordo, antes de se mudar para um prédio do Tribunal de Justiça no centro da cidade.

A despeito de todo o seu alívio por ser sorrateiramente retirado de Lisboa, D. João viria a descobrir que os problemas de que havia fugido o tinham acompanhado em sua travessia do Atlântico. Nenhum carregamento pudera sair de Salvador desde a tomada de Lisboa. O porto estava apinhado de navios esperando para zarpar, carregados de mercadorias destinadas à Europa. A colheita acabara de chegar e os armazéns transbordavam de produtos agrícolas vindos do interior, grande parte dos quais começava a apodrecer. Nos termos dos arranjos coloniais, a navegação mercante brasileira era estritamente controlada pela Coroa portuguesa. Em tese, todo o comércio era forçado a passar por Portugal, de onde, após o pagamento das taxas portuárias, o grosso das mercadorias era reexportado para outros lugares, muitas vezes a Inglaterra. Com a França controlando Lisboa, todo o sistema imperial ficou paralisado.

Com um único e histórico decreto, o príncipe regente eliminou o mais oneroso fardo colonial do Brasil: abriu os portos à navegação de todas as nações amigas. Era um gesto inevitável e que, de qualquer modo, já fora estipulado no acordo secreto assinado por ele com a Grã-Bretanha, em outubro do ano anterior. Com essa proclamação, em certo sentido, D. João também abriu o próprio Brasil, um país que fora enclausurado por seus inspetores coloniais e zelosamente guardado contra os rivais europeus de Portugal. Mesmo em meio à crise comercial acarretada pelo bloqueio de Napoleão, essa decisão esbarrou na oposição dos agentes da frota mercante, que seriam obrigados a abrir mão de um privilégio que remontava ao nascimento da colônia — seu monopólio de todas as mercadorias que saíam do Brasil. Os transportadores também tinham plena consciência do texto oculto do decreto imperial: àquela altura, efetivamente, a abertura dos portos "a todas as nações amigas" significava a Grã-Bretanha, única potência marítima que não se havia aliado à Europa de Napoleão. O Brasil seria libertado de um senhor colonial apenas para ficar sob o jugo de outro.

A família real passou um mês descansando em Salvador. Nas saídas com o filho Pedro, D. João levava sua carruagem às partes altas da cidade, seguido por multidões de vassalos. Os laranjais estavam em flor, desprendendo um doce aroma que circulava pelas plantações dos arredores. Em certa ocasião, eles visitaram Itaparica, uma grande ilha na baía, repleta de praias, coqueirais e trilhas na mata, e ali passaram uma noite não programada, quando os ventos adversos impediram seu retorno ao continente.

Enquanto isso, a notícia de sua chegada espalhava-se lentamente por outras regiões do Brasil. Araújo, preso no Recife enquanto o *Medusa* recebia reparos, escreveu sobre seu alívio em tom tipicamente efusivo:

> No dia 20 deste mês cessou o meu cuidado, com a alegre notícia de ter VAR [Vossa Alteza Real] passado pela altura desta Capitania no dia 17. Aqui nos abraçamos todos e nos congratulamos com tão boa e suspirada notícia; o tempo e o estado desta nau nos têm demorado há treze dias defronte deste porto, e eu sofro com impaciência esta demora, porque suspiro pela honra de me prostrar aos augustos pés de VAR; entretanto os beijo com o respeito e fidelidade de vassalo e de criado.[30]

Já então, a outra metade do comboio encontrava-se no Rio, porém, por mais extraordinário que pareça, após dois meses difíceis no mar, a maioria dos exilados recusou-se a desembarcar por mais um mês, enquanto aguardava notícias das intenções de D. João.

Durante sua estada em Salvador, D. João começou a retomar pé da situação e, num ambiente muito diferente, voltou a seu papel de monarca absoluto. Distribuía moedas entre os que acompanhavam sua carruagem, concedia perdões, conferia honrarias e ouvia petições. As restrições coloniais foram afrouxadas, mediante a expedição de licenças de fabricação e a fundação de uma escola de medicina e cirurgia. Os pedidos de que ele estabelecesse a corte e o governo na Bahia, entretanto, foram diplomaticamente recusados. Salvador, ao que se temia, era mais vulnerável a ataques dos franceses do que o porto do Rio de Janeiro, bem fortificado e ainda mais distante.

A multidão aglomerou-se para se despedir da família real. Em contraste com as condições da travessia do Atlântico, os navios tinham sido consertados e reabastecidos no porto, de modo que os passageiros desfrutariam de uma descida tranqüila até o Rio. Ancorando todas as noites em enseadas costeiras, o comboio foi seguindo para o sul, cobrindo o último trecho de sua viagem. Com o bom tempo, avançou com rapidez pelo litoral brasileiro e, apenas uma semana após a saída de Salvador, contornou Cabo Frio. Do convés, já era possível avistar uma fileira de ilhas vulcânicas em forma de cúpula projetando-se das águas, algumas de rocha lisa, outras cheias de palmeiras e grama. Mais adiante ficavam as cordilheiras que compunham o pano de fundo do Rio, recobertas de florestas — as escarpas da serra do Mar —, retrocedendo na distância em tons pastéis cada vez mais claros, como cenários teatrais escorados uns nos outros.

QUATRO

"Imperador do Ocidente"

Deslocar milhares de pessoas para o Brasil pelo oceano Atlântico, junto com toneladas de papéis, livros e o Tesouro Real, certamente foi uma das empreitadas mais espetaculares e épicas daquela era. Mas a estratégia da família real portuguesa foi compatível com o momento. As guerras revolucionárias e a expansão subseqüente de Napoleão tinham convulsionado a velha ordem européia, e as cortes de toda a Europa vinham recorrendo a medidas extremas para sobreviver à investida furiosa. Na época em que a família real portuguesa se transferiu para o Brasil, Luís XVIII (irmão do executado Luís XVI) alugava a Hartwell House, uma bela propriedade nas imediações de Oxford, depois de fugir pela Europa durante anos. Guilherme V, o último *Stadtholder* da Holanda, não estava muito longe dali, aguardando o final das guerras com sua família em Kew. Os Bourbon napolitanos, Fernando e Carolina, tinham fugido pela segunda vez para Palermo, enquanto a dinastia Savóia recolhera-se a Cagliari, na Sardenha. Até os ingleses tinham chegado a construir, na região central do país, uma fortaleza para a qual o rei e o governo pudessem fugir, caso o sul da Inglaterra fosse devastado, hipótese esta que era tida como uma possibilidade real, até que a virada de Napoleão para o leste e a vitória britânica em Trafalgar diminuíram a ameaça de uma invasão francesa.[1]

Mas houve algo diferente na fuga portuguesa, que se tornou imediatamente óbvio, em função de sua escala e de sua audácia. Havia razões mais profundas por trás da disposição da elite de se mudar em massa para um país a milhares de quilômetros de sua pátria. A idéia da transferência para as Américas tinha um *pedigree* venerável, que remontava aos primeiros séculos da expansão imperial portuguesa. Fazia muito que os conselheiros reais da corte de Lisboa retratavam o Brasil como a terra prometida — uma utopia para a qual, um dia, eles mesmos estavam destinados a se transportar. Essa tese havia surgido com um toque religioso e milenarista, mas não tardou a evoluir para uma análise realista da posição de Portugal em relação a suas colônias. A mudança surgiu como uma solução para o paradoxo que havia no cerne de um sistema imperial decadente: o de que Portugal era o calcanhar-de-aquiles desse império, e de que sua situação de Estado fraco, constantemente ameaçado pelos rivais europeus, era um perigo para sua própria rede global de colônias.

O Império Português tivera início com as palavras, os números e as imagens dos navegadores. Ao levarem suas caravelas do tamanho de barcos pesqueiros para oceanos inexplorados e litorais acidentados, os comandantes foram compilando roteiros minuciosos — comentários contínuos sobre as condições marítimas e terrestres observadas no caminho. Os roteiros não apenas descreviam marcos costeiros, correntes oceânicas e superfícies de água de coloração diferente, como forneciam descrições vívidas das formas de vida marinha encontradas — observações de baleias, aves marinhas, florações de algas e afloramentos de bagas-da-praia, flutuando nas imediações da costa. Sentados diante de escrivaninhas oscilantes, os pilotos registravam colunas inteiras de observações astronômicas em rolos de papel. Durante seus longos meses no oceano, preenchiam tabelas de distâncias, elevações e ângulos, preparando o terreno para os manuais de navegação que não tardariam a ter suas traduções publicadas por toda a Europa. Com o tempo, começaram a surgir mapas novos e mais exatos da África, da Índia e de terras mais distantes — os mapas da rota da futura expansão imperial.[2]

Esse conhecimento, respaldado pelo poderio naval, impulsionou os portugueses para seus primeiros sucessos. Passadas apenas duas décadas desde o encerramento da famosa viagem de Vasco da Gama (1497-1499), os portugueses tinham feito incursões assombrosas nos circuitos de comércio do Oriente. Deslocando-se por águas predominantemente não militarizadas, eles cruzaram o oceano Índico, o golfo Pérsico e os mares do sul da China, afundando frotas inimigas e capturando portos e ilhas costeiras à sua passagem. Daí resultou um vasto arquipélago de portos comerciais portugueses, o Estado da Índia, cujos eixos — Ormuz (uma ilha árida nos estreitos do golfo Pérsico), Goa, Málaca (na época, um dos empórios mais ricos do Sudeste asiático) e, posteriormente, Macau — funcionavam como as principais estações intermediárias do que era, na época, um conceito revolucionário: um império marítimo. E, como lembretes físicos do que os portugueses haviam conquistado, fileiras de fortes — tão solidamente construídos que muitos continuam em bom estado até hoje — guarneceram as novas rotas navais.

Enquanto o Oriente prosperava, as novas colônias do Brasil, do outro lado do Atlântico, demoravam a despontar. Na primeira metade do século XVI, foram os franceses que exploraram as novas oportunidades oferecidas pelo Brasil. Eles zarpavam da Bretanha e da Normandia, ancoravam no litoral e carregavam seus navios de pau-brasil — um produto muito solicitado nos mercados europeus, que gerava uma tintura poderosa, com todo um espectro de tons de vermelho e púrpura. Com os navios franceses aparecendo em número cada vez maior, os portugueses tentaram patrulhar a costa, o que era uma tarefa impossível, dada a sua extensão. Por fim, uns trinta anos depois da chegada de Cabral, eles se voltaram para o povoamento.

A região litorânea foi dividida. Traçaram-se 14 linhas horizontais sobre a metade oriental do continente sul-americano. Elas dividiram o Brasil numa série de faixas alongadas — chamadas de capitanias — que atravessavam centenas de quilômetros de povoamentos, florestas inexploradas, sistemas fluviais e cerrados áridos, até terminar abruptamente na interseção com a "Linha de Tordesilhas", a disputada fronteira entre as Américas portuguesa e espanhola. Essas faixas foram então entregues, como doações da Coroa, a donatários que deveriam desenvolvê-las como lhes aprouvesse. Prejudicadas pela falta de capital, pela escassez de colonos e, sobretudo nos primeiros anos, pela reação agressiva das populações indígenas — as tribos tupis espalhadas ao longo da orla marítima —, as colônias lutaram para se firmar. Algumas capitanias nunca foram ocupadas, outras foram povoadas e abandonadas, e outras ainda viram-se sitiadas por ataques indígenas. Em meio aos fracassos, duas capitanias — São Vicente e Pernambuco — começaram a prosperar.

Nelas dariam frutos as primeiras experiências de plantação de cana-de-açúcar movida pelo trabalho escravo nas possessões portuguesas no Atlântico — a ilha da Madeira e São Tomé e Príncipe (um arquipélago no golfo de Guiné) —, só que, dessa vez, a produção assumiu uma intensidade industrial, que assombrava os que viam os engenhos funcionando a pleno vapor. Por trás da fachada rural dos ciclos da vida de cultivo — plantio, retirada das ervas daninhas e colheita — estava um processo complexo de refino. Moendas ou grandes cilindros de madeira, movidos pela água ou pela tração animal, prensavam a cana, reduzindo seus colmos fibrosos a um xarope escuro. Este era gradualmente purificado e fervido, passava por uma série de caldeirões e, depois disso, era vertido em moldes cônicos, que ficavam secando por dois meses, até cristalizar em cones de açúcar. Como planta perene, a cana era capaz de gerar safras prodigiosas; o solo preto e argiloso, preferido pelos senhores de engenho, podia ser continuamente cultivado por cinqüenta anos ou mais. Na época da colheita, os engenhos funcionavam 24 horas por dia — vinte moendo a cana e quatro consertando e limpando o equipamento.

A fornalha continuamente em brasa, os grandes tonéis de líquido borbulhante, o ranger constante das moendas e os subprodutos malcheirosos, que poluíam quilômetros da zona rural ao redor, eram uma antevisão inquietante da modernidade. E, para quem trabalhava nos engenhos — quase todos escravos africanos, que começaram a chegar ao Brasil aos borbotões bem antes de o tráfico ser estabelecido noutros pontos das Américas —, essas premonições se confirmaram ainda durante sua vida. Os turnos de 16 horas, o calor insuportável e os acidentes industriais freqüentes criaram um cenário que faz lembrar as fábricas da região central da Inglaterra no século XIX.[3]

As plantações brasileiras acrescentaram uma nova dimensão ao Império Português. Cem anos depois das viagens de Vasco da Gama e de Cabral, essa pequena nação medieval na ponta da Europa dedicava-se ao comércio global. Em direção ao leste, fileiras de navios cargueiros contornavam o cabo da Boa Esperança, na estafante carreira da Índia, que ia de Lisboa a Goa, e de lá voltavam para a Europa, carregados de especiarias altamente valorizadas — principalmente pimenta, mas também canela, cravo, cardamomo, açafrão-da-índia, noz-moscada e macis. Em direção ao oeste, começava a emergir o triângulo de exploração que viria a dominar o comércio europeu no Atlântico. Produtos baratos eram embarcados em Portugal com destino à África, enquanto navios negreiros transportavam africanos pelo Atlântico para trabalharem nas plantações brasileiras, e o açúcar e produtos agrícolas enchiam os porões dos cargueiros na viagem de volta à Europa. O porto de Lisboa se tornara famoso: era a Amsterdã da época, funcionando como a câmara de compensação européia de produtos que chegavam do mundo inteiro.

Mas as raízes do declínio já se evidenciavam. Sobrecarregado, de difícil manejo desde o início e impossível de controlar, o novo império era assolado pela corrupção. Os novos territórios também se haviam transformado numa lixeira de degredados — os presídios de Lisboa esvaziavam-se no que começava a se assemelhar a uma fileira de distantes colônias penais ao ar livre —, e esse problema persistiria, de uma forma ou de outra, ao longo de toda a era imperial portuguesa. Antes mesmo do advento de graves ameaças militares, o Império Português começou a se decompor por dentro. Com o correr dos anos, a correspondência oficial entre os governadores do Estado da Índia e as autoridades da corte em Lisboa degenerou-se num rosário interminável de pedidos de recursos e assistência militar, à medida que os governadores sentiam que seus lucros iniciais escoavam-lhes por entre os dedos.

No século XVI, o império passou a ficar sob ataques contínuos. Com a união das Coroas espanhola e portuguesa (1580-1640), Portugal viu-se arrastado para um conflito europeu mais vasto, que quase determinaria o fim de suas aspirações imperiais. Essa união ligou dois impérios imensos, um conglomerado realmente global que se estendia numa faixa tropical desde as Américas Central e do Sul até as Filipinas e o Japão. Os dois se mantiveram administrativamente separados, mas para os holandeses, que estavam entrando na etapa final de sua guerra contra a Espanha, representavam um alvo enorme.

Mesmo depois da restauração da Coroa portuguesa, os ataques continuaram. Os holandeses tomaram o rico entreposto da Ilha das Especiarias, Málaca, em 1641. Seguiram-se a derrota do Ceilão (Sri Lanka), em 1656, e, dez anos depois, a da Cochinchina. E os portugueses não estavam apenas sob ataque holandês: forças mongólicas expulsaram-nos de Hugli (Calcutá); a Pérsia, com alguma ajuda inglesa, retomou Ormuz, no golfo Pérsico; e Mascate rendeu-se aos omanenses em 1650. Em 1666, mais de cinqüenta fortes portugueses tinham sido reduzidos a apenas nove. Quando o padre jesuíta Manuel Godinho viajou pelo império, cem anos depois de Camões, encontrou apenas restos — "mementos daquela grande nau do Estado que nos foram deixados por nossos inimigos, quer para nos lembrar do muito que possuímos na Índia [isto é, na Ásia], quer para nos entristecer, pelo pouquíssimo que hoje temos nela".[4]

As ambições imperiais de Portugal no Atlântico também estavam soçobrando rapidamente. Após uma longa batalha para tomar o Recife, os holandeses assumiram o controle das plantações brasileiras de cana-de-açúcar no nordeste. Na década de 1630, haviam estendido seus domínios por uma faixa de 1.600 quilômetros do litoral brasileiro, desde o sul da foz do Amazonas até uma distância de tiro de Salvador. Em 1641, os holandeses capturaram o porto de Luanda (em Angola), crucial para o tráfico de escravos, paralisando o sistema português no Atlântico.

O império prostrava-se de joelhos. O tráfico negreiro estava interrompido, o Estado da Índia, em frangalhos, e as regiões mais lucrativas do Brasil, sob ocupação holandesa. Endividado e com sua esquadra enfraquecida, Portugal descobria-se impotente para defender o pouco que lhe restava. A situação era tão aflitiva, que, no fim da década de 1640, a Coroa portuguesa explorou seriamente a possibilidade de negociar um acordo em Pernambuco, entregando o nordeste aos holandeses em caráter permanente, ato este que teria modificado o curso da história brasileira. No fim, foram os próprios brasileiros que resolveram o problema para a mãe-pátria: uma série de rebeliões locais expulsou os holandeses de Pernambuco em 1654, e uma frota despachada do Rio reconquistou Luanda.

O Brasil fora salvo, mas o problema, tal como percebido na época, era como explorar aqueles enormes recursos imperiais a partir da vulnerável base européia de Portugal. E desse dilema surgiu uma solução radical:

para que o império se salvasse, argumentou o padre jesuíta Antônio Vieira,[5] um dos principais conselheiros de D. João IV (1640-1656) em meados do século XVII, sua sede européia teria de ser abandonada, em prol de um novo centro administrativo nos trópicos brasileiros.

Vieira tinha credenciais impecáveis para examinar o papel do Brasil no decadente Império Português. Nascido em Lisboa, fora com os pais para a Bahia aos 6 anos de idade e lá passara seus anos de formação, estudando no colégio jesuíta local. Testemunhara o ataque holandês a Salvador (1624-1625) e estivera em Pernambuco às vésperas da segunda invasão holandesa. Ao retornar à Bahia, ganhara fama rapidamente como um dos oradores mais destacados da época. Em sermões que se celebrizaram por seu lirismo e vigor, ele exortou os brasileiros a se unirem contra os intrusos holandeses. Mas foi em Lisboa, como pregador da corte, que sua influência e estatura cresceram. Ali, ele aconselhou o rei nas questões de Estado durante os anos difíceis da década de 1640, viajando pela Europa em missões diplomáticas sensíveis, no esforço de escorar o destino declinante de Portugal no cenário mundial.

Após outra longa temporada trabalhando em missões jesuítas no Maranhão — na época, um vasto território que abrangia grande parte das plantações nordestinas e se estendia pelo sertão para o interior —, as convicções religiosas e políticas de Vieira se fundiram.[6] Numa adoção idiossincrática do Sebastianismo — a crença em que o rei D. Sebastião, morto num campo de batalha marroquino em 1578, ressuscitaria dos mortos para salvar Portugal de seus inimigos —, Vieira retratou a monarquia portuguesa como o Quinto Império universal do livro de Daniel: uma entidade perpétua, destinada a se renovar pela transferência para a América. O Brasil, ou, mais especificamente, o Maranhão, tinha uma aura sagrada para Vieira. Tratava-se de um lugar espiritual que os portugueses estavam destinados a descobrir, explorar e colonizar, um lugar em que as profecias seriam reveladas. Ali, escreveu Vieira, o rei "assinalaria o lugar para um palácio que gozasse, ao mesmo tempo, as quatro estações do ano, fazendo nele o Quinto Império".[7] O Novo Mundo era o destino de Portugal, o meio pelo qual o império voltaria a se erguer, após a humilhação da dominação espanhola (1580-1640) e da conquista holandesa. Na época, essas idéias eram consideradas extravagantes e, em seus últimos anos de vida, Vieira enfrentou sindicâncias desagradáveis da Inquisição. Foi obrigado a viajar a Roma para limpar seu nome e nunca mais recuperou a influência que um dia tivera na corte, mas suas idéias continuaram vivas.

Por volta do fim do século XVII, a defesa vieirense da transferência da corte para as Américas foi reforçada, quando o destino concedeu às colônias brasileiras uma chance de começarem vida nova. Fazia muito tempo que os governantes coloniais olhavam com inveja para a riqueza produzida pela América espanhola. Com as minas de prata do rio Potosi, no Alto Peru (atual Bolívia), trabalhando dia e noite, as expectativas de descobrir metais preciosos no interior do Brasil tinham sido grandes, a princípio; entretanto, decorrido mais de um século de colonização, essa esperança começara a desaparecer. Comunicado após comunicado sobre descobertas espetaculares tinham-se revelado infundados; assim, na década de 1690, quando começaram a chegar a Portugal rumores de achados comercialmente viáveis de ouro em depósitos aluviais, a Coroa demorou a reagir.

O interior do Brasil era mal conhecido no fim do século XVII. Apenas uns poucos homens intrépidos, os bandeirantes, haviam penetrado muito pelos sertões adentro. Usando índios como ajudantes, eles partiam da capitania de São Vicente (o moderno estado de São Paulo) para o interior brasileiro, em expedições de escravização ameríndia que podiam durar meses ou até anos. Não se sabe ao certo quando descobriram ouro pela primeira vez, mas, no início da década de 1690, proliferaram as descobertas numa região que ficaria conhecida como Minas Gerais.[8]

Os últimos anos do século XVII assistiram à primeira corrida do ouro do mundo moderno. "Nunca se vira nada assim antes", escreveu o historiador C. R. Boxer, "e nunca mais se viu algo parecido até a corrida do ouro da Califórnia, em 1849."[9] Soldados abandonaram suas guarnições, padres deixaram suas paróquias e, o que era mais preocupante para as autoridades coloniais, escravos largaram as plantações, na corrida desenfreada para o oeste. De acordo com uma testemunha dos primeiros anos da corrida do ouro, André João Antonil, os prospectores perpassavam toda a sociedade colonial brasileira, compondo-se de "brancos, pardos e pretos, junto com muitos ameríndios escravizados pelos paulistas (...) homens e mulheres, jovens e velhos, ricos e pobres, nobres e plebeus, leigos, clérigos e religiosos de diversas ordens".[10] As rotas de acesso eram tortuosas, a terra em volta dos campos auríferos era difícil de cultivar, e muitos dos que tinham sido instigados pelo sonho da riqueza instantânea ficaram reduzidos à fome. As principais minas ficavam em terras que nunca tinham sido mapeadas, entre as jurisdições de diversas capitanias. À medida que um número cada vez maior de pessoas inundou a região, a anarquia transformou-se em guerra aberta.

Para as autoridades de Lisboa, a tão esperada notícia precipitou uma crise. Os principais portos do Brasil eram precariamente defendidos, suas plantações sofriam de uma grave escassez de mão-de-obra e a própria metrópole enfrentava uma hemorragia de vassalos, que embarcavam aos milhares nos navios destinados ao Brasil — e tudo isso enquanto a notícia da corrida do ouro se espalhava pela Europa, chegando aos rivais imperiais dos portugueses. Temeu-se que Portugal viesse a ser invadido ou que o Brasil fosse tomado.

Os anos de ouro trouxeram uma urgência renovada para as discussões sobre a reorganização do império. Com a receita que chegava aos borbotões do Brasil atravessando o Atlântico, Luís da Cunha, um diplomata de carreira no reinado de D. João V (1706-1750), reexaminou as idéias de mudança de Vieira. Cunha passara quarenta anos fora de Portugal, trabalhando em Londres e Paris e viajando muito por toda a Europa em missões diplomáticas. Embora nunca tivesse estado no Brasil, tinha grande conhecimento da colônia e fora um dos negociadores do Tratado de Utrecht, que havia fortalecido as reivindicações portuguesas de territórios disputados no Amazonas e no extremo sul. Acima de tudo, Cunha era um realista em quem fora inculcada a moderna visão de mundo que vinha emergindo nos círculos europeus, uma visão secular e orientada para o comércio.

Num memorando secreto enviado a D. João V, Cunha esboçou idéias que estavam décadas à frente de sua época. Foi de uma honestidade brutal a respeito da situação portuguesa. A influência desproporcional da Igreja, com suas fileiras de clérigos e suas vastas propriedades improdutivas, constituía um dreno dos recursos; a Inquisição era um retrocesso a uma era passada. Ele sugeriu que Portugal se abrisse para seu império, declarando Lisboa um porto franco e criando companhias de comércio pautadas pelas holandesas. As próprias colônias deveriam ser desenvolvidas, com rotas terrestres na África meridional que ligassem Angola a Moçambique, e com a exploração das florestas tropicais potencialmente produtivas da Amazônia. Nem mesmo essas grandes reformas seriam capazes de esconder a vulnerabilidade básica da mãe-pátria. Para Cunha, Portugal não passava de "uma projeção de terra", apequenada por suas possessões na América.

Libertando-se de seu texto rigorosamente ponderado, Cunha imaginou, em termos quase bíblicos, um cenário que acabaria por se materializar, ainda que várias gerações depois de suas palavras serem escritas:

> Considerei, talvez visionariamente, que S.M. se achava na idade de ver potentíssimo e bem povoado aquele imenso continente do Brasil; e nele tomasse o título de imperador do Ocidente; que viesse estabelecer a sua corte, levando consigo todas as pessoas de ambos os sexos que o quisessem acompanhar, que não seriam poucas, com infinitos estrangeiros; e na minha opinião, o lugar mais próprio da sua residência seria a cidade do Rio de Janeiro, que em pouco tempo viria a ser mais opulenta que a de Lisboa.[11]

No fundo, sua tese era econômica: qualquer coisa produzida em Portugal poderia facilmente ser feita no Brasil, a salvo da interferência militar e política de potências européias hostis. Era também territorial: os portugueses poderiam chegar a algum tipo de acordo mutuamente benéfico com os espanhóis, trocando o Algarve pelo Chile e o resto de Portugal pela região do rio da Prata (atual Argentina). A mudança de clima não constituiria problema, de acordo com o irmão de Cunha, que fizera uma escala no Brasil ao retornar de Goa: "ele me assegurou que [o clima] não somente era muito saudável e parecido ao nosso, mas que o país era também próprio para nele se cultivarem as frutas de Europa, tendo já as de Ásia e África".[12]

Luís da Cunha percebeu que Portugal se tornara insustentavelmente dependente dos recursos brasileiros. Enquanto os carregamentos de açúcar continuavam a cruzar o Atlântico, a entrada inesperada de ouro e diamantes recolhidos no interior do Brasil foi respaldando o pródigo reinado de D. João V, e grande parte da receita era esbanjada em extravagâncias como o monumental complexo arquitetônico do convento de Mafra. E quando a corrida do ouro começou a diminuir, em meados do século XVIII, a situação de Portugal na Europa ficou ainda pior.

Os anos dourados deixaram um legado importante para o Brasil. Abriram o interior para o povoamento, o que acabou estendendo os domínios portugueses para bem depois da Linha de Tordesilhas original. Cartógrafos portugueses embrenharam-se pelo sertão, e seu trabalho, formalizado no Tratado de Madri (1750),[13] estabeleceu as bases das modernas fronteiras ocidentais do Brasil. O tratado duplicou o território sob dominação portuguesa, dando à Coroa o controle de aproximadamente metade do continente sul-americano — uma área maior que a dos Estados Unidos de hoje, se excetuarmos o Alasca.

Sob outros aspectos, entretanto, o ciclo do ouro atrasou o desenvolvimento da colônia. Portugal, temeroso de perder sua mais valiosa possessão colonial, tentou isolar o Brasil e garantir sua dependência da metrópole.[14] A Coroa proibiu a imprensa e suspendeu a importação de livros e a fundação de universidades. Lisboa reprimiu a nascente indústria artesanal do Brasil, e suas autoridades coloniais destruíram os teares, para proteger a importação de lãs portuguesas de má qualidade; chegou-se até a arrancar árvores nativas, para impedir a concorrência com certos tipos de madeira. Por parte da Coroa, houve tentativas sistemáticas de cercear as comunicações internas do Brasil, caso elas não atendessem ao comércio de exportação. Aprovaram-se leis para restringir a navegação fluvial e se desestimulou o desenvolvimento de um sistema postal de base terrestre. As estradas — as poucas que existiam — estavam em péssimas condições. As trilhas de terra batida ajudavam apenas marginalmente as tropas de mulas que transportavam mercadorias entre as capitanias. Em vez de serpentear morro acima, elas escalavam os despenhadeiros das montanhas; no terreno mais plano, os pequenos obstáculos eram indiretamente contornados, em vez de eliminados. O planejamento malfeito abria trilhas em direções completamente erradas, descrevendo arcos gigantescos ou até círculos. E algumas veredas iam dar no meio de lugar nenhum, tornando-se aos poucos indistinguíveis das florestas e dos cerrados que cortavam, como lembretes precariamente visíveis de obras abandonadas.

Coube a Sebastião José de Carvalho e Mello, o marquês de Pombal,[15] figura ditatorial da corte em meados do século XVIII, tentar instilar vida nova no império. Os anos passados em Londres tinham-lhe conferido uma visão privilegiada da superpotência da época e da crescente subserviência de Portugal aos interesses britânicos. Pombal percebeu que, enquanto Lisboa ficava sobrecarregada com a administração de suas colônias, não raro os lucros derivados de seu império iam acabar em Londres ou em Amsterdã, por meio dos mercados internacionais.

Pombal firmou sua posição logo depois do Grande Terremoto de 1755. Esse terremoto, ocorrido numa manhã de domingo, quando o grosso da população assistia à missa, devastou em poucas horas uma das cidades mais famosas da Europa, e foi tido por muitos como mais do que um simples acidente geológico. Os pregadores viram no desastre a mão de Deus, que estaria punindo Portugal por sua decadência e sua deterioração moral. Com Lisboa em ruínas, o pensamento voltou-se novamente para a transferência da capital para o Brasil, mas Pombal optou por lidar com a crise de frente.[16] Assumiu o controle da cidade e a reconstruiu, seguindo um projeto racional mais moderno que tinha por modelo, em parte, o Covent Garden de Londres.

O marquês de Pombal adotou uma postura igualmente agressiva em relação à reforma do império. Os jesuítas, que, durante os primeiros séculos da colônia, haviam-se dispersado por algumas das regiões mais inacessíveis do Brasil e fundado missões, foram subitamente expulsos, sendo suas propriedades expropriadas em 1759. As razões foram econômicas, em parte — acreditava-se (erroneamente, como se constatou) que os jesuítas tinham acumulado uma vasta fortuna no Brasil —, mas esse gesto também foi instigado por um ódio irracional à ordem religiosa da Companhia de Jesus. Os jesuítas praticavam "vícios abomináveis, inveterados e incorrigíveis", dizia o édito assinado contra eles, e "tentaram a usurpação clandestina de todo o Estado do Brasil".[17]

Em outras medidas políticas, Pombal mostrou pisar em terreno mais firme. O Brasil foi fortificado e, em 1763, sua capital foi transferida da Bahia para o porto do Rio de Janeiro, mais rico e mais fácil de defender. A educação e a promoção das elites locais foram incentivadas, fossem elas mulatas, brancas ou, em alguns casos excepcionais, até negras. Pombal tornou mais rigoroso o sistema tributário e criou empresas monopolistas, para tentar estimular o comércio de exportações do Brasil. O mesmo espírito subjacente persistiu: o Brasil ficaria restrito a produtos primários, trocados, ao que esperava Pombal, por bens manufaturados portugueses. Mas, enquanto o Brasil revivesceu nas últimas décadas do século XVIII, Portugal atrasou-se ainda mais em relação ao resto da Europa. Por mais que se dirigisse o comércio para Lisboa, Portugal continuou a ser uma estação intermediária, um conduto entre suas colônias no Atlântico e as usinas econômicas da Europa, no norte.

Ao se aproximar o fim do século XVIII, quando Napoleão iniciou sua ascensão, era chegada a hora de acertar as contas. Com a loucura de dona Maria e a regência instável de D. João VI, Portugal nunca tinha parecido tão vulnerável a acontecimentos fora de seu controle. Foi nesse ponto que a tese da transferência da corte para o Brasil, tendo no Rio o principal candidato como destino provável, começou a ser defendida com mais vigor pelo ministro que logo estaria chefiando o novo governo de D. João no Rio, D. Rodrigo de Sousa Coutinho.

Numa exposição feita à corte em 1798, Sousa Coutinho enunciou a verdade impalatável de que "os domínios na Europa"[18] já não constituíam "a capital e o centro do Império Português". Reduzido a si mesmo, concluiu ele, Portugal não tardaria a ser "uma província da Espanha". Acompanhando o raciocínio do Pombal, Coutinho propôs em seguida a idéia de um império descentralizado, segundo a qual o Brasil seria despojado de sua condição de colônia e desenvolvido paralelamente à metrópole.

Em 1801, uma nova incursão espanhola, a Guerra dos Orange, deu mais premência aos argumentos de Sousa Coutinho. "É preciso que Vossa Alteza Real mande armar com toda pressa todos os seus navios de guerra, e todos os de transporte, que se acharem na Praça de Lisboa", escreveu o marquês de Alorna nessa ocasião, e "que meta neles a princesa, os seus filhos, e os seus tesouros, e que ponha tudo isto pronto a partir sobre a Barra de Lisboa, e que a pessoa de V.A.R. venha a esta fronteira da Beira aparecer aos seus povos, e acender o seu entusiasmo."[19] Mais uma vez, foi um alarme falso, havendo-se comprado os espanhóis com o pagamento de indenizações.

Dois anos depois, Sousa Coutinho voltou mais uma vez ao assunto. Numa mensagem presciente, anteviu minuciosamente os acontecimentos de 1807. Sua recomendação, feita ao príncipe regente numa exposição formal em 1803, foi radical e inequívoca:

> O único meio que ainda resta de segurar a Independência da Coroa de V.A.R. é que, conservando a bem-fundada esperança de se poder assegurar a defesa do Reino, deixa a certeza de ir em qualquer caso V.A.R. criar no Brasil um grande Império, e assegurar para o futuro a reintegração Completa da Monarquia em todas as suas partes. Quaisquer que sejam os perigos que acompanhem uma tão nobre e resoluta Determinação, os mesmos são sempre muito Inferiores aos que certamente hão de seguir-se da entrada dos Franceses nos Portos do reino, e que ou hão de trazer a Abdicação de V.A.R. à sua Real Coroa e a abolição da Monarquia, ou uma opressão fatal qual a que geralmente se diz que experimentaram os Napolitanos, e a dilaceração dos Vastos Domínios da Coroa de V.A.R. nas Ilhas contíguas à Europa, na América, na África e na Ásia, procurada pelos Ingleses para [se] indenizarem da falta de Comércio com Portugal.[20]

As pressões favoráveis à mudança já então vinham de outros círculos. Uma equipe diplomática britânica, chefiada por lorde Rosslyn, que chegou a Lisboa no fim de 1806 para monitorar o que já era uma situação tensa em Portugal, considerou a idéia de se oferecer para transferir a família real para o Brasil, mas encontrou pouco apoio para esse plano. "A relutância com respeito à mudança era universal e profundamente arraigada", escreveu um dos membros da equipe, o almirante lorde St. Vincent, "e qualquer acordo que o invasor esperado pudesse oferecer revelar-se-ia mais palatável do que o desterro e o banimento vitalício para o outro lado do Atlântico, aos olhos de homens voluptuosos e mimados, cujas excursões, até esse momento, haviam abarcado a distância entre a cidade e o palácio no interior."[21] Lorde St. Vincent sugeriu o equivalente a um seqüestro — D. João seria convidado a subir a bordo do navio britânico HMS *Hibernia*, o qual, depois de reunir os ministros e demais membros da corte, zarparia para o Brasil, com ou sem o consentimento do regente.

No fim, a corte e o governo ignoraram todos os avisos, e acabaram sendo empurrados para fora da península pelos invasores franceses. Mas seu infortúnio, como assinalaram pensadores do passado, teve um lado bom: o Brasil oferecia um refúgio, riqueza potencial e uma oportunidade de renovação. A mudança pôs fim às ameaças, intimidações e agressões que a corte e o governo vinham sofrendo na Europa desde longa data, e apontou o caminho para uma nova era imperial.

Logo depois da fuga, essas idéias foram consubstanciadas num panfleto anônimo, publicado em Lisboa em algum momento de 1808. Nele, o autor descreveu a criação de um império futurista no Novo Mundo. Uma cidade chamada "Nova Lisboa" seria construída na selva, em algum ponto do centro do Brasil; estradas se abririam em leque por entre a densa vegetação, ligando as cidades costeiras da colônia a sua nova capital.

Tudo começaria do zero — "os nomes das cidades e rios do Reino de Portugal substituirão os nomes dos rios, cidades e províncias do Grande Império. O rio mais próximo de 'Nova Lisboa' será chamado 'Novo Tejo'.[22]" Nesse novo mundo, todos os vestígios da influência francesa seriam apagados: "Estabelecer-se-há huma espécie de Inquisição terrível, para dentro do Grande Império não haver pessoa alguma Francesa por nascimento, ou por costumes; nem livro algum escrito nesta Língua, salvo estando já traduzido em outra. E, de sua nova sede, o príncipe regente desferiria uma vingança terrível, "e com cetro de ferro pode castigar a França dos seus cimes, e a Espanha da sua perfídia".

Em certo sentido, a corte sempre fora preparada para seu êxodo da Europa. E, quando se aprontava para desembarcar no Rio, os argumentos históricos pareceram soar verdadeiros. A fuga, por mais dramática que tivesse sido, enquadrava-se num plano predestinado, reiterado ao longo dos séculos por homens como Vieira, Cunha e Sousa Coutinho.

O Novo Mundo acenava, qual uma estrada livre que conduzia para longe de uma Europa exausta e dilacerada pela guerra.

Com certeza, o Brasil era bem mais seguro do que a Europa quando a corte ali chegou, de maneira muito inesperada, no começo de 1808, mas as colônias não tinham ficado alheias às idéias da época.[23] O credo antimonarquista que impelira a família real a deixar Portugal havia chegado ao Brasil antes dela, trazido pelo Atlântico por estudantes brasileiros obrigados a freqüentar universidades européias. Atravessando a densa névoa da censura da Coroa, as novas idéias eram transmitidas boca a boca e se trocavam livros clandestinamente. A Guerra da Independência norte-americana (1775-1783) era avidamente discutida em círculos literários e sociedades de amadores. O desenvolvimento pós-revolucionário da América do Norte proporcionava ferramentas mentais com que pensar o impensável: modelos de como poderia ser a vida e de como poderia organizar-se a sociedade fora dos arranjos coloniais, sem um monarca.

Já em 1786, Thomas Jefferson, então emissário dos Estados Unidos em Paris, tivera um encontro misterioso que revelara a intensidade do acirramento dos ânimos entre os brasileiros descontentes no exterior. Ao se aproximar o fim do outono daquele ano, Jefferson havia recebido uma estranha carta de Montpellier, uma cidade universitária do sul da França. Fora assinada com o pseudônimo "Vendek" e seu teor era premente, porém obscuro. "Tenho algo de grande importância a lhe comunicar", escreveu Vendek num francês tosco e sem acentos, "mas (...) minha saúde precária não me permite ter a honra de ir a Paris encontrar-me com Vossa Mercê."[*,24] Em seguida, Vendek havia explicado que era estrangeiro e, por conseguinte, "não [estava] familiarizado com os costumes do país", mas julgava ser possível que se entrasse em contato com ele por intermédio de *Monsieur* Vigarons, um professor de medicina da universidade. Jefferson respondeu e os dois iniciaram uma correspondência.

A segunda carta de Vendek foi mais direta. "Sou brasileiro", revelou ele a Jefferson, "e, como sabe V. Senhoria, meu pobre país é presa de

---

* "*J'ai une chouse de très consequence à vous communiquer, mais (...) l'état de ma santé ne me permet pas de pouvoir avoir l'honneur d'aller vous trouver à Paris.*" (N. da T.)

uma escravidão aterradora, que se torna mais insuportável a cada dia que passa, desde a ocasião de sua gloriosa independência." Portugal não dava coisa alguma ao Brasil, por medo "de que sigamos seus passos". Era chegada a hora, continuou, de "seguir o notável exemplo que os senhores nos deram" e "romper nossos grilhões", saindo de uma vez por todas do jugo do colonialismo europeu. Vendek encerrou a carta invocando a fraternidade pan-americana, e pediu a ajuda de Jefferson na revolução brasileira vindoura. Tempos depois, os dois se encontraram perto de Nîmes, onde trocaram idéias. Jefferson ofereceu um vago incentivo, mas se esquivou de qualquer auxílio concreto.

Mesmo sem a ajuda norte-americana, às vésperas da Revolução Francesa houve agitações no interior do Brasil. Um complô preparado por ideólogos ricos, com vistas a um rompimento com a metrópole no estilo do norte-americano, foi descoberto nos exauridos municípios de mineração de ouro em Minas Gerais. O movimento foi traído antes mesmo que pudesse começar a concretizar suas aspirações, mas a ameaça ideológica representada por ele foi levada suficientemente a sério pelas autoridades da Coroa para que se montasse um complexo simulacro de julgamento no Rio.[25] Um dos conspiradores, Luís Vieira, foi capturado com um punhado de livros proibidos, de Montesquieu a Turgot e Raynal, enquanto seu líder, Tiradentes, foi capturado de posse de uma edição francesa da Constituição dos Estados Unidos. A sentença inicial foi draconiana: os conspiradores deveriam ser enforcados, afogados e esquartejados. Tiradentes seria destacado para receber atenção especial. Sua cabeça seria posta em exibição em Minas e o resto de seu corpo seria abandonado na fronteira da capitania. Na última hora, porém, expediu-se um perdão real previamente planejado e, embora Tiradentes tenha morrido na forca, os demais foram autorizados a continuar sua vida no exílio, na África.

A Revolução Francesa estabeleceu outros precedentes — inquietantes para a elite brasileira. Decorrida uma década da conspiração de Minas, houve distúrbios em Salvador, mas, dessa vez, o clamor veio de baixo, numa adaptação apaixonada do uso de *slogans* pelas multidões parisienses. A retórica tocou em questões que continuam importantes para a sociedade brasileira até hoje. O tipo de mudança desejado por um dos rebeldes, um alfaiate mestiço e empobrecido de nome João de Deus, era radical. Vinda a revolução, "todos se tornariam franceses, para viver na igualdade e na abundância (...) Destruiriam os funcionários públicos, atacariam os mosteiros (...) abririam o porto (...) e revolucionariam tudo, a fim de que todos pudessem ficar ricos e ser retirados da pobreza, e de que as diferenças entre brancos, pretos e pardos fossem extintas, e todos fossem aceitos em posições e cargos, sem discriminação".[26] Esses ecos da violência ocorrida na França instigaram uma outra resposta extremada da Coroa: os conspiradores foram enforcados e seus cadáveres ficaram apodrecendo em praça pública.

Embora essas revoltas fossem exceções numa colônia predominantemente conservadora, que ainda era leal à metrópole, até então ninguém tinha certeza de qual seria o efeito da presença da família real no coração do sistema colonial. Tampouco se sabia como a América espanhola reagiria às guerras na Europa, à medida que os exércitos de Napoleão se espalhassem pela península Ibérica. Pensadores do passado haviam enaltecido o Brasil como a Arcádia de sua época, mas D. João se preparava para instalar sua corte num continente à beira da mudança revolucionária.

CINCO

"Um Novo Mundo"

O homem responsável pelo Rio de Janeiro, D. Marcos de Noronha e Brito, conde de Arcos e vice-rei do Brasil, havia recebido uma série atordoante de ordens antes que a esquadra real finalmente atracasse na esplêndida baía de Guanabara, no Rio de Janeiro.[1] Em 11 de janeiro de 1808, chegara a notícia da tentativa que D. João fizera de apaziguar Napoleão, e o conde de Arcos fora instruído a fechar os portos brasileiros à navegação britânica e preparar seus soldados para repelir os prováveis ataques ingleses. Três dias depois, o brigue *Voador* tinha atracado no porto, trazendo a sensacional novidade da partida da família real para o Brasil, o que levou o conde de Arcos a entrar em atividade frenética. Ele desocupou a sede do governo, passando a supervisionar as obras sumamente necessárias de reforma para transformar seu quartel-general na colônia em algo que se aproximasse de um palácio real, e encomendou víveres das províncias. Em pouco tempo, as encomendas de carne bovina, suína e avícola, bem como de aipim, batata-doce e frutas tropicais, iniciaram suas viagens em Minas Gerais, São Paulo e nos municípios próximos do Rio. Em toda a cidade, trabalhadores limpavam igrejas, poliam altares e varriam ruas e praças. Também se iniciaram os preparativos para a música, a dança, os fogos de artifício e as procissões que figurariam nas cerimônias de boas-vindas.

Por umas poucas e angustiantes horas, porém, o Rio pareceu prestes a enfrentar a família real despreparado, como acontecera em Salvador; é que, passados apenas três dias da atracação do *Voador*, chegaram notícias, pelo sistema costeiro de sinalização, de que a frota fora avistada no horizonte. Foi um falso alarme. Quando os navios entraram no porto, constatou-se que traziam apenas a tia, a cunhada e duas filhas de D. João, as do meio.

Os atrasos e sobressaltos haviam acentuado a tensão na cidade. Costureiras escravas trabalhavam dia e noite; os preços de fitas, rendas, veludo, damasco e cetim dispararam. Quando, decorridas sete semanas do desembarque do primeiro grupo, chegou a notícia de que a frota estava perto da costa, o porto encheu-se de barcos pesqueiros e as praias ficaram coalhadas de espectadores prontos a dar as boas-vindas. Na multidão encontrava-se a figura minguada de Luís Gonçalves dos Santos, um padre brasileiro de 50 anos. Era um homem miúdo, magro mas vigoroso, de cuja cabeça volumosa brotava uma cabeleira fina e grisalha que lhe dava ares intelectuais. Com efeito, ele fora um estudioso do latim antes de se ligar ao clero, e acabaria por escrever um extenso relato da temporada da família real em sua cidade natal.

"Eram duas para as três horas da tarde", escreveu Santos, "a qual estava muito fresca, bela e aprazível neste para sempre memorável dia 7 de março [de 1808], que desde a aurora o sol nos havia anunciado como o mais ditoso para o Brasil (...) como que se regozijava de presenciar a triunfante entrada do primeiro soberano da Europa na mais afortunada cidade do Novo Mundo."[2]

Santos captou a intensidade da emoção ao se avistar pela primeira vez a esquadra real, enquanto o comboio cruzava a entrada da barra ao som trovejante dos canhões, que ecoava nas vertentes de pedra:

> Com efeito, ao som destas estrondosas salvas, que ao longe se estendia, e dos alegres repiques dos sinos das igrejas, os ânimos de todos mais se inflavam, e desatinados corriam pelas ruas homens, mulheres, velhos e meninos, ansiosos de ver a brilhante entrada da Real esquadra e de tributar ao PR Nosso Senhor os aplausos na ocasião do embarque de sua real pessoa e família.

A fumaça dos tiros de canhão espalhava-se pelo porto, captando fachos de luz que se projetavam em ângulos pela baía; o cheiro de pólvora queimada misturava-se ao odor penetrante da brisa marinha. Para comoção de todos, a frota manobrou em direção ao arsenal real e ancorou perto do centro da cidade. Houve cenas comoventes depois que os navios atracaram, quando famílias que se haviam dividido entre as embarcações e tinham sido separadas pelas tormentas do Atlântico finalmente se reuniram. Dona Carlota reviu suas duas filhas do meio, Maria Francisca e Isabel Maria, pela primeira vez em mais de três meses. Maridos estreitavam esposas, enquanto parentes e amigos trocavam abraços de alívio, alguns deles sem ter sabido, até aquele momento, se seus familiares próximos tinham conseguido sair de Lisboa. Ao vice-rei e às personalidades ilustres da cidade, que usavam suas melhores meias e perucas, foi concedida uma audiência a bordo do navio de D. João, onde eles beijaram a mão do príncipe regente, dando-lhe as boas-vindas à cidade.

A esquadra real fundeou em meio a um ambiente grandioso. A antiga atividade vulcânica fizera brotar do leito marinho formações rochosas de granito; formas e massas que pareciam do outro mundo erguiam-se do oceano, com suas vertentes de pedra escurecidas e alisadas por milhões de anos de erosão. Em seus pontos mais altos, num meio que afora isso era exuberante, só a vegetação mais resistente conseguia vingar — cerrados, samambaias e cactos. Mais abaixo, as combinações de praia e floresta, montanha e baía, lagoa e oceano espalhavam-se numa abundante profusão de efeitos naturais; o Pão de Açúcar reclinava-se graciosamente, como se tivesse sido esculpido na entrada do porto.

Na tarde clara, os refugiados da Europa napoleônica postaram-se no cais e fitaram o pequeno enclave que era então a cidade do Rio de Janeiro — uma faixa de terra de uns 3 quilômetros, que formava um corredor frontal entre a baía e a montanha. Enquanto eles observavam, uma exibição curta mas extravagante de fogos de artifício iluminou com lampejos coloridos o casario baixo e as ruas estreitas. O som abafado das comemorações espraiava-se pela baía, pontuado por tiros irregulares de canhão, num eco de festividades que se estenderiam pela noite adentro.

No dia seguinte, a família real desembarcou. Fez-se um silêncio reverente enquanto o bergantim avançava aos poucos da frota até o cais. Ele atracou em frente à praça principal que dava para a baía — uma clareira pavimentada de granito —, na qual fora montado um altar no alto de uma rampa. Chegando ao altar, os membros da realeza prostraram-se e foram borrifados com água benta. De lá, coberta por um dossel de seda, a comitiva atravessou a praça em lenta procissão até a catedral dos carmelitas, onde se fizeram orações e se renderam graças pela conclusão bem-sucedida de uma viagem tão longa e perigosa. A cidade inteira saíra de casa e ocupara posições de boa visibilidade nas ruas e nas encostas dos morros, algumas pessoas chegando até a subir nos telhados. Todos observavam, com uma mescla de assombro, deferência e curiosidade: a família real era reverenciada por muitos, e seu aparecimento repentino no Novo Mundo assemelhou-se a uma espécie de revelação religiosa.

Quando os nobres saíram da catedral, a multidão irrompeu em aplausos espontâneos, e bandas de música tocaram pelas ruas, competindo com os sinos das igrejas, que repicavam por toda a cidade. Folhas de mangueira picadas, pétalas de flores e pedaços de canela, salpicados pelas vias públicas e triturados sob os pés, perfumavam o ar, enquanto a areia polvilhada amaciava o caminho. Nessa noite, espalharam-se candeeiros por todos os cantos da cidade, e rodas de fogos de artifício espargiram cores vívidas no céu noturno. Estavam iniciados os festejos de uma semana — as comemorações sinceras de cariocas atônitos com o rumo tomado pelos acontecimentos, que haviam trazido a família real para seu seio e, nesse processo, elevaram sua cidade, da noite para o dia, da condição de capital colonial para a de capital do império.

Foi uma ocasião momentosa, não desperdiçada pelos encarregados da decoração comemorativa da cidade. Ergueu-se na praça principal um arco do triunfo em cujo centro foi pintada uma paisagem alegórica, destinada a dar um verniz laudatório àquele momento complexo da história portuguesa. No centro da pintura havia um retrato de D. João sendo erguido por espíritos pousados em nuvens; abaixo o circundavam vassalos de todo o império, presentes para prestar suas homenagens; na distância via-se a frota portuguesa, capitaneada pelo príncipe regente, que liderava seus navios não numa retirada, mas numa heróica viagem não especificada, enquanto, na periferia, os europeus abandonados choravam seu triste destino. Brasões lusitanos e versos escolhidos de Virgílio acrescentavam dignidade histórica a uma estrutura banhada pelo brilho de lanternas coloridas. E, num toque exótico, uma ilustração na borda exibia D. João recebendo os tesouros naturais dos trópicos de um nativo brasileiro, obedientemente ajoelhado diante de seu monarca. Não se poupou nenhum paralelo histórico no esforço de captar o sentimento de celebração vivenciado nesse dia. Santos assemelhou a viagem de D. João para o exílio à viagem da Vasco da Gama para as Índias, ao ver a corte chegar ao Rio, numa citação famosa dos *Lusíadas*, "do longínquo Tejo".[3]

D. João manteve-se sereno durante todas as tramitações iniciais, mas dona Carlota não conseguiu conter sua decepção.[4] Vestiu-se simplesmente de preto, sem usar jóias e deixando à mostra o cabelo quase raspado. De acordo com uma testemunha anônima, ela chorou durante a recepção. Outro relato, talvez mais digno de crédito, atribui-lhe um porte régio, que mantinha a etiqueta, mas com uma expressão dura no rosto, que deixava transparecer sua alienação da cidade e de suas multidões jubilosas. A rainha Maria I desembarcou dois dias depois. Ao que parece, a longa viagem surtira nela um efeito tranqüilizador, e suas "ansiedades habituais" haviam diminuído. Para ampliar as manifestações de afeto, ela foi carregada numa liteira pela praça até a porta mais próxima do aposento que lhe fora preparado. Seu novo lar era o convento carmelita contíguo ao que viria a ser o palácio real.

A chegada dos portugueses ao Rio compactou as vastas distâncias que, no passado, haviam contribuído para temperar as relações imperiais. Vista de perto, a família real mal conseguia ficar à altura das imagens idealizadas — as alegorias religiosas, os retratos e gravuras lisonjeiros — pelas quais era conhecida nas colônias. É bem possível que tenha havido desapontamento, ou até desânimo, à primeira visão de D. João, um homem baixo e corpulento, de cabeça grande e braços e pernas troncudos. Mesmo em ocasiões cerimoniosas como aquela, ele exibia uma imagem improvável para um monarca absoluto.

As mulheres, muitas praticamente carecas depois de suas provações no Atlântico, desfilaram pelas ruas do Rio como curiosidades. Uma vez superada a visão fantástica de um bando de *dames d'honneur* calvas, seus trajes de inspiração parisiense foram observados, desde a cintura alta e os bordados intricados do estilo império até as longas luvas de seda. As que não tinham viajado a bordo do *Alfonso de Albuquerque*, infestado de piolhos, podiam exibir um outro estilo: penteados rebuscados e altos, com pequenos cachos soltos a lhes emoldurar o rosto. Quanto aos homens, as meias de seda, as perucas, as jaquetas justas e os sapatos de bico quadrado usados por eles pareciam meio deslocados nos trópicos.

Diante deles estavam seus primos coloniais, cujos trajes, em sua maioria, eram simples e práticos — e por bons motivos. No Rio, as temperaturas ultrapassavam facilmente os 35ºC e raramente caíam abaixo dos 20ºC. Enquanto os dignitários da cidade batalhavam com suas roupas de estilo europeu, quase todos os demais preferiam roupas mais soltas. As mulheres circulavam com vestidos sem manga e com capas e mantilhas que cobriam tudo, deixando os cabelos soltos, com pouca afetação. Em casa, usavam o mínimo permitido pela decência, uma vez que, com a ventilação precária das casas cariocas, as temperaturas subiam muito em seu interior. As cores, de modo geral, eram vibrantes — tons de verde-limão, azul vivo e *sangue de boeuf* —, destacadas por colares e brincos volumosos, feitos dos diamantes e pedras preciosas que ainda eram extraídos das minas do interior do país. A moda masculina também evoluíra num sentido mais prático: camisas abertas, coletes desabotoados, calças frouxas e sandálias sem meias eram a norma nos trajes informais do cotidiano. Os escravos não usavam praticamente nada, andando descalços e com o tronco nu, embora os que carregavam as liteiras dos ricos se adornassem com perucas e casacos bordados. No Rio havia também muitos escravos e escravas alforriados, que haviam começado a imitar os hábitos e os trajes europeus. Ao inspecionarem as multidões reunidas, os exilados ficaram surpresos com a visão de afro-brasileiras cobertas de jóias e africanos que usavam cartolas, bengalas e caixas de rapé.

Embora a maioria dos que desembarcaram da frota portuguesa pouco conhecesse seu novo lar colonial, um punhado deles não deve ter chegado em estado de ignorância. Havia um pequeno contingente de brasileiros que tinha residido em Lisboa na época da invasão e estava voltando para casa. Havia também burocratas que deviam ter lido muito sobre a capital de sua maior colônia, assinando, distraídos, formulários relacionados com os negócios no Rio, e desenvolvendo uma visão contábil da cidade como um interesse distante, mas permanente. Poucos, no entanto, estavam preparados para o que viram. Os emigrados estavam entrando numa sociedade intensamente ritualística — como Lisboa, porém com um toque africano. As pomposas procissões religiosas, corriqueiras no Portugal do início do século XIX, misturavam-se com outras tradições — o estrondo dos tambores africanos do batuque e a capoeira, sem dúvida exasperante para os espectadores europeus; e outros rituais mais subversivos, como a queima da efígie de Judas, que acabou sendo proibida por habitantes assustados da colônia. As ruas eram pitorescas, até carnavalescas, mas eram também brutais e ameaçadoras, carregadas das tensões subjacentes de uma sociedade escravagista.

Os exilados passaram suas primeiras semanas em estado de choque cultural e emocional. Em cartas enviadas a Lisboa, expressaram seu horror a sua nova vida no Rio. O clima, a insalubridade da cidade e a vulgaridade dos brasileiros residentes perpassavam cartas impregnadas de ansiosa amargura e intensa nostalgia, a saudade da Europa. Um nobre, o marquês de Borba, implorou que sua família escrevesse com freqüência, e que "não sejam cartas pequenas (...) pois senão morro de saudades".[5] Sentia-se assustado com as freqüentes tempestades tropicais, e escreveu a seus familiares em Lisboa: "(...) aqui há todos os dias trovoadas como nunca ouvi em minha vida; é de pasmar, e faz horror, e sempre caem raios nas montanhas de que a cidade é guarnecida". Mas foi a imoralidade percebida em sua nova moradia que lhe causou a mais forte impressão. Tratava-se, escreveu ele, de "um novo mundo, mas para pior", um mundo que esquecera "religião e temor de Deus (...) Nunca pensei acabar os meus dias em terra de tanta abominação e escândalo".

Também para a família real, os primeiros tempos seriam difíceis. Ela foi instalada no palácio do vice-rei, convertido às pressas e localizado na praça principal da cidade. Nos poucos meses disponíveis para os preparativos, o prédio, de dimensões um tanto reduzidas, fora ampliado mediante a anexação de um convento carmelita e uma prisão vizinhos, para isso se improvisando passarelas cobertas. O palácio tinha sido embelezado, recebendo uma nova pintura nas paredes externas e uma forração de seda nas internas, mas todo aquele conglomerado troncho estava longe de ser ideal. Tratava-se de um conjunto austero, piorado por sua localização, tão desagradável que um antigo vice-rei havia transferido sua sede para um morro próximo, para não ter de suportar o barulho e o mau cheiro da região central do Rio. Os criados foram acomodados em quartos que, meses antes, tinham sido celas de prisão, enquanto a rainha Maria foi instalada no convento que dava para a praça. O restante da família real, com seu círculo íntimo de assessores — trezentos, ao todo —, foi amontoado nos escritórios e salas de reunião reformados do prédio original.

Sem dúvida, aquilo estava muito longe dos ambientes costumeiros da corte — o espaço ilimitado do conjunto arquitetônico de Mafra, com seus quilômetros de corredores que levavam a salões de banquetes, bibliotecas e capelas, tudo instalado em centenas de acres de terra na zona rural, ou o palácio de Queluz, projetado por arquitetos franceses, com suas paredes cobertas de belas obras de arte e seus armários repletos de cristais. A simples claustrofobia do Paço Real, assim eufemisticamente renomeado, sublinhava a condição de exilados da família real e sua corte. Era a primeira vez, em anos, que a família inteira compartilhava uma mesma residência. Durante um curto período, D. João e dona Carlota dormiram em quartos situados no mesmo corredor, um em frente ao outro, mas esse arranjo não durou muito. Os dois não tardaram a morar em extremos opostos da cidade, com os familiares divididos entre eles.

Na rua, a corte foi obrigada a improvisar, reduzindo os efeitos suntuosos que haviam acompanhado suas saídas em Lisboa. Mesmo assim, alguns moradores locais ficaram impressionados. Para o padre brasileiro Luís Gonçalves dos Santos, as primeiras procissões religiosas foram eventos de compostura e esplendor, exibições "com uma pompa e magnificência nunca vistas nesta cidade".[6] Ele descreveu os deslumbrantes paramentos religiosos, as colunas de cruzes e as fileiras de cavaleiros com belas capas, nas quais estava gravada a insígnia real. Mas talvez ele estivesse pensando num certo público: seu livro foi escrito com uma dedicatória a D. João, e raras são as páginas que não contêm alguma referência laudatória ao príncipe regente e a sua chegada triunfal ao Novo Mundo.[7]

Entre os que estavam fora da esfera central de ação, como o negociante de tecidos John Luccock, a imagem que emerge é muito diferente. Luccock chegara ao Rio vindo de Yorkshire, então devastada pelos efeitos da guerra. Tão desoladoras eram as perspectivas comerciais das cidades fabris do norte da Inglaterra, que um número substancial de pessoas submetera petições ao governo para que fossem feitas negociações de paz com Napoleão. Em épocas anteriores, quando as hostilidades européias haviam perturbado o funcionamento econômico, muitos negociantes tinham viajado para cidades como Filadélfia ou Baltimore, no intuito de abrir novos mercados. Nessa ocasião, porém, até os Estados Unidos estavam inacessíveis.[8] As queixas norte-americanas contra a Grã-Bretanha e a França, por conta dos prejuízos causados à navegação mercante dos Estados Unidos, haviam escalado para uma guerra comercial, que culminou na aprovação da Lei do Embargo (1807), substituída em 1809 pela Lei do Não-intercâmbio. Rejeitados pelos Estados Unidos, inúmeros comerciantes britânicos acabaram deslocando-se para o Rio de Janeiro, mas Luccock foi um dos primeiros, havendo chegado poucos meses depois da corte e permanecido na cidade, com alguns intervalos, por quase uma década. Ele escreveu um relato longo e pormenorizado das experiências que ali viveu — a visão de um forasteiro sobre um período movimentado da história da cidade. Como cidadão comum e patriota britânico, ficou horrorizado com muitos aspectos do Rio e do Brasil, mas em nada hostilizou um país que, depois dos primeiros anos difíceis, ele passou a amar.

Luccock descreveu uma corte desanimada, que lutava para manter as aparências. A rainha Maria, embora talvez não tivesse consciência do declínio dos padrões, percorria a cidade em algo inferior ao que se esperaria da realeza: "O melhor veículo que a rica colônia do Brasil podia proporcionar a sua soberana era uma pequena sege", escreveu Luccock, "trazida no mesmo navio em que ela [a rainha] havia chegado. Era puxada por duas mulas muito comuns e guiada por um criado de libré velha e desbotada, quando não rota."[9] As saídas do príncipe regente não eram mais inspiradoras. Ele aparecia em público "praticamente no mesmo estado miserável de sua mãe", e sua carruagem, "extremamente surrada", era "do tipo lisboeta comum". Dona Carlota circulava a cavalo, enquanto seus filhos raramente eram vistos em público, "até a chegada de uma boa e sólida carruagem familiar, presenteada, segundo se dizia, pelo rei da Grã-Bretanha [Jorge III]".

O comerciante inglês foi igualmente severo com a cidade propriamente dita. Sob o véu decorativo estendido para a chegada dos membros da realeza havia um meio urbano bem inserido nos moldes coloniais. Tratava-se de um lugar maciçamente fortificado, porém mal equipado em outros aspectos, "uma praça-forte, embora sem muros",[10] de acordo com Luccock. Havia riqueza na cidade. Como centro administrativo do Brasil desde 1763 e na condição de porto bem localizado em relação às rotas marítimas do império, o Rio tivera uma boa recuperação, depois que a queda drástica da mineração de ouro no interior havia promovido um declínio temporário em sua prosperidade. Em termos econômicos, estava em ascensão, mas fazia muito tempo que os ricos tinham deixado o centro da cidade entregue aos que lhes prestavam serviços, havendo-se mudado para mansões no alto dos morros e fazendas nos distritos da periferia.

Em parte, os problemas do Rio eram topográficos, pois suas terras baixas e alagadiças mostravam-se difíceis de drenar, deixando poças de água estagnada que se acumulavam por toda parte. As montanhas escarpadas barravam a brisa, impedindo a ventilação e aprisionando o ar úmido no centro da cidade. As ruas não eram pavimentadas e o saneamento era inexistente. Quando chovia, as águas servidas eram lançadas nas ruas, na vã esperança de que a chuva as levasse para longe. De modo geral, o aspecto panorâmico moderno não era acessível aos cariocas do começo do século XIX, que moravam sobretudo nas terras baixas dos bairros centrais. Eles também não transitavam com nenhuma facilidade para as praias do Atlântico (as atuais Copacabana, Ipanema e Leblon), que ficavam escondidas atrás de montanhas de vegetação densa e protegidas por lagos.

Então menor do que Salvador, ainda assim o Rio era um porto colonial de dimensões consideráveis para os padrões da época. O capitão Cook, que passara por ele em 1768, achara-o parecido com Liverpool.

Vinte anos depois, em termos um pouco menos generosos, Watkin Tench, capitão-tenente da Primeira Frota a caminho da Austrália, comparara a cidade a Chester ou Exeter, embora acrescentasse que sua população era muito maior.[11] Esta se elevara para 60 mil habitantes quando da chegada da família real — uma população comparável à de Nova York no início do século XIX. O porto era movimentado e viria a se tornar um porto internacional importante depois das Guerras Napoleônicas, mas a cidade era isolada por terra. A poucas centenas de metros das últimas casas, as ruas se desintegravam, transformando-se em selva e pantanais. Numa curta caminhada, partindo das ruas apinhadas dos bairros do centro, Luccock não tardou a se descobrir numa região inculta: "Fora desses limites, havia um punhado de casas dispersas, mas, a poucas centenas de jardas, ficava-se completamente embrenhado na mata ou cercado por brejos. Da Glória a Bota-Foga [Botafogo] havia apenas uma trilha estreita para mulas (...) a mata escondia totalmente o mar de nossa visão e a rua terminava na praia, onde não havia expectativa de encontrar caminho algum."[12] O centro da cidade, que contava com menos de cinqüenta ruas, tinha um ar rústico. Cabras, porcos e galinhas perambulavam livremente; crianças nuas brincavam nas trilhas de terra batida que desembocavam na selva.

A chegada repentina de milhares de portugueses representou um aumento substancial da população do Rio (talvez de 60 mil para 70 mil, de um dia para outro), e exerceu um impacto imediato nos moradores da cidade. Havia uma escassez crônica de moradias, e foram necessárias medidas draconianas para instalar os portugueses. Antes mesmo da chegada da frota, o vice-rei invocou uma lei impopular que dava à Coroa o direito de confiscar casas particulares com pouquíssima formalidade. Funcionários do governo percorriam a cidade escolhendo arbitrariamente as residências adequadas e escrevendo a giz em suas portas de entrada as iniciais "PR" (Príncipe Regente) — o sinal indicando que os moradores deveriam desocupar prontamente suas propriedades. À medida que as requisições prosseguiram, essas iniciais tornaram-se popularmente conhecidas pelos cariocas exasperados como "Ponha-se na Rua".[13] A curto prazo, isso só fez agravar a crise. No clima incerto que então prevalecia, os projetos de construção de novas casas foram abandonados, e as que já estavam em construção foram deixadas pela metade. Os ricos tornaramse "prudentemente pobres"[14] e retiraram seus investimentos da cidade. Mas o despejo em massa prosseguiu, criando ressentimentos em relação aos exilados. Foi um ato seminal, uma espécie de recolonização, um confisco informal da propriedade em nome de um ideal metropolitano, enquanto novas levas de colonos substituíam as antigas.

Durante o primeiro inverno sul-americano dos exilados, as engrenagens do governo giraram velozes, com a Imprensa Real — a primeira a ser permitida no Brasil — cuspindo leis a torto e a direito, revogando restrições coloniais e expedindo decretos. O que despontou na outra extremidade foi algo inédito e, a seu modo, extraordinário: uma rematada burocracia européia, com toda a parafernália de uma monarquia imperial absoluta, instalou-se nos trópicos. De 1808 em diante, a corte passou a dirigir seu império ainda substancial de uma de suas colônias.

Uma sensação de urgência acompanhou as primeiras semanas, com os integrantes da corte fazendo esforços vigorosos para restabelecer a normalidade de um governo que, meses antes, quase chegara ao fim. Apenas três dias depois de desembarcar no Rio, D. João nomeou um novo Ministério. Após a derrocada de Lisboa, Antônio de Araújo foi preterido e sua nêmesis, o ministro pró-britânico D. Rodrigo de Sousa Coutinho, foi escolhida para chefiar o novo governo. Era um maquinador astuto, que não se furtava a usar as intrigas da corte em proveito próprio. Às vezes, sabia ser rude, e era famoso por suas explosões ocasionais de raiva, como demonstrara seu comportamento durante a viagem. Todos os seus familiares ocupavam posições políticas de poder — de importância vital, nos anos seguintes, foi seu irmão D. Domingos, que era o embaixador português na Grã-Bretanha. Sousa Coutinho descobriu-se em seu elemento nos primeiros anos passados no Rio. Era viciado em trabalho e despejou sua energia considerável na montanha de problemas administrativos acarretados pela transferência para o Brasil.

Enquanto a estrela de Sousa Coutinho subia, Araújo acabou ocupando uma casa modesta perto do Passeio Público, um jardim no centro da cidade que, na época, era um dos poucos toques metropolitanos do Rio. Rejeitado, recolheu-se a um quase retiro, instalando sua imensa biblioteca, seu prelo e suas coleções de minerais nos quartos de hóspedes de sua nova residência, e passava o tempo lendo e escrevendo traduções de Gray, Dryden e Horácio.

No palácio real, o trabalho prosseguiu em ritmo acelerado. Os caixotes repletos de arquivos, documentos estatais, correspondência ministerial e livros que tinham viajado com a frota foram arrumados em seus lugares, criando-se toda uma estrutura institucional. O protótipo era Lisboa, e não tardou a haver um completo aparelho de Estado em funcionamento.[15] Os primeiros meses assistiram à criação de uma série de entidades por ordem real de D. João: uma Suprema Corte, um Tribunal de Recursos, um Conselho Militar, um Ministério da Fazenda e uma Câmara de Comércio, Indústria e Navegação, quase todos réplicas de instituições portuguesas, trazendo apensa a seus nomes a expressão "do Brasil".[16] Em setembro de 1808, a recém-criada Imprensa Real já imprimia o jornal oficial *Gazeta do Rio de Janeiro*, fac-símile da *Gazeta de Lisboa*.

Os cargos consultivos foram quase exclusivamente entregues a nobres portugueses, muitos dos quais tinham pouco ou nenhum conhecimento do Brasil. Departamentos inteiros, de pertinência precária à realidade brasileira, foram fielmente recriados. No cômputo final, essas providências mais tiveram a ver com a geração de emprego para milhares de burocratas refugiados do que com o atendimento das necessidades do Brasil. A partir de 1808, as tramitações do governo — as reuniões, o preenchimento de formulários, a circulação de documentos — foram retomadas, no clima úmido e em meio à vegetação tropical do Rio de Janeiro, como se a corte ainda estivesse em Lisboa. Burocratas sombrios transpiravam em seu trabalho do dia-a-dia, aplicando ao Novo Mundo os rígidos sistemas que tinham funcionado por décadas na Europa; integrantes da corte concediam audiências em salas de despacho que davam para coqueirais, procurando manter a compostura durante temporais violentos.

Em meio à azáfama dos decretos reais, D. João mudou-se do centro da cidade. Quando de sua chegada, um rico fazendeiro lhe havia doado sua mansão neoclássica em São Cristóvão, na Quinta da Boa Vista, 5 quilômetros a oeste do centro. Foi ali, instalado numa paisagem campestre protegida por cadeias de montanhas, que D. João, acompanhado por seus filhos Pedro e Miguel, e por sua filha mais velha, Maria Teresa, veio a passar a maior parte do tempo. Dona Carlota permaneceu no centro da cidade, com as outras filhas, antes de se mudar para uma série de solares nos morros vizinhos.

A retirada de D. João para São Cristóvão foi compatível com seu estilo lisboeta cada vez mais recluso, que o vira mudar-se do palácio citadino da Ajuda para Queluz e, em seguida, para o convento de Mafra, ainda mais distante. Ele preferia a tranqüilidade do campo e, em São Cristóvão, acostumou-se aos poucos com um meio muito diferente das paisagens temperadas de Portugal. Grandes palmeiras, coqueiros e jacarandás enchiam o terreno da mansão, enquanto, mais adiante, a floresta subtropical — uma densa folhagem pontilhada de orquídeas, bromélias e samambaias — erguia-se pelas encostas montanhosas. Ali, sagüis do tamanho de esquilos e micos-leões-dourados farfalhavam por entre as copas das árvores, enquanto papagaios de peito vermelho e tucanos esvoaçavam no alto. Na direção oposta, uma trilha bucólica descia até a baía, passando pelas ruínas de uma igreja abandonada. O único aspecto da nova residência que criava problemas para D. João era o calor sufocante, além dos ensurdecedores temporais do Rio, acompanhados de raios e trovões; dizem que, nos primeiros tempos, ele ficava tão apavorado, que desaparecia nos recônditos do palácio, até a tempestade passar. Mas a chuva trazia alívio — brisas frescas que sopravam das montanhas, levando o cheiro de mato para o coração da cidade.

A princípio, a mansão era isolada do centro, mas construiu-se uma estrada de ligação que passava pelos charcos salobros que dominavam os arredores do Rio. Para quem não estivesse acostumado com os pântanos, o cheiro era insuportável. Nas tardes úmidas, comboios de carruagens deixavam o centro e se deslocavam vagarosamente pelos brejos tropicais. Dentro das carruagens, homens e mulheres da nobreza de Portugal sentavam-se com seus lenços brancos grudados ao rosto, a caminho do encontro com seu monarca.

Os cariocas que se haviam acotovelado na expectativa de ter um primeiro vislumbre de seus governantes não tardaram a se familiarizar com a presença da família real em seu meio.[17] Avistar D. João saindo com um cortejo de autoridades, ou dona Carlota galopando pela zona rural, logo se tornou lugar-comum. As excentricidades de dona Carlota viraram tema de mexericos na cidade: seu hábito pouco feminino de montar como um cavaleiro, com um rifle pendurado no ombro, suas expedições de caça pelas montanhas e seu óbvio afastamento do marido chocaram a sociedade colonial conservadora.

Todos os dias, a rainha Maria era colocada em sua carruagem na praça principal da cidade, antes de cruzar o centro para seu passeio. Vestia-se invariavelmente de seda preta, num infindável luto pelo marido há muito falecido. Seguido por dois cavaleiros, um para carregar água, outro para levar uma escadinha coberta de veludo vermelho, para quando a rainha quisesse descer do coche, o comboio partia pela cidade. Às vezes, a procissão subia tortuosamente os morros, abrindo caminho por trilhas parcialmente abertas na mata, e, num dos numerosos mirantes que davam para o porto, dona Maria contava repetidamente as montanhas ao longe. Noutras ocasiões, eles acabavam junto à baía, na praia de Botafogo, um arco de areia fina à sombra do Pão de Açúcar, e a rainha mergulhava em profunda contemplação, vendo as ondas quebrarem na praia. Nesse estado, era difícil despertá-la, mas, vez por outra, havia surtos paranóicos. Ela dizia que o diabo estava à espreita em algum ponto da trilha, ou escondido atrás do Pão de Açúcar, espiando-a lá do alto. Os escravos que a acompanhavam acostumaram-se com esses episódios, condescendendo com suas fantasias e procurando tranqüilizá-la. Quando no palácio, ela também era instável — ora comatosa, ora inconveniente ao extremo, gritando com os criados ou dizendo a visitantes ilustres que fossem embora e a deixassem em paz.

O que fora um sonolento remanso colonial ficou então sujeito a um protocolo complexo. À frente da carruagem de D. João iam os acompanhantes reais, que abriam caminho com brusquidão, obrigando os que estavam à beira da estrada a tirarem o chapéu. Dona Maria circulava com uma escolta cujo trabalho era obrigar todos os transeuntes a cumprirem a etiqueta real. Os cavaleiros tinham de apear, e quem estivesse de carruagem era forçado a parar, descer e se ajoelhar à beira do caminho, com a cabeça curvada, até a rainha passar. Quanto a dona Carlota, seus batedores chegavam a chicotear os transeuntes que não exibiam o respeito apropriado. Em certos horários do dia, a cidade era paralisada pela movimentação da família real, enquanto a comoção dos que manifestavam sua deferência ondeava pelas ruas e atravessava as praças.

O beija-mão — ritual que era um dos grandes favoritos de D. João — constituía um evento habitual. A cerimônia tinha a intenção de abrir um canal de comunicação entre o rei e seus vassalos e, pelo menos em tese, era aberta a todos. Os que eram admitidos na sala do trono faziam fila para tocar a pessoa do rei e, em meio a uma série de genuflexões e reverências cuidadosamente coreografadas, beijavam a mão estendida do príncipe regente, enquanto rogavam uma graça real. O beija-mão era a única ocasião completamente pública em que a singularidade do que estava acontecendo no Rio se tornava visível para todos. Nenhum monarca europeu jamais teve um contato mais íntimo com seus súditos coloniais: negros e mulatos afro-brasileiros, camponeses mestiços de índios e escravos recém-alforriados, todos entravam na fila. "É bastante curioso notar", escreveu um viajante, "entre os senhores com laços e estrelas, homens de todas as cores, em jaquetas de algodão colorido ou nos trajes usados nas províncias."[18] "[Cada um] expõe (...) seu pedido, e é sempre ouvido graciosamente."

Fora dessas situações previamente planejadas, D. João recebia pedidos diretos ao circular pelas ruas, tendo sua carruagem abordada por vassalos que se ajoelhavam diante dela, para rogar um perdão ou solicitar ajuda para uma aflição financeira. O príncipe regente era excelente fisionomista e, em pouco tempo, passou a cumprimentar muitos súditos coloniais pelo nome. Ele também criou um sistema de concessão de honrarias do qual nasceu uma nobreza brasileira. Fazendeiros, senhores de escravos e comerciantes ricos receberam os títulos de marquês, conde, barão e cavaleiro, o que consolidou ainda mais a popularidade de D. João.

O Rio era um porto vibrante, mas de rudes toques coloniais. As liteiras da realeza dividiam as ruelas com os vendedores ambulantes que percorriam o centro, alardeando seus produtos com gritos roucos e ritmados. Cortesãos acotovelavam-se com cirurgiões de baixa categoria, que submetiam pacientes a sangrias à beira do caminho. Havia uma certa crueza na praça central. Mendigos, ciganos, monges e soldados misturavam-se promiscuamente, acampados do lado de fora do paço real. Em volta das fontes, onde os carregadores de água faziam fila e as escravas lavavam a roupa de seus senhores, freqüentemente surgiam brigas, com gritos em diferentes dialetos africanos, violentamente reprimidas pelos soldados que montavam guarda. A Lisboa do início do século XIX certamente não devia ser nenhum idílio, mas lá a corte ficava enclausurada em segurança dentro de seus palácios, protegida dos aspectos mais sórdidos do porto.

Coube a um dos poucos brasileiros natos nomeados para o novo governo, Paulo Fernandes Viana, atacar o problema de reconstruir o Rio e convertê-lo numa cidade adequada à realeza. Ele foi encarregado da "Intendência Policial" (uma espécie de cargo de prefeito, nos moldes de uma instituição similar de Lisboa) e recebeu amplos poderes não apenas no tocante às providências de segurança da cidade, mas também àquelas necessárias a sua expansão e reforma, por meio de um amplo programa de obras públicas. Viana era um homem inteligente, vigoroso e dedicado à tarefa. Reunindo-se com freqüência com D. João, dispôs-se a transformar a praça-forte numa vistosa capital imperial.

As varandas mouriscas de treliça, que compunham a fachada de muitas casas do centro, foram proibidas e substituídas por janelas ou grades de ferro. Sua retirada desobstruiu algumas ruas mais estreitas, permitindo a passagem da luz e deixando que o ar circulasse mais livremente. As praças da cidade foram esvaziadas e, de acampamentos improvisados para as tropas de mulas que vinham do interior, foram convertidas em praças de armas em estilo ibérico. Pavimentaram-se ruas, drenaram-se charcos e se projetaram diversas obras de infra-estrutura. A construção de casas, incentivada por generosas isenções de impostos, aos poucos teve início ao norte das áreas centrais superpopulosas e, com o tempo, a Cidade Nova ergueu-se das terras alagadiças aterradas.

Aprovou-se a criação de um jardim botânico[19] e D. João inaugurou o Horto Real, numa área próxima a uma grande lagoa, aos pés da montanha do Corcovado, a vários quilômetros do centro da cidade. Em frente à lagoa estendia-se uma faixa de areia junto ao mar. Na época, essa faixa estreita era uma região inculta, mas, no século seguinte, viria a se tornar conhecida por um nome nativo evocador — Ipanema —, ao fazer a transição de posto rural avançado para corredor praiano mundialmente famoso da elite carioca. O jardim acabou por se transformar num laboratório do império, no qual se faziam experiências de aclimatação de sementes e enxertos transportados de Angola, Moçambique, Goa e Macau.

A característica definidora do jardim não veio de uma das muitas colônias tropicais portuguesas, mas, como talvez fosse mais adequado, em decorrência das hostilidades na Europa. Depois de naufragar em Goa, um grupo de funcionários portugueses acabou prisioneiro na Île de France (atual República de Maurício). Um deles escapou, embolsando mudas de plantas dos famosos jardins de Pamplemousse. Levou consigo um sortimento de sementes: abacate, noz-moscada, canela, fruta-pão, sagu e lechia, e, o que foi mais importante para a futura aparência e o espírito do Rio, a palmeira-imperial, uma árvore alta, de estipe ereto, encimada por uma elegante coroa de folhas. Na inauguração oficial do jardim, a primeira dessas árvores — a *palma mater* — foi plantada pelo próprio D. João. Um ano depois, o jardim se beneficiou de mais um lance das Guerras Napoleônicas: uma frota conjunta anglo-lusitana foi enviada para o norte e se apossou da Guiana Francesa, e chegou ao Brasil uma nova coleção de plantas asiáticas, cultivadas no Jardin Gabrielle, em Caiena. A remessa incluía mudas de uma variedade de cana-de-açúcar de crescimento mais rápido, que acabou por se espalhar pelos vastos canaviais brasileiros.

De quando em quando, D. João partia em viagens de inspeção, às vezes fazendo o trajeto até seu amado jardim, com o qual viria a desenvolver uma forte ligação. Ao chegar, almoçava bem no meio dos canteiros, num pequeno pavilhão projetado para o príncipe regente e seus criados, antes de caminhar por entre as fileiras de vegetação, observando a origem e o progresso relativo das diferentes variedades de plantas. De volta à cidade, inspecionava as novas construções, as fontes e as obras de reforma no interior das igrejas, antes de retornar ao palácio à tardinha.

Nessas saídas, o príncipe regente era venerado, e seus vassalos do Novo Mundo gritavam vivas à sua aproximação, cumulando-o de louvores e afeto. O mesmo não se poderia dizer do resto da corte, que passou a ser visto com desconfiança por seus primos coloniais. Muitas fontes atestam a generosidade dos brasileiros quando da chegada da corte ao Rio, mas as relações não demoraram muito a azedar. Os "que se haviam separado de suas casas, amigos e criados", escreveu Luccock, "(...) indignaram-se à visão de inferiores favorecidos e promovidos acima deles, [e] se retiraram da cidade para suas fazendas (...) Outros seguiram seu exemplo, porque as despesas de custeio foram enormemente aumentadas pelo influxo de novos habitantes e, a seu ver, os costumes da época mudaram para pior".

A corrupção sempre fora uma característica da vida ao redor do império, mas assumiu uma forma concentrada no Rio. O afluxo repentino de milhares de burocratas exilados criou um terreno fértil para os abusos, de modo que foram devidamente construídas fortunas misteriosas pelos freqüentadores dos círculos íntimos da corte. Enquanto a vida era uma luta para muitos dos cortesãos mais periféricos, os ministros do governo logo passaram a ter um padrão de vida muito acima dos recursos que poderiam ter ganho legitimamente. Joaquim José de Azevedo, o funcionário da corte que havia supervisionado o embarque da família real, enriqueceu tanto no Brasil que acabou por se tornar o banqueiro da corte, e, segundo um emigrado, fez "um empréstimo gratuito ao Erário, que deu carga a cinco carros cheios de prata e a 11 negros carregados de ouro".[20] Por trás das bengalas, mantos e perucas, e por trás das cerimônias formais e dos éditos proferidos em linguagem refinada, o roubo em nome da Coroa disseminou-se à larga.

A corte de Lisboa enfrentou muitas dificuldades nos primeiros meses no Brasil, mas houve um consolo. As notícias chegadas da Europa pintavam um quadro implacavelmente sombrio. A violência irrompia por toda a península Ibérica, com a guerra se precipitando a preencher um vazio que o próprio Napoleão havia criado. A pretexto de enviar reforços a Junot, Napoleão deslocara grande número de soldados pelos Pireneus. Eles não tardaram a ser vistos entrando em territórios situados muito longe de qualquer trajeto concebível para Portugal, e começaram a tomar posição em cidades estratégicas próximas da Espanha. Uma grande coluna rumou para Madri. Com irônica simetria, a família real espanhola, chefiada por Carlos IV, começou a ponderar sobre a alternativa de fugir para o México, se fosse forçada pelos franceses a deixar o país. No fim, a corte espanhola acabou capturada por seu próprio povo. Centenas de pessoas sitiaram o palácio real nas imediações de Madri, em protesto contra o regime que traíra a Espanha em benefício dos franceses.

Pressionado, Carlos IV demitiu seu ministro das Relações Exteriores, Manuel de Godoy, que era largamente percebido (com razão) como colaborador francês, e em seguida abdicou em favor de seu filho Fernando (irmão de dona Carlota). Fernando VII, cognominado *el deseado* [o desejado], era a escolha do povo, mas, ao voltar a Madri, constatou que não fora reconhecido pelos franceses. Convocado a Bayonne junto com o pai, para negociar sua posição com Napoleão, ele caiu em cheio numa cilada: uma vez em solo francês, pai e filho foram obrigados a abdicar em favor do irmão mais velho de Napoleão, José. Despojado de sua coroa, Fernando foi detido no castelo do ministro das Relações Exteriores, Charles Maurice de Talleyrand, situado em Valençay, onde permaneceu durante o resto da guerra.

Tratou-se de uma série de manobras tipicamente arrogantes, das quais Napoleão viveria para se arrepender. Em 2 de maio de 1808, houve uma explosão de violência em Madri. Num alvoroçado brandir de punhais captado pelo dramático *Dos de Mayo*, de Goya, os franceses enfrentaram a primeira das muitas rebeliões de sua conturbada ocupação da Espanha. Sua reação foi imediata e brutal. Centenas de espanhóis foram detidos e executados, em cenas que Goya também captou na tela, em *El Tres de Mayo*. Tendo por pano de fundo um céu enegrecido, um homem se ajoelha, com a camisa branca e solta reluzindo, iluminada por uma lanterna em forma de cubo — a única fonte de luz num quadro de tons sombrios. Tem os braços levantados numa postura de rendição, com uma expressão meio de súplica, meio de desafio, enquanto uma fileira de soldados franceses encapuzados se prepara para dar fim a sua vida. Na sombra, outros prisioneiros espanhóis aguardam seu destino, cobrindo o rosto, horrorizados. Abaixo deles há um cadáver, com o sangue já congelado em coágulos irregulares de tinta vermelha. Estava começada a guerra. A notícia do massacre de Madri reverberou por todas as províncias espanholas. Eclodiram revoltas em Andaluzia, ao sul, em Astúrias, ao norte, e na vizinha Galícia. E, num ato que deu o tom da brutalidade do conflito que viria, a comunidade francesa de comerciantes de Valencia — mais de trezentos homens, mulheres e crianças — foi massacrada por uma turba liderada pelo frade Baltasar Calvo.

A tomada napoleônica do trono espanhol havia aberto uma frente dispendiosa, mas a guerra vindoura teria impactos muito além da península. A prisão de Fernando VII criou uma crise constitucional em toda a América espanhola. Na Espanha, começaram a surgir assembléias regionais, denominadas juntas, para preencher o vazio deixado pelo monarca ausente. Elas se uniram num governo patriótico provisório, a Junta Suprema, primeiro sediada em Aranjuez, perto de Madri, mas depois rechaçada para Sevilha, que coordenava a resistência aos franceses. Os vice-reis americanos, cuja legitimidade derivava da Coroa espanhola, viram-se então diante de um agudo dilema: estariam comprometidos com o novo governo de Sevilha, ou deveriam, seguindo o exemplo da metrópole, criar suas próprias juntas e jurar fidelidade diretamente a Fernando VII na prisão? Havia até facções bonapartistas periféricas que desejavam alinhar-se com o irmão de Napoleão, José, então no trono espanhol.

À medida que evoluiu a situação na Espanha, as perguntas se multiplicaram: acordos coloniais que tinham vigorado durante séculos tornaram-se confusos, e as elites crioulas (isto é, nascidas na América espanhola), inseguras de sua posição, começaram a tomar por si as decisões. Os resultados foram complexos e variados. Houve correntes revolucionárias na poderosa maré monarquista, e torvelinhos de agitação popular manifestaram-se e tornaram a desaparecer, esvaecendo por trás de uma enganosa aparência de calma. O ano de 1808 assistiu à preparação de um golpe de Estado contra o hesitante vice-rei mexicano, Iturrigaray, por parte de comerciantes espanhóis legalistas; no ano seguinte, houve tumultos em favor da criação de juntas crioulas semi-autônomas em La Paz e Quito, sufocados pelas forças legalistas. Mas, à medida que a crise se aprofundava na metrópole, os laços coloniais foram-se esgarçando.

Na Europa, os relatos do levante espanhol eletrizaram a Grã-Bretanha. O inverno de 1807-1808 — um período de isolamento completo e, a longo prazo, debilitante — havia acabado. A esperança voltou a Westminster. Delegados de Astúrias chegaram a Londres em junho de 1808, para solicitar dinheiro e armas ao governo britânico. Seguiram-se autoridades de toda a Espanha, que pleiteavam ajuda, mas, desconfiadas das motivações britânicas mais amplas, recusavam a intervenção militar direta. Em julho, *sir* Arthur Wellesley, futuro duque de Wellington, foi enviado da cidade portuária irlandesa de Cork com uma flotilha carregada de soldados e equipamentos. Ele voltou seus olhos para Lisboa, onde a ocupação de Junot, antes sólida, ia-se transformando num posto avançado francês numa península hostil.

SEIS

Os Anos de Guerra

Em julho de 1808, "após uma tediosa viagem de 77 dias", lorde Strangford chegou ao Rio, onde encontrou uma corte que começava a se firmar nos trópicos. A viagem fora um pesadelo. Meses antes, ele tinha escrito a primeira de uma série de cartas ao irmão de Sousa Coutinho, D. Domingos, na tentativa de acelerar sua transferência: "Ainda estamos aqui [em Brixham, Devonshire], meu caro Amigo, & é provável que assim continuemos por muitos dias. Todas as nossas esperanças estão depositadas em vossa mercê. Pelo amor de Deus, tente salvar-nos! *Même à force d'importuner.** Só chegaremos ao Rio de Janeiro no final de agosto (...) P.S. Estamos todos impacientes por sua resposta. Fale com *Mr.* Canning, eu lhe imploro. Não mostre esta carta."[1]

Strangford deveria viajar num grande comboio destinado ao cabo da Boa Esperança, do qual se desligaria no meio do Atlântico, rumando para o Rio de Janeiro. O arranjo estava longe de deixá-lo satisfeito, como ele protestou noutra carta, enviada a D. Domingos: "Persuada *Mr.* Canning a fazer mais uma tentativa, e represente-lhe a indecência de me mandar com 67 barcos da Marinha Mercante e com transportes cheios de tropas para o cabo da Boa Esperança, que são tão maus marinheiros que a última Companhia das Índias não lhes consentiu que tripulassem a sua frota, e estão por conseqüência ao serviço da escolta do presidente."[2]

* "Mesmo correndo o risco de importunar." (N. da E.)

A longa jornada dera-lhe ao menos tempo para estudar as instruções de Canning, ministro das Relações Exteriores, quanto à maneira de lidar com a corte no Rio. "V.Sª deverá empenhar-se, em todas as oportunidades, em voltar a atenção do governo brasileiro para o cuidado e o cultivo dos amplos e proveitosos recursos que seus domínios na América proporcionam", escrevera Canning a Strangford, num anexo sigiloso, "e não incentivá-lo a voltar os olhos com inútil pesar para seu território europeu, nem alimentar a expectativa, pouco propensa a se materializar, de recuperá-lo das garras do inimigo."[3] Strangford deveria frisar as vantagens que o príncipe regente obteria de sua permanência no Brasil, particularmente na área do comércio com a Grã-Bretanha, que "deve, de forma sensata e judiciosa, ser estabelecido em bases tais que induzam os comerciantes britânicos a fazerem do Brasil um empório para os produtos britânicos destinados ao consumo de toda a América do Sul".

Na chegada, Strangford fez imediatamente uma visita a D. João, e constatou não ter nada a temer no tocante a um retorno à Europa: "(...) Ele está quase decidido a permanecer na América do Sul", informou a Canning, "e mostrou não duvidar que o tempo e a razão o reconciliem com sua situação atual."[4] Strangford tinha boas notícias para D. Domingos, em Londres: "Espero escrever-lhe, dentro em breve, em sua condição de conde (...) O príncipe [D. João] prometeu-me que lhe concederá um título brilhante."[5] Depois de assinar, ele rabiscou um pós-escrito: "As mulheres são pavorosas neste país."

Nos anos seguintes, Strangford desempenharia um papel controvertido no Rio, como encarregado de impor a vontade britânica na América do Sul. A cidade logo se familiarizou com sua figura erecta, a se pavonear pelas ruas em ternos elegantes, gravatas e sapatos de couro polidos. A Grã-Bretanha havia-se tornado a protetora militar da corte, e Strangford não hesitava em usar sua influência junto ao príncipe regente. Estabeleceu-se rapidamente como a presença mais poderosa da corte, capaz de fazer D. João curvar-se a qualquer objetivo que quisesse buscar.

Seus primeiros meses, porém, foram desconcertantes, enquanto ele batalhava com um conjunto de problemas para os quais as instruções de Canning não o haviam preparado. Tendo por pano de fundo as conquistas de Napoleão, a situação da corte nos trópicos era peculiar, mas potencialmente vantajosa: como único governo distante do teatro de guerra, ela dispunha de uma vantagem estratégica. Antes da chegada de Strangford, Sousa Coutinho andara avaliando as oportunidades, circulando a idéia de ataques auxiliados pelos britânicos às Filipinas e à costa sul-americana do Pacífico. Em conversa com Francis Hill, o *chargé d'affaires* britânico, havia sugerido que as colônias da América hispânica poderiam ser pressionadas "a se declararem a favor do príncipe regente, que assim se tornaria o único soberano deste imenso continente".[6] Era uma idéia extravagante, mas havia por trás dela algumas realidades políticas: a Espanha estava em processo de desintegração, com capacidade praticamente nula de proteger suas colônias americanas; os portugueses, respaldados pelos britânicos, estavam agora sediados bem no coração da América do Sul.

Mas seria no sul que Sousa Coutinho concentraria suas energias. A conquista de um território disputado, conhecido na época como Banda Oriental[7] (posteriormente, o Uruguai) — um pedaço de terra que começava em frente a Buenos Aires, do outro lado do rio, e se estendia por 400 quilômetros até a fronteira brasileira —, viria a dominar a política imperial da corte no Rio. As discordâncias quanto à Banda Oriental remontavam aos primórdios da expansão colonial portuguesa e espanhola nas Américas. Provinham do texto original do Tratado de Tordesilhas (1494), que havia demarcado a fronteira que dividia o mundo, de um pólo ao outro, nos hemisférios espanhol e português. A impossibilidade de medir a longitude com exatidão havia gerado reivindicações e contra-reivindicações, numa disputa que envolvia vastas colunas de terras imaginárias que atravessariam o centro do continente recém-descoberto.

A importância da Banda Oriental aumentou nos séculos XVI e XVII, à medida que carregamentos de prata começaram a ser transportados das minas do Alto Peru (Bolívia) para o Atlântico pelo rio da Prata. Para os espanhóis, aquela era uma zona-tampão que protegia suas lucrativas atividades portuárias em Buenos Aires. Os portugueses contrapunham que o rio da Prata marcava uma fronteira natural, um limite inequívoco das pastagens do sul do Brasil, mas o acesso proporcionado pela margem norte do rio ao contrabando florescente dos mercados hispanoamericanos é que sempre foi o mais importante. Essa região havia trocado de mãos várias vezes no correr dos séculos, mas, desde a década de 1770, estava em poder dos espanhóis. Com a corte portuguesa localizada no Rio e com a Espanha enredada nos primeiros estágios das Guerras Peninsulares, parecia preparado o terreno para uma renovação da ofensiva portuguesa.

Mal decorridos cinco dias desde a chegada da corte ao Rio, Sousa Coutinho havia despachado uma carta intimidante ao vice-rei de Buenos Aires, alegando que a ameaça de ataques franceses exigia a proteção militar portuguesa da Banda Oriental. Ciente das intenções predatórias reconhecíveis nas entrelinhas, Buenos Aires rejeitou toda e qualquer assistência militar do Brasil, seguindo-se um impasse incômodo. A princípio, Strangford não soube ao certo como interpretar as ambições de Sousa Coutinho, mas, depois de submeter a questão a Londres, recebeu ordens de manter a paz entre Espanha e Portugal — uma tarefa difícil, numa corte preparada para a expansão.

Os esforços de Strangford foram complicados pela presença de outro peso pesado britânico. Dois meses antes de seu desembarque no Brasil, *sir* Sidney Smith, recém-saído do comando do bloqueio em Lisboa, havia aportado na baía de Guanabara para assumir seu cargo de almirante da frota britânica no país. Smith era espalhafatoso — no Oriente Médio, adotara o costume de usar mantos turcos esvoaçantes — e até meio excêntrico ("meio maluco", de acordo com Napoleão). Num período anterior de sua carreira, fora capturado e aprisionado em Paris, mas havia arquitetado uma fuga atrevida, história esta que se tornara um tema favorito nas *soirées* da alta sociedade. Não se sabe ao certo quais eram exatamente as ordens de Smith, mas, desde o começo, ele trabalhou em campos opostos aos de Strangford, homem a quem já abominava por suas descrições exageradas do papel que havia desempenhado na evacuação de Lisboa.

A notícia da tomada da Coroa espanhola por Napoleão, e da revolta popular que isso havia desencadeado, tornou ainda mais turvas as águas diplomáticas. Da noite para o dia, a Espanha tinha-se tornado uma aliada incômoda para Portugal. E mais: a prisão de Carlos IV e Fernando VII dera a dona Carlota o direito teórico de reivindicar o trono espanhol. Ela era a filha mais velha de Carlos IV e, nas circunstâncias vigentes, era a mais próxima herdeira Bourbon espanhola ainda em liberdade. No mínimo, detinha nesse momento um enorme poder simbólico, no que era uma situação fluida e de mudanças aceleradas na Europa e na América do Sul.

Os primeiros pensamentos de dona Carlota voltaram-se para sua família aprisionada: "Minha Mamãe de meu coração", escreveu ela à França, "vou por este modo aos Pés de V.M. a dizer-lhe a consternação em que considero a VVMM tudo causado por aqueles dois infames homens, Bonaparte e Godoy. O que meu coração sente, nem minha boca, nem minha pena, podem explicar..." Com ânimo mais desafiador, ela assim consolou seu irmão Fernando: "Sou tua irmã, sou Infanta de Espanha, Princesa do Brasil, e tenho espírito suficiente para sustentar todo o caráter que corresponde a tão alta dignidade, porém não sou capaz de conter as lágrimas, que o mais terno amor fraterno arranca de meu espírito, à memória de tua infeliz situação."[8] Enquanto isso, dona Carlota pesava as novas possibilidades que se descortinavam para ela, ao iniciar sua campanha para defender a monarquia espanhola dos Bourbon em seu momento de crise.

A recém-descoberta importância de dona Carlota criou um problema para a corte portuguesa. Sousa Coutinho via a infanta com indisfarçável desprezo, por seu histórico de conspiradora e de pessoa que interferia nos assuntos da corte, mas não estava disposto a deixar que uma oportunidade política lhe escapasse por entre os dedos. D. João também estava nervoso com as ambições da mulher, embora cônscio da dádiva que ela poderia revelar-se para a corte no Rio. Do modo como se dispunham as cartas naquele momento, a corte portuguesa tinha a tentadora possibilidade de propor uma União das Coroas Ibéricas, dirigida no Rio por uma casa real dos Bourbon e dos Bragança. Outros jogadores tinham visões diferentes do que poderiam acarretar as pretensões de dona Carlota ao trono. Para *sir* Sidney Smith, uma regência de dona Carlota poderia legitimar medidas contra Buenos Aires. Ele já começara a planejar um ataque preventivo à cidade, a fim de barrar quaisquer ambições francesas na região e de conquistar para os britânicos mais uma abertura para os mercados sul-americanos. Se dona Carlota fosse aceita como monarca espanhola, ele poderia navegar sem oposição pelas águas do rio da Prata e estabelecê-la como rainha da América do Sul.

Em meio a esses projetos grandiosos, Sousa Coutinho propôs uma solução de compromisso. Redigiu um manifesto em que propunha dona Carlota e seu primo, D. Pedro Carlos, que fora criado na corte portuguesa em Lisboa e fugira para o Rio com a família real, como regentes temporários, enquanto Fernando VII fosse mantido preso na França. A inclusão de D. Pedro Carlos pretendia diluir qualquer poder que pudesse caber a dona Carlota — o direito dele ao trono espanhol era tênue, em comparação ao dela, mas D. Pedro Carlos era um sólido aliado de D. João.

A questão da proposta regência espanhola de dona Carlota dividiu o palácio mais uma vez, e as intrigas que haviam caracterizado a corte em Lisboa, antes da fuga, retornaram a pleno vapor. Era uma história conhecida: "Seu irmão e eu somos os melhores amigos possíveis", escreveu Strangford a D. Domingos em Londres. "Estamos (como V.Sª bem pode compreender) alinhados com o príncipe [D. João], que tem sido furiosamente atormentado e importunado pela princesa [dona Carlota] e seu almirante [Smith]."[9] O que se passava entre dona Carlota e *sir* Sidney Smith, de acordo com o relatório enviado por Strangford a D. Domingos, era uma perfeita aventura amorosa: "V.Sª não tem idéia das coisas que fazem esses dois (...). As conferências secretas até duas horas da manhã, cinco dias por semana, as ceias íntimas, as visitas noturnas, os anéis dados e recebidos, os cachos de cabelo trocados." "Na verdade, não lhe é possível fazer a menor idéia de tudo o que temos sofrido aqui", queixou-se Strangford noutra carta. "Para imaginar a que ponto chegam a audácia e a insolência de Sidney Smith, V.Sª terá de se lembrar dos embaixadores Lannes [que haviam precedido Junot em Lisboa] e Junot."

Inesperadamente, dona Carlota havia-se descoberto em seu elemento. Dispunha agora de uma meta grandiosa, uma corte transbordando de intrigas e um poderoso aliado com quem trabalhar. Sua campanha pela regência espanhola foi incansável. Começou com o apoio da corte, mas logo evoluiu para um projeto pessoal — a busca obsessiva de uma saída de seu exílio no Brasil. Ela foi auxiliada por seu secretário particular e confidente, José Presas, um renegado de Buenos Aires e ex-intérprete de Smith. Presas parece ter passado o grosso do tempo em que esteve a serviço de dona Carlota escrevendo cartas. No fim de 1808, remeteu uma enxurrada de cartas ao vice-rei do Peru, a personalidades políticas e religiosas de Buenos Aires, ao governador de Havana e a agentes no México, no Chile e na Guatemala, insistindo nas reivindicações da princesa ao trono.

As cartas de dona Carlota chegaram a vice-reis de todo o continente num momento crucial. As autoridades de toda a América espanhola vinham lutando para reagir aos acontecimentos na Espanha, pesando as oportunidades e os perigos trazidos pela perda súbita do soberano. Embora houvesse uma possibilidade de maior autonomia da metrópole, muitos temiam por sua segurança sem a proteção da Coroa espanhola e de seus exércitos. Nessa situação, a reivindicação dinástica de dona Carlota nada tinha de absurda, embora ela tenha recebido pouco apoio claro em suas primeiras tentativas. Suas cartas ao Peru, ao Chile e ao México ficaram sem resposta, mas houve sinais promissores de agentes em Buenos Aires, centro político do vice-reinado do rio da Prata, na época um vasto conglomerado do que hoje são a Argentina, a Bolívia, o Paraguai e o Uruguai. Algumas facções dissidentes de Buenos Aires começavam a examinar as possibilidades de autonomia da Espanha, e a união sob a regência de dona Carlota foi um dos caminhos discutidos por alguns agitadores.

Enquanto dona Carlota prosseguia em sua campanha, o conflito na península Ibérica começou a mudar. O que tivera início como a arrogante manipulação napoleônica das Coroas espanhola e portuguesa passou a degenerar numa guerra completa.

Na baía de Mondego, no litoral português no Atlântico, navios transportadores de baixo calado faziam água enquanto se aproximavam da costa. Dentro deles, milhares de soldados britânicos se amontoavam, preparando-se para o que seria um desembarque difícil. Um banco de areia se formara no porto. Violentas correntes e contracorrentes confundiam as rotas de aproximação e, para além das vagas, as ondas quebravam de forma desigual por toda a praia. Soldados, cavalos e equipamentos fizeram fila para atravessar a rebentação. A artilharia pesada deslizou em balsas sobre as ondas e foi cair com um baque nas areias da costa. Vários desses frágeis transportes afundaram; um punhado de soldados perdeu a vida — homens que não sabiam nadar e morreram a uma distância de tiro da terra. A maioria, no entanto, fez a curta travessia sem incidentes e começou a montar acampamento na praia. Depois de uma semana árdua, mais de 13 mil soldados e seu equipamento haviam desembarcado.

Logo se puseram em marcha, descendo pela costa em direção a Lisboa. Essa deveria ser uma campanha formativa, até mesmo para *sir* Arthur Wellesley, então com 39 anos. Na época, apenas recém-promovido a general-de-divisão, Wellesley embarcava em seu primeiro compromisso militar de peso. Por seu *status* relativamente inexperiente, ele só havia recebido o comando provisório do Exército até a chegada de oficiais mais antigos — um projeto que, mais guiado pela politicagem militar interna do que pelo bom senso estratégico, viria a se revelar desastroso. Wellesley estivera à espera em Cork para chefiar uma expedição à Venezuela, quando suas forças foram desviadas para explorar a agitação crescente na península. Zarpando em 12 de julho de 1808, ele navegara primeiro até La Coruña, no noroeste da Espanha, e depois, mais ao sul, até a cidade do Porto, onde tinha investigado as possibilidades de um desembarque em Portugal e se decidira pela baía de Mondego, a meio caminho da costa em direção a Lisboa, ocupada pelos franceses.

Na capital, a situação de Junot se havia deteriorado. As comunicações com a Espanha tinham sido rompidas pelos levantes populares, o que o deixou isolado no litoral do Atlântico, sem nenhuma perspectiva de ajuda da França. Portugal, tal como a Espanha, estava em franca rebelião. A cidade do Porto, antes ocupada pelos espanhóis, foi libertada, e até em Lisboa a desobediência civil enfraquecia o controle de Junot. Nesse ano, a procissão de Corpus Christi havia degenerado em tumulto. "Enquanto a procissão desfilava, surgiu um grande tumulto", escreveu Harriot Slessor, uma testemunha ocular. "Houve braços e pernas quebrados. Pobres senhoras (...), com a roupa parcialmente arrancada do corpo, pediam socorro aos gritos, enquanto outras desmaiavam."[10] Junot pensara até em se retirar, mas, em vez disso, resolveu concentrar suas forças em Lisboa e seus arredores. Os regimentos franceses posicionados nas províncias bateram em retirada, promovendo saques e matanças em sua luta para retornar à capital.

Iniciaram-se duas pequenas escaramuças que acabariam por se transformar na campanha de meia década de Wellesley na península, quando o Exército britânico deparou com posições avançadas francesas em sua marcha pelo litoral português. Primeiro os exércitos entraram em combate em Roliça, mas foi em Vimeiro, uma cidadezinha a três dias de Lisboa, que se deu o encontro decisivo. Ali, Wellesley se distinguiu, suplantando as manobras de Junot e obtendo a primeira vitória significativa da Grã-Bretanha no continente, em mais de cinqüenta anos. Os franceses foram desbaratados e Wellesley reorganizou suas tropas para avançar em direção a Lisboa, já então um alvo desprotegido; nesse exato momento, porém, foi afastado do comando. *Sir* Hew Dalrymple e seu assistente, *sir* Harry Burrand, recém-chegados, optaram pela cautela. Sentindo haver encontrado uma saída, Junot reduziu suas baixas e se rendeu em 22 de agosto de 1808. Os erros táticos do lado britânico foram agravados pela assinatura da Convenção de Sintra — um armistício que permitiu que o Exército bloqueado de Junot se retirasse intacto, com seu equipamento e sua artilharia, e fosse transportado de volta à França em navios britânicos.

Houve uma grita quando a notícia do acordo chegou a Londres. A Convenção, escreveu o jornal londrino *Observer*, era "honrosa apenas para o inimigo". "Destruição completa de uma grande causa", foi a conclusão da *Edinburgh Review*, enquanto William Wordsworth ficou tão furioso que escreveu um tratado apaixonado sobre o cinismo do acordo. Wellesley também foi atacado na imprensa — "toda a Inglaterra enganou-se na opinião que fazia de *sir* Arthur Wellesley",[11] declarou o jornal *The Times* —, embora viesse a sair relativamente ileso quando, numa etapa posterior, enfrentou um inquérito oficial em Londres.

Os moradores de Lisboa foram obrigados a assistir, enquanto as forças francesas derrotadas enchiam as embarcações britânicas de bens que haviam roubado durante sua permanência — uma repetição farsesca da partida precipitada da corte portuguesa, menos de um ano antes. Mais uma vez, o cais ficou cheio de pilhas de caixotes; mais uma vez, artefatos seletos da rica herança cultural da cidade foram escondidos nos porões de uma frota em vias de zarpar. Na cidade em si, as tropas de Junot tinham deixado sua marca. Podiam-se baixar as bandeiras francesas, mas os prédios tinham sido descaracterizados — brasões reais arrancados de suas fachadas, emblemas oficiais retirados dos portões dos palácios e estátuas vandalizadas.

Também no Rio houve consternação. Os britânicos não haviam esperado pela liberação da corte instalada no Brasil, onde D. João e seus assessores ouviram falar pela primeira vez da campanha em Portugal, bem como de suas conseqüências, por meio de notícias de jornal e cartas particulares, semanas depois dos acontecimentos.[12] Eles ficaram nervosos com as intenções britânicas e reclamaram do número de soldados estrangeiros então em solo português, mas pouco puderam fazer além de submeter queixas oficiais e aguardar despachos do *front*, que chegavam com um mês de atraso.

Com a libertação de Portugal, mais tropas britânicas foram enviadas para lá, e as Guerras Peninsulares começaram com plena força. Elas consistiram numa sucessão de combates complexos e, muitas vezes, inconclusivos — episódios caóticos que cobraram um tributo de todos os implicados. Durante anos, os franceses empataram enormes recursos militares na península, apenas para se descobrirem atolados num conflito impossível de vencer. Confrontaram-se com um leque desnorteante de forças: soldados espanhóis mal treinados e, vez por outra, imprevisíveis, forças portuguesas mais profissionais, treinadas pelos britânicos, o próprio Exército Britânico e a presença constante, embora fugidia, de guerrilheiros insurgentes. Para piorar a situação, os franceses eram constantemente divididos por disputas mesquinhas entre os marechais, a quem Paris dava excessiva liberdade.

O que fora inicialmente imaginado como uma campanha rápida e fácil passou a se arrastar. Vez após outra, os franceses descobriam haver conquistado um território, mas não eram capazes de conservá-lo. Saqueavam o campo, mas, ao contrário do que ocorria noutras regiões da Europa, não conseguiam reunir o bastante para alimentar seus exércitos. As baixas não causadas por batalhas tiveram um aumento desenfreado; a fome e a doença mataram milhares de pessoas. Vagueando por um país regionalizado, os exércitos de Napoleão enredaram-se em disputas locais, emboscados por chefes militares que defendiam de qualquer invasor seus próprios feudos reivindicados às pressas. Os franceses tinham-se preparado para batalhas convencionais em campo aberto, mas foram arrastados para uma campanha de guerrilha, dirigida por combatentes camponeses armados, que tinham um conhecimento muito superior do local.

Tudo se transformou numa guerra suja, até pelos padrões da época, na qual as atrocidades praticadas pelas forças francesas encontraram mais do que sua contrapartida nas dos guerrilheiros espanhóis e portugueses. Os franceses tentaram disseminar o medo pelas populações rurais praticando execuções exemplares, assassinatos e estupros, mas, por sua vez, viram-se aterrorizados por algumas práticas mais imaginativas, para não dizer medievais. Histórias bem fundamentadas de crucificações, enforcamentos e queimas na fogueira assombravam os soldados de Napoleão em seu avanço pelo interior. Ali, eles se deparavam com camponeses combatentes, armados de forcados, espingardas de caça e até utensílios de cozinha. Foi um modelo para muitas guerras futuras desse tipo, uma tragédia, uma lição não aprendida da história.

A invasão de Junot foi apenas o primeiro dos três ataques que Portugal sofreu nas mãos dos franceses. O segundo veio no fim de março de 1809, na esteira da expulsão de *sir* John Moore de La Coruña. Moore, de 48 anos, assumira o comando das forças britânicas em Portugal em substituição a Dalrymple e, em outubro de 1808, recebeu ordens de conduzir para a Espanha um exército de 23 mil homens. Chegou a alcançar Salamanca, mas, ao receber a notícia de atrasos na chegada de reforços e de uma grande contra-ofensiva francesa, partiu em marcha acelerada, numa exaustiva retirada hibernal para o porto de La Coruña, na Galícia. Durante algum tempo, foi perseguido pelo próprio Napoleão, em sua única breve aparição nas campanhas peninsulares; todavia, ao perceber que o exército de Moore não poderia ser isolado do porto, o imperador deixou a perseguição a cargo do marechal Soult.

Na noite de 11 de janeiro de 1809, os britânicos chegaram a La Coruña em completa penúria: "Tínhamos a barba comprida e desgrenhada", relembrou o fuzileiro Hibbert Harris. "Quase todos estávamos sem sapatos nem meias; muitos tinham as roupas e o equipamento em frangalhos e a cabeça enrolada em trapos velhos."[13] O embarque ocorreu ao som do canhoneio francês pelas ruas da cidade. A retaguarda britânica retardou-os o suficiente para que os navios zarpassem, mas apenas $\frac{1}{5}$ das forças originais de Moore conseguiu sair da Espanha. Num dos últimos esforços decisivos de defesa, *sir* John Moore foi derrubado por uma bala de canhão e sangrou até a morte no campo de batalha. Os remanescentes de seu exército chegaram extenuados a Portsmouth, para espanto de uma população recentemente animada pela reconquista de Portugal.

As tropas do marechal Soult enveredaram para o sul e tomaram o rumo da cidade do Porto. Ela foi atacada no fim de março de 1809, suas defesas improvisadas desmoronaram e os que fugiam do avanço das tropas foram apanhados por uma chuva de metralha em sua retirada para a margem oposta do rio Douro. Esgotados pelo combate, os soldados de Soult reagruparam-se na cidade, mas sua vitória durou pouco. Wellesley retornou a Lisboa em 22 de abril de 1809, com ordens de retomar o norte, e, depois de um ataque-surpresa admiravelmente bem-sucedido, o exército de Soult foi expulso do Porto, em maio.

A segunda ocupação francesa fora breve, mas destrutiva. Um oficial inglês, ao voltar à casa de um nobre português onde se havia hospedado em 1808, assim descreveu o que encontrou:

> As lindas balaustradas [estavam] em pedaços; os candelabros e espelhos haviam-se estilhaçado (...) os quadros primorosos tinham sido desfigurados, e as paredes mais pareciam uma caserna francesa do que a residência de um fidalgo português, a julgar pelas pinturas obscenas que as borravam. O belo jardim fora inteiramente saqueado, as alamedas encantadoras e os perfumados caramanchões, arrancados e demolidos, e os chafarizes, despedaçados.[14]

No interior, via-se a prova hedionda dos assassinatos por vingança ocorridos durante a retirada francesa: soldados pendurados por pregos em portas de celeiros, cadáveres com a genitália cortada. Com apenas um ano e meio de guerra, os portugueses já tinham sido brutalizados pela violência que se abatera sobre eles.

À medida que foram sendo filtradas para o Rio as notícias do caos na Europa, dona Carlota redobrou seus esforços. Os ingleses haviam recapturado Portugal, mas a Espanha continuava sob a ocupação francesa, com a chegada abundante de reforços pelos Pireneus. Se, de algum modo, ela conseguisse explorar a incerteza que vinha tomando conta das autoridades coloniais na América espanhola, poderia virar as costas para o Rio de uma vez por todas.

Na corte, havia uma reação dúbia a suas ambições na América hispânica. Sousa Coutinho continuava almejando usar as reivindicações de dona Carlota como pretexto para tomar a Banda Oriental. D. João, tipicamente, mostrava-se indeciso, desconfiado da evidente ambição da esposa e até com medo, segundo Presas, do que poderia acontecer se dona Carlota obtivesse sua própria base de poder nas Américas. Pressionado por Sousa Coutinho, D. João, a princípio, deu permissão para que dona Carlota fosse a Buenos Aires: "(...) quando Vossa Alteza for solicitada de maneira formal e autêntica", escreveu D. João à esposa, "poderá empreender sua viagem (...)".[15] Decorrido apenas um mês, entretanto, retirou sua autorização: "O seu plano de uma aparição no rio da Prata para assegurar aquelas províncias à monarquia espanhola[,] além de fazer sofrer o meu coração pela idéia a que necessariamente se une, de separar-nos algum tempo, (...) é absolutamente inadmissível, nem por ora o estado daquelas províncias exige uma resolução tão decidida (...)"[16]

A referência de D. João à dor que lhe seria causada por sua separação iminente foi insincera — eles só se encontravam quando eram obrigados, no Rio de Janeiro, e o príncipe regente nem sequer visitava a mulher quando ela adoecia. Mas foi compatível com a correspondência entre os dois, repleta de sinais de afeição. Dona Carlota dirigia-se a D. João tratando-o por "meu amor" ou "queridinho do meu coração", e assinava as cartas como "sua amada esposa". D. João, por sua vez, encerrava suas cartas por "Seu esposo que lhe ama com muita estima, João".[17]

As objeções de D. João às ambições da esposa deviam-se, em parte, à relação conturbada de ambos, porém respondiam mais à pressão exercida por Strangford, que ansiava por salvaguardar as relações luso-espanholas. Entretanto, dona Carlota persistiu, e passava os dias arquitetando planos com Smith em sua residência praiana em Botafogo.

Em outubro de 1808, um mensageiro chegou ao retiro campestre de Santa Cruz, nos arredores do Rio, onde estavam D. João e *sir* Sidney Smith. Entregou cartas de dona Carlota ao príncipe regente e ao almirante, nas quais ela lhes informava estar partindo para Buenos Aires com o filho Miguel e as filhas. As cartas tinham sido escritas de próprio punho por dona Carlota, mas era evidente que tinham sido maquinadas com a ajuda de Smith. Expunham seus planos como um *fait accompli* — dona Carlota se autodenominara soberana da América espanhola —, tendo Smith como seu plenipotenciário, e retirara até suas jóias do palácio, em preparativos para a viagem. Na vez seguinte em que Strangford encontrou-se com D. João, o príncipe regente espumava de raiva: "Ele se sentiu profundamente magoado com a extrema falta de respeito e consideração manifestada nessa transação", escreveu Strangford a Londres. "Disse que, embora houvesse suportado com enorme paciência a interferência perpétua de pessoas não autorizadas em todos os departamentos e em todas as medidas de seu governo, ainda julgava ter o direito de controlar seus próprios arranjos domésticos."[18]

De volta ao Rio, D. João convocou uma reunião com Strangford e Smith, para tentar pôr fim às maquinações da mulher. Foi então que Smith jogou o que acreditava ser seu trunfo, revelando-se não apenas um renegado, mas alguém que operava sob ordens tão secretas que nem mesmo Strangford tinha conhecimento delas. Ainda que Strangford levasse o assunto a Londres, dona Carlota estava disposta a partir, praticamente em qualquer circunstância, mesmo que "as baterias do Rio de Janeiro disparassem contra ela",[19] de acordo com Strangford. A chave de sua confiança era o apoio naval de Smith: "*Sir* Sidney Smith está profundamente convencido da idéia de raptar a bela Helena [dona Carlota]", escreveu Strangford, "e de instalá-la como rainha provisória em Buenos Aires." Em certo momento, ela tentou efetivamente partir. Quando o navio de guerra espanhol *Prueba* aportou no Rio de Janeiro, em novembro, dona Carlota exigiu ser levada a Buenos Aires, mas, numa recusa humilhante, o comandante da belonave rejeitou suas ordens.

Ela sofreu outro duro golpe quando *sir* Sidney Smith foi reconvocado a Londres, em maio de 1809. Strangford levara a melhor na disputa diplomática, convencendo George Canning, o ministro das Relações Exteriores, a afastar o almirante impertinente. Numa última cartada, conseguiu barrar as reivindicações de Smith de uma parcela do prêmio em dinheiro pela captura de navios franceses, logo depois que uma expedição anglo-lusitana conjunta tomou a Guiana Francesa. Smith deixou o Rio com um travo amargo na boca, escrevendo a seu sucessor, Michael de Courcy: "Não me parece que o ministro plenipotenciário de Sua Majestade [Strangford] tenha agido comigo com franqueza e cordialidade, como almirante neste posto, e (...) minha experiência não me autoriza a lhe oferecer nenhuma razão para esperar que ele o faça com V.Sª."[20] Ao chegar a Londres, Smith alegou que o Ministério da Guerra lhe dera instruções para fomentar rebeliões na América do Sul. Canning foi obrigado a conter a raiva diante da evidente insubordinação de Smith e a lhe pedir desculpas.

Mesmo sem o apoio do almirante, dona Carlota ainda tinha uma chance. Na Espanha, onde sua causa era defendida perante a Junta Suprema por um diplomata habilidoso, o conde de Palmela, a maré aos poucos virava a seu favor. A princípio, suas reivindicações tinham sido rejeitadas por uma minudência técnica: a Lei Sálica, aprovada por Filipe V em 1725, impedia a sucessão feminina ao trono espanhol, mas fora revogada numa sessão secreta em 1789. A Junta alegou precisar de provas concretas — a palavra de um membro do comitê que houvesse estado presente nessa sessão — de que a lei fora efetivamente riscada dos livros. Os integrantes da Junta Suprema remancharam na discussão do assunto, mas, depois de cumular os indecisos de dinheiro, "diamantes de pouco valor ou outras pedras menos custosas",[21] Palmela garantiu um número suficiente de votos para que sua resolução fosse aprovada. Em janeiro de 1810, revogou-se a Lei Sálica; em tese, o caminho de dona Carlota para o trono estava livre. Na primavera de 1810, uma ofensiva francesa contra a Andaluzia fez a Junta Suprema abandonar Sevilha. Ela se recompôs sob a forma de um Conselho de Regência na cidade sitiada de Cádiz, mas, por um momento, a França pareceu prestes a dominar toda a Espanha. Na América do Sul, instalaram-se juntas semi-autônomas, que passavam por cima do governo de Cádiz e se aliavam diretamente ao rei aprisionado, Fernando VII.

Inesperadamente, porém, a campanha de Napoleão fracassou na Andaluzia e o governo de Cádiz se consolidou. Ele convocou as cortes — um antigo Parlamento, desde muito posto de lado pela monarquia absolutista — e chamou delegados das províncias espanholas e das colônias sul-americanas. Essas medidas exacerbaram as escolhas na América espanhola. O governo de Cádiz era liberal e progressista, favorecia a monarquia constitucionalista e, nos anos seguintes, viria a preparar a primeira Constituição escrita da Espanha. No entanto, só concederia às colônias uma representação limitada. Para alguns integrantes das elites coloniais, isso parecia o pior dos dois mundos. O solapamento da monarquia lhes roubava a legitimidade, enquanto, ao mesmo tempo, eles continuavam presos às deliberações de Cádiz. Eclodiram revoltas em Nova Granada (os atuais Equador e Colômbia), e as capitanias gerais da Venezuela e do Chile proclamaram juntas revolucionárias.

O momento de dona Carlota havia chegado, mas não tardaria a passar. Seu ansiado reino da Prata desmoronou quando Buenos Aires, batizando a era revolucionária que em pouco se apoderaria do resto da América espanhola, optou pelo rompimento com Cádiz. O governo rebelado de Buenos Aires logo assumiu toques jacobinos radicais e os defensores de dona Carlota foram detidos e presos. A resistência legalista espalhou-se pelo interior, e as guerras que oscilariam em vaivém nos anos seguintes eclodiram no Alto Peru (atual Bolívia), no Paraguai e na Banda Oriental. Foi uma antevisão do que estava por vir em toda a América hispânica, com a alternância entre a guerra civil e a reação legalista campeando por todo o continente.

Com o enfraquecimento de sua posição, dona Carlota lançou uma série de iniciativas como último recurso. Voltando a concentrar suas forças em Montevidéu, na Banda Oriental, enviou aos monarquistas espanhóis dinheiro, armas, suas próprias jóias e até uma prensa para fins de propaganda. A essa altura, estava ficando com a saúde debilitada. Derrubada por uma sucessão de doenças respiratórias que atormentariam seus futuros anos de exílio, ela começou a passar longos períodos fora do Rio, recuperando-se em Santa Cruz. Na verdade, havia pouco mais que pudesse fazer para promover seus objetivos. Seu destino estava sendo decidido a milhares de quilômetros de distância, nos campos de batalha da Europa.

Em Portugal, Wellesley embarcou numa das mais complexas estratégias de longo prazo das Guerras Napoleônicas. Mediante um amplo avanço de 50 quilômetros ao redor de Lisboa, a região interiorana foi desobstruída. Contrataram-se 10 mil camponeses portugueses e, sob as instruções de uma equipe de engenheiros da Coroa britânica, eles começaram a moldar a paisagem numa série de defesas intricadas: vales foram cercados de muros, montanhas foram escarpadas, a água foi desviada de rios para formar charcos e aterros fizeram mudanças sutis mas decisivas na topografia. Pouco a pouco, emergiu no interior uma sucessão de defesas — três arcos concêntricos, que se tornariam conhecidos como Linhas de Torres Vedras, isolando Lisboa dos ataques terrestres. Wellesley teve mais tempo do que havia esperado e, com o passar de cada mês, as linhas foram ganhando novos bastiões, postos de observação e redutos. Construiu-se mais de uma centena de fortes, ligados por um sistema de semáforos capaz de enviar mensagens em minutos nos dois sentidos das linhas. A certa altura, houve até um projeto de construir um canal artificial, para permitir que transportes oceânicos penetrassem pelo interior adentro.

No início, os portugueses ficaram céticos diante dessas obras — as defesas, especialmente a mais interna, pareciam destinadas a ajudar na fuga, caso os franceses tomassem a cidade outra vez. Mas, com a expansão externa das obras, a confiança voltou, e as linhas se tornaram uma espécie de atração turística para excursionistas que saíam da cidade para ali passar o dia.

Os historiadores militares ficaram deslumbrados com a sofisticação técnica das defesas de Wellesley, bem como com a combinação criativa da paisagem com fortificações, construídas para proteger Lisboa dos franceses. Contudo, houve uma outra faceta menos edificante em toda essa operação, porque as Linhas de Torres Vedras implicaram uma destruição em escala maciça. Turmas de trabalhadores guiadas pelos britânicos demoliram fazendas, arrebentaram estradas e desmataram florestas. "Não poupamos casas, jardins, vinhedos, bosques ou qualquer tipo de propriedade privada",[22] comentou o major John Jones, um dos supervisores.

Como não é de admirar, houve protestos dos que estavam perdendo não apenas suas posses e seus meios de sustento, mas todo o seu meio ambiente. Os habitantes imploraram com tal veemência ao major Jones que não derrubasse uma bela avenida de árvores antigas, que ele cedeu. Mas a concessão durou pouco: "Como tenho homens de confiança no local, prontos com seus machados, não há dúvida de que elas serão derrubadas no devido tempo."

Com a entrada em Portugal de outro enorme exército francês, dessa vez conduzido pelo marechal Masséna, em julho de 1810, Wellesley pôs em prática o último e mais implacável componente de seu plano. Sua idéia era atrair Masséna e seu exército de 60 mil homens para um ermo, enquanto os britânicos, abastecidos por mar, se entrincheirariam atrás das linhas. Os soldados que recuavam para Lisboa foram destruindo lavouras, armazéns de cereais, moinhos e criações — tudo que pudesse ser útil aos franceses — à sua passagem. Arderam fogueiras por todo o campo, que começou a parecer uma zona de guerra antes mesmo da chegada das tropas inimigas.

Wellesley combateu com sucesso o exército de Masséna ao norte, antes de recuar para Lisboa. Juntaram-se aos ingleses levas de refugiados que fugiam do avanço francês. August Schaumann, um oficial de abastecimento do Exército britânico, assim descreveu a procissão: "Viam-se velhos, coxos e doentes, mulheres recém-saídas do parto, crianças e famílias inteiras, com todos os seus pertences (...) misturados com toda sorte de animais, entre os quais os porcos, por sua rebeldia e seus guinchos terríveis, eram os que mais se destacavam. De vez em quando, surgia um grito de que os franceses estavam chegando, e as mocinhas imploravam a todos os que estavam a cavalo que as ajudassem a subir nas selas. Senhoras que, segundo os costumes do país, talvez nunca saíssem de casa, exceto para ir à missa, podiam ser vistas andando em fileiras de três, usando sapatos de seda e trazendo a cabeça e os ombros cobertos apenas por lenços finos."[23]

Masséna levou seus soldados em marcha pelos campos desertos, sem encontrar oposição, mas estancou abruptamente ao avistar as defesas de Torres Vedras. Ali se deteve e, à medida que a extensão das linhas lhe foi revelada pelas missões francesas de reconhecimento, diminuíram as possibilidades de ataque. A tensão reduziu-se; os dois exércitos intuíram o impasse.

Durante cinco meses, atravessando o inverno e parte da primavera, Masséna resistiu. Embora isso fosse proibido, as tropas confraternizavam através das linhas. Soldados ingleses e franceses bebiam vinho juntos; nos escalões superiores, os franceses mandavam convites aos oficiais britânicos para os jogos que montavam em seus acampamentos, e um comércio ilícito passou a trazer artigos de luxo de Lisboa para repor os estoques decrescentes nas barracas de refeitório dos oficiais franceses. Enquanto isso, a situação de Masséna se deteriorava. Expedições saíam em busca de suprimentos pelo interior de Portugal, mas eram atormentadas pelos combatentes camponeses. Os alimentos começaram a escassear e o moral baixou. No início da primavera, Masséna havia perdido quase ⅓ de seus homens, sem que um só tiro tivesse sido disparado. Deixando suas fogueiras acesas, os franceses se retiraram furtivamente nas primeiras horas da manhã de 6 de março de 1811. Wellesley partiu em seu encalço e, após uma série de tentativas fúteis de resistência na fronteira, a força de Masséna foi derrotada.

Foi um momento decisivo nas campanhas ibéricas. Pareceu que os britânicos nunca mais seriam obrigados a abandonar a península. Houve muitos reveses — ao longo de todo o ano seguinte, o destino da península pendeu na balança. Entretanto, com sua base portuária assegurada em Lisboa, Wellesley acabou levando a melhor e, no verão de 1812, entrou em Madri em triunfo. A guerra ainda estava longe de haver terminado. Mais adiante, ele enfrentou concentrações pesadas de tropas francesas que haviam recuado para os Pireneus. Noutras regiões, contudo, já havia sinais de que Napoleão estava perdendo o controle da Europa. A centenas de quilômetros dali, a *Grande Armée* avançava para Moscou. Naquele inverno, mais de 300 mil soldados sob o comando francês pereceram nas estepes geladas da Rússia, numa retirada catastrófica que deu início à desarticulação do Império Napoleônico europeu.

Para Portugal, a expulsão do exército de Masséna foi o fim de três anos e meio de ocupações alternadas; três anos e meio de caos, saques e violência. A guerra levara sofrimento para todas as partes do país. Lisboa enchera-se de refugiados, que subsistiam com doações britânicas de trigo e carne de peixe salgada, embarcados em Londres.[24] No interior, as cidades tinham sido sucessivamente tomadas, e franceses e britânicos tornaram-se indistinguíveis para os camponeses traumatizados. Ambos chegavam, saqueavam e seguiam adiante. Primeiro os soldados franceses, depois os ingleses usaram o convento de Mafra como quartel, acampando nos corredores e apartamentos em que D. João e seus cortesãos um dia tinham trabalhado, comido e dormido. Portugal, como muitos dos pequenos Estados apanhados nas Guerras Napoleônicas, foi humilhado, tendo sua cultura e suas tradições ridicularizadas, enquanto seu povo foi tratado, quando muito, como uma irrelevância em sua própria terra. Quase 250 mil portugueses — 1/12 de toda a população — foram mortos durante as hostilidades.

O país sobreviveu ao massacre, mas o que emergiu na outra ponta foi algo bem diferente de sua imagem de antes da guerra. Portugal tornou-se uma espécie de protetorado militar da Grã-Bretanha. O general-de-brigada britânico William Carr Beresford assumiu o comando do Exército português. Tal como Wellesley, Beresford era de origem aristocrática anglo-irlandesa. Homem corpulento, que perdera um dos olhos num acidente de caça na América, teve uma carreira militar instável, que havia culminado num ataque fracassado a Buenos Aires em 1806. Foi escolhido por sua fluência em português (tinha sido governador da Madeira por um ano), mas, posteriormente, admitiu ter chegado com um domínio apenas rudimentar da língua. Usando traduções de livros de treinamento britânicos, conseguiu recompor o Exército português, que já se vinha revelando um acréscimo confiável às forças britânicas. As contribuições de Beresford no campo de batalha foram controvertidas, mas ele acabou sendo mais um articulador político do que militar. Viria a desempenhar um papel crucial, embora mal definido, em anos posteriores, agindo sob as ordens de Londres e do Rio e trabalhando com o estorvante Conselho de Governadores lá deixado por D. João.

A libertação levou novos temores a Portugal, quando o ansiado retorno da corte e do governo não se materializou. Mesmo antes da expulsão dos franceses, houvera uma inquietação crescente na capital, uma intuição de que a corte se preparava para uma temporada muito mais longa nos trópicos do que se imaginara inicialmente. Depois que Lisboa foi recapturada do exército de Junot, D. João começou a ordenar o embarque de uma parafernália volumosa da corte para o Brasil.[25] Enquanto Soult tomava a cidade do Porto, na segunda ofensiva francesa, funcionários de Lisboa escreviam ao Rio para informar que haviam "quase finalizado o embarque das preciosidades da Casa Real".[26] Com a iminência da terceira invasão, mais caixotes atravessaram o Atlântico. Quadros dispendiosos, livros raros para a nova Biblioteca Real do Rio e até um conjunto de carruagens foram embarcados em navios destinados ao Brasil, enquanto mais outros bens valiosos eram despachados de Lisboa. As carruagens, que datavam da comemoração do casamento de D. João V, eram suntuosas e de bitola larga — tão grandes, na verdade, que não podiam circular pelas ruas estreitas do centro do Rio. Algumas foram devolvidas, mas outras ficaram guardadas durante anos no arsenal real da cidade, onde aos poucos foram-se dilapidando.

Encerradas as guerras, Portugal entrou numa incômoda fase purgatória. A metrópole viu-se dirigida por sua antiga colônia, e a divisão de autoridades e poderes entre Portugal e o Brasil, difícil de manejar, levou a tomada de decisões a uma paralisação. Assuntos insignificantes podiam precisar de duas travessias do Atlântico para serem resolvidos. Fazer petições à corte — o meio mais eficaz de invalidar decisões tomadas por outros órgãos — podia levar anos. Num caso épico, o marquês de Loulé,[27] condenado à morte por haver colaborado com os franceses, fez toda a trajetória até o Brasil para buscar o perdão real. Após mais de um ano no Rio, conseguiu abordar D. João inopinadamente: "Aguardei meu rei a uma distância que me pareceu apropriada. Ajoelhei-me no meio da rua. Sua Majestade aproximou-se e ordenou [que os carregadores de] seu palanquim parassem."[28] Loulé foi perdoado e recuperou sua posição e seus privilégios na corte, mas somente depois de meses no Atlântico e um ano no Brasil.

Muitos embarcavam em demoradas e dispendiosas viagens de ida e volta ao Rio, apenas para cumprir alguma misteriosa exigência burocrática, ou para conseguir uma rápida audiência com um ministro ou uma autoridade da corte. Num fenômeno que fazia eco ao excesso de exigências burocráticas do começo do império, era comum as ordens expedidas por D. João estarem obsoletas ao chegarem a Lisboa. Tratava-se de uma situação psicologicamente torturante para os que haviam permanecido em Portugal — uma mescla de relações coloniais às avessas com o Brasil e o que era praticamente uma ocupação britânica. E, como acontece com todos os arranjos coloniais a longa distância, pouco a pouco, mas seguramente, a corte e seus conselheiros no Rio começaram a perder o contato com a realidade vivida em solo português.

Houve uma profusão de ironias nessa nova relação transatlântica. Enquanto Wellesley inundava os campos ao redor de Lisboa para deter o avanço francês, trabalhadores escravos drenavam os charcos do Rio para novas obras de construção; casas de campo e fazendas eram destruídas nas áreas escolhidas para as defesas de Torres Vedras, no mesmo momento em que os arredores do Rio — Catete, Flamengo e Botafogo — ganhavam vida nova, com a construção de palacetes para membros da corte e funcionários do governo. Soldados britânicos esburacavam as estradas no entorno de Lisboa, no momento mesmo em que D. João voltava os olhos para o aprimoramento das comunicações entre o Rio e sua zona interiorana. O Rio estava ressurgindo, enquanto Lisboa desmoronava. Era como se a reserva de riqueza e prestígio que as colônias brasileiras tinham investido em sua metrópole européia estivesse fazendo o caminho de volta pelo Atlântico.

Longe do banho de sangue vertido na Europa, o Rio assumia ares festivos. Com grande despesa, D. João patrocinou uma sucessão de suntuosos eventos comemorativos do império. O Campo de Santana, uma área de desfiles construída especialmente para os préstitos, foi iluminado por milhares de lampiões coloridos, enquanto sua área de apresentação foi salpicada de flores e seu perímetro foi demarcado por plantas aromáticas e centenas de folhas de palmeiras. No abafado ar noturno do Rio, multidões enchiam as arquibancadas de madeira para ter uma amostra de uma série de torneios medievais.

As primeiras grandes festividades realizaram-se em 1810, para comemorar o casamento da infanta dona Maria Teresa com D. Pedro Carlos, primo de dona Carlota. John Luccock, o negociante de tecidos de Yorkshire, ocupou um assento nas primeiras fileiras, nesse estranho acontecimento, e descreveu as alegorias e os trajes transformados em seu novo contexto:

> Apareceu o espírito do Brasil, representado por um índio montado cujo corcel cuspia vapor. A longa glória passada de Portugal foi exibida pelas maquetes de algumas fortalezas das Índias Orientais, tomadas por suas tropas vitoriosas há quase trezentos anos. E o poder atual do soberano foi mostrado por um leque de todos os tipos de seres humanos que vivem sob seu domínio: europeus de traje a rigor, asiáticos com seu vestuário de praxe, índios sul-americanos com sua plumagem vistosa e africanos vestidos de babuínos, com musgo em lugar do cabelo (...) Todos os países expuseram seus divertimentos peculiares, e todos se juntaram para render homenagem a seu príncipe.[29]

Luccock retirou-se sem se impressionar, divertindo-se com o fato de as touradas especialmente montadas para a ocasião terem sido um fiasco. Picadores deram voltas pela arena, mas, fosse "pela natureza ou pelo clima, não houve meio de enfurecer os touros".

O padre brasileiro Luís Gonçalves dos Santos foi mais generoso, deleitando-se com a decadência da abertura da cerimônia:

> Entretanto rompeu uma numerosa e excelente orquestra, e entrou pela praça do curro o primeiro carro artificiosamente composto, e ornado com delicadeza: fingia ele um monte, sobre o qual estava em pé a América, com a aljava ao ombro e arco na mão, tendo na cabeça um cocar de plumas de várias cores, e um saiote das mesmas: discorriam pelo monte vários animais e pássaros do país, que por entre as ervas e flores se apascentavam. Este belo carro servia para aguar a praça, e por esta razão esguichava água por diferentes repuxos, que saíam por entre as flores, que eram todas artificiais.[30]

À frente dessa requintada alegoria dançava um bando de nativos, que também eram uma imitação: europeus enfeitados de penas e tangas, executando danças rituais "muito dificultosas". O torneio durou alguns dias, com préstitos, imitações de caravelas do século XV, encenações de lutas entre "mouros" e portugueses, fogos de artifício e eventos eqüestres. Muitos desses festejos pontuariam a temporada da corte no Rio, sendo montados a pretexto de eventos da realeza — nascimentos, casamentos, aniversários e datas comemorativas.

Eles não eram muito convincentes. As plantas aromáticas suavizavam momentaneamente o ar, mas eram logo sufocadas pelos odores mais familiares de uma cidade cuja população dera um salto da noite para o dia, mas tivera poucas melhoras no saneamento. Painéis alegóricos pintados às pressas eram usados como tapumes, isolando os locais de vista desagradável, e o uso maciço de uma arquitetura efêmera — arcos de madeira, obeliscos e pirâmides ocos — conferia aos espetáculos um ar teatralizado e sem substância. Quase que a despeito deles mesmos, os desfiles davam indícios da fragilidade mais profunda da situação dos exilados no Rio.

SETE

Uma Invasão Britânica

Os fracassos políticos de dona Carlota afetaram-na profundamente. Os anos que se seguiram foram de frustração e infelicidade, caracterizados pela ostentação já então esperada da princesa regente. Ela vivia irrequieta, deslocando-se entre o palácio real, um palacete num morro vizinho, em Laranjeiras, e sua casa de praia em Botafogo. Acompanhada por sua guarda, percorria a cidade a cavalo, galopando entre suas diversas residências e, muitas vezes, cavalgando por Botafogo e Laranjeiras, onde moravam muitos diplomatas estrangeiros.

Em seus passeios, o protocolo real de obrigar os passantes a parar, apear ou descer de suas carruagens, para fazer reverências, era imposto com uma impiedade que manchou sua reputação.[1] Um oficial da Marinha britânica, o comodoro Bowles, foi agredido pelos guardas de dona Carlota ao ignorar o protocolo, o que motivou uma reclamação oficial ao palácio. Nem mesmo lorde Strangford foi poupado dos ataques. É possível que Strangford, que era míope, nem tenha visto os cavaleiros da princesa se aproximarem, mas acabou sendo atingido várias vezes pelo cabo do chicote de um dos guardas de dona Carlota, por não se ajoelhar na rua diante dela. Um diplomata russo considerou tão intolerável essa situação, que simplesmente se mudou do bairro.

Nem todos se submetiam. Thomas Sumter, emissário dos Estados Unidos no Rio de Janeiro, foi parado pela guarda de dona Carlota e recebeu ordens de tirar o chapéu e se ajoelhar.[2] Filho de Gamecock Sumter, da Carolina do Sul, herói da guerra revolucionária contra a Grã-Bretanha, ele tinha pouco respeito pela realeza e não se dispôs a rastejar na rua diante da princesa regente. Desafiado pelos guardas de dona Carlota, sacou um par de pistolas e ameaçou atirar. Dona Carlota instigou seus homens, mas, depois de um momento tenso de impasse, eles recuaram. Com o tempo, as queixas contra a princesa se acumularam, e D. João acabou eximindo os estrangeiros do protocolo.

Quando D. João se mudou para São Cristóvão, a vida de dona Carlota complicou-se, porque a etiqueta da corte exigia sua presença na missa matinal e na refeição vespertina. Muitos dias implicavam duas viagens de 10 quilômetros, ida e volta, para a princesa e suas filhas menores, que continuaram a morar com ela durante toda a sua temporada no Rio. Houve outras rixas, a primeira delas por causa do casamento de dona Maria Teresa e D. Pedro Carlos, em 1810. A união era parte da estratégia de Sousa Coutinho para reforçar o direito de Pedro Carlos ao trono espanhol. Os preparativos foram feitos em segredo e, quando dona Carlota descobriu, ficou furiosa, acusando o marido de "alcoviteiro" e dizendo que preferiria que sua filha fosse jogada num poço a vê-la casar-se com seu primo.[3]

Enquanto dona Carlota se exasperava com sua situação no Brasil, D. João ia-se acomodando numa rotina simples.[4] Levantava cedo, por volta das seis horas, e caminhava até sua capela particular para as orações e a missa matinais. Depois, era barbeado por seu camareiro, antes de trocar gentilezas com os funcionários do palácio. Após o desjejum com a família, reunia-se com seus assessores, amiúde com Paulo Fernandes Viana, com quem discutia a administração da cidade. O almoço (por volta do meio-dia) era um grande acontecimento. Todos os membros da corte que estivessem no palácio nessa hora — os nobres titulados que assessoravam o príncipe, seus assistentes de guarda-roupa, os funcionários do palácio e seus médicos — reuniam-se para estar presentes à mesa do regente. Segundo todos os depoimentos, D. João era um devorador fenomenal de frangos, caracterização esta confirmada por registros preservados das despesas da corte, nos quais os pombos e perus também figuram com destaque. Ele comia com as mãos: três frangos de enfiada, de acordo com alguns relatos, acompanhados de pão levemente tostado.

No Rio, ele acrescentou mais um componente a essa lauta refeição — quatro ou cinco mangas da Bahia. Tudo isso era acompanhado de água (D. João raras vezes bebia vinho). Os almoços eram eventos cerimoniosos, realizados a uma grande mesa oval, coberta por uma toalha branca que descia até o chão, e sempre se encerravam com o ritual da lavagem das mãos. Pedro segurava uma bacia de prata, na qual Miguel derramava água de um jarro nas mãos engorduradas do pai.

Depois disso, o príncipe regente ia deitar, cochilando nas tardes de 35 graus ao som de crianças que faziam troça dos macacos engaiolados, ou brincavam com os papagaios e cacatuas do aviário do palácio. Após o cochilo, dom João cuidava de negócios ou percorria a cidade em sua carruagem. Procurava visitar a mãe todos os dias, viajando até o centro ou mandando buscá-la no palácio real para ser levada a São Cristóvão, mas, nos dias de preguiça, simplesmente punha um chapéu de palha de aba larga, pegava sua bengala e perambulava por sua nova propriedade. Os fins de tarde, depois das vésperas, eram ocupados por reuniões com ministros e conselheiros ou pelo exame da papelada, e em seguida ele se recolhia, por volta das 11 horas.

Mas o trabalho no palácio era estressante como sempre para D. João, que continuava apanhado entre os desejos de seus ministros e a presença dominadora de Strangford. Embora se houvesse enredado, no começo, nas intrigas da corte sobre a regência espanhola, a verdadeira razão para a estada de Strangford no Rio era promover um tratado comercial redigido por Canning em Londres, tratado cujo objetivo era transferir para o Brasil os privilégios de que a Grã-Bretanha havia desfrutado em Portugal. Em 1810, esse documento estava sendo finalizado. Strangford tinha um aliado crucial, Sousa Coutinho, mas, afora isso, enfrentava uma oposição feroz.

"Seu irmão está sozinho nesta corte", escreveu Strangford a D. Domingos, em Londres. "Mal tem amigos ou apoio. O príncipe gosta dele, é verdade, mas aqueles que cercam Sua Majestade o detestam e fazem da eterna inimizade uma profissão. V.Sª conhece a generosidade do príncipe, mas talvez não tenha uma boa idéia do quanto ele é impressionável e do entusiasmo com que acolhe todo tipo de idéias."[5] De fato,

D. João vinha hesitando em seu apoio aos britânicos. Adversários como Antônio de Araújo eram ouvidos pelo regente e se horrorizavam ao saber dos termos que estavam sendo oferecidos.

Antes mesmo da aprovação do tratado, o Rio vinha lutando para se adaptar à nova e agressiva presença dos comerciantes britânicos. Com a abertura dos portos, um dilúvio de produtos britânicos que tinham sido barrados da Europa pelo bloqueio de Napoleão desabou sobre os mercados brasileiros. Comerciantes britânicos inundaram o Rio, comprando todo o espaço disponível nos armazéns da cidade, alugando lojas no centro e arrebatando as propriedades mais cobiçadas nos morros circunvizinhos. Os aluguéis tiveram uma alta acentuada e, em pouco tempo, os comerciantes brasileiros estavam sendo expulsos de sua própria cidade pelos preços. Essa afluência pegou o Rio desprevenido. Instalou-se o caos na alfândega, as instalações rudimentares do porto lutavam para desembarcar os carregamentos e o espaço nos armazéns não tardou a ser totalmente ocupado. As mercadorias começaram a se acumular, ficando expostas ao sol e aos temporais tropicais nas praias da baía — "uma massa confusa de casimiras, musselinas, rendas, manteiga, peixes e azeite",[6] nas palavras de John Luccock, o comerciante de Yorkshire —, pilhadas por qualquer um que conseguisse subornar os homens que vigiavam o estoque, a fim de que olhassem para outro lado.

Foi uma explosão especulativa, e o mercado — pequeno pelos padrões europeus, considerando-se que quase $^1/_3$ da população compunha-se de escravos — não tardou a ficar saturado de mercadorias britânicas.[7] Embarcava-se de tudo, inclusive produtos completamente inadequados para a cultura e o clima brasileiros. Os patins de gelo e os aquecedores de colchões,* como não é de admirar, não tiveram saída; espartilhos femininos e ataúdes, nenhum dos quais era usado no Brasil, começaram a se acumular, e os artigos de luxo — tecidos finos de lã e selas dispendiosas — estavam todos muito além das posses dos brasileiros comuns. Idéias ultrapassadas de que ainda haveria uma demanda de equipamento de mineração deixaram no porto caixotes de picaretas

* Espécie de recipientes fechados em que se punha carvão em brasa para aquecer a cama. (N. da T.)

invendáveis. Em pouco tempo, começaram a aparecer lâminas de patins como maçanetas improvisadas; os aquecedores de colchão eram perfurados e usados nos engenhos de açúcar para retirar a espuma dos tachos de xarope de cana.

John Luccock foi um exemplo típico dos comerciantes que chegaram ao Brasil aos borbotões. Aprendiz na indústria têxtil, ele se casara com a filha de uma família de negociantes bem-sucedidos, que tinham interesses comerciais em Portugal. Depois da invasão francesa, foi enviado ao Brasil para tentar compensar os prejuízos sofridos pela família na Europa. Chegou em julho de 1808, carregando 20 libras esterlinas, alguns fardos de tecido, dois conjuntos de pesos e medidas, livros contábeis e algum material de leitura: *Dubois sobre o Comércio*, *O Clima das Índias Ocidentais*, de Moseley, e a *Aritmética* de Bonnycastle.

Os primeiros anos, uma gangorra de abundância e escassez, foram difíceis. Luccock constatou que o lote de tecidos finos levado às pressas para o Rio era "suficiente para vários anos".[8] Acabou gastando três semanas na tentativa de apregoar nas ruas duas sobras de tecido, antes de oferecê-las, exasperado, em leilão público. Negociava com lãs, mas não tardou a perceber que o clima era quente demais para competir com os tecidos de algodão que vinham diretamente da Ásia. Os sobretudos, valorizados na Inglaterra, só eram usados no Rio *in extremis* — "aqui, o homem quer um sobretudo pesado não para se manter aquecido", escreveu Luccock a seus fornecedores, "mas para ficar decente quando não está usando nenhuma outra peça de roupa". Até os padrões de cores ingleses caíam mal: "Vivemos num clima jovial, e com pessoas que gostam de rir", escreveu ele a Leeds; "não nos mandem tons pardacentos — não temos quacres aqui. Não queremos cores sombrias, próprias para um novembro inglês."

O comércio internacional do início do século XIX era um negócio incerto. Quando um pedido era enviado à Inglaterra e atendido, e os produtos embarcados atravessavam o Atlântico e eram descarregados e liberados pela alfândega do Brasil, podiam ter-se passado seis meses ou mais. Não havia muito o que os comerciantes pudessem fazer para acelerar o processo. Em parte, ele tinha a ver com a velocidade da embarcação — "quando ouvirem falar de um navio chamado *Rápido* ou *Ativo*, sempre desconfiem de sua velocidade de navegação",[9] foi o conselho de Luccock a esse respeito —, e, em parte, era uma questão da posição da carga no porão. Quando ela ficava enterrada no fundo, isso podia significar uma espera de semanas no porto para que fosse descarregada, enquanto o carregamento mais acessível de um rival conquistava o mercado.

Acima de tudo, porém, tinha a ver com o momento oportuno — extremamente difícil de acertar, consideradas as incertezas e as longas demoras para levar os produtos ao mercado. Quando, no começo dos trabalhos de reforma no Rio, as grades de treliça mouriscas foram proibidas por lei, Luccock viu uma oportunidade para as sacadas de ferro. Por ocasião da chegada de seu carregamento, no entanto, o mercado estava saturado e ele ficou com um grande estoque de artigos de ferro indesejados. Teve dificuldade até mesmo para doar seu estoque, mas, a certa altura, "persuadiu um cavalheiro a aceitar dois artigos de presente".[10] Anos depois, Luccock ainda tinha os restos enferrujados de suas sacadas de ferro atravancando o espaço, e concluiu que a única maneira de se desfazer deles seria "vendendo o ferro batido a peso". Noutra ocasião, percebendo uma escassez de sabão, ele fez uma encomenda considerável, mas, quando suas quarenta caixas chegaram, o Rio estava abarrotado do produto. O sabão, antes vendido por um preço acima da média, ficou praticamente sem valor. Apesar desses desastres, Luccock acabou tendo uma operação bem-sucedida no Rio. Seus negócios atingiram 100 mil dólares de importações anuais; ele empregava um escriturário de Lancashire, um contínuo de Leeds e diversos escravos.

À medida que o comércio se firmou no Rio, muitos produtos distinguiram-se com sucesso: a cerveja preta engarrafada, o queijo de Cheshire e a manteiga irlandesa eram vendidos em grande quantidade, substituindo a produção local. "Fazia-se queijo no município de Minas Gerais", observou Luccock, "mas, na rivalidade com o Cheshire inglês, ele não tinha chance."[11] Até produtos tradicionais como redes e ponchos começaram a ser solapados por imitações inglesas. E a penetração britânica não parou por aí. Numa viagem ao interior, Luccock deparou com "índios civilizados"[12] que usavam "todos os artigos finos que o baixo preço dos produtos ingleses havia introduzido em seu meio".

As casas brasileiras das famílias abastadas logo se adornaram com móveis, louças e talheres ingleses; os anúncios de produtos britânicos enchiam a *Gazeta do Rio de Janeiro*. Produtos industrializados — relógios, telescópios e pianos — espalharam-se pelos escalões superiores da sociedade brasileira. O vidro, até então uma raridade, tornou-se muito popular, aparecendo em todas as suas diversas formas — vidraças para janelas, cristais finos, candelabros e lentes. Nos bastidores, os britânicos se asseguravam de que o comércio continuasse em alta. Em junho de 1809, Luccock teve o prazer de informar que "os ingleses se assenhorearam da Alfândega, regulam tudo, e os funcionários são instruídos a prestar atenção especial às instruções do cônsul britânico".[13] Essa não foi a única área em que eles passaram a dominar. Logo se tornariam os grandes credores do tráfico negreiro ininterrupto que seu governo tanto se empenhava em eliminar.

O tratado de Strangford[14] deixou bem clara essa vantagem. A minuta final situou-se no limite extremo do tipo de acordo que constituiu a espinha dorsal da dominação informal da Grã-Bretanha no mundo inteiro. Os britânicos restabeleceram o direito, do qual haviam desfrutado em Portugal, de ter seus próprios representantes judiciais. Um juiz inglês, que só poderia ser afastado mediante apelo às autoridades britânicas, julgaria no Rio os litígios que envolvessem súditos britânicos. Os navios de guerra britânicos teriam acesso ilimitado às águas brasileiras e deveriam ser abastecidos pela corte, caso viessem a ser usados em sua defesa; a madeira das florestas brasileiras poderia ser usada na construção naval; os britânicos poderiam negociar e possuir propriedades sem nenhuma restrição; ficariam isentos do poder da Inquisição e teriam liberdade de culto, como lhes aprouvesse — uma aguilhoada numa cultura devotamente católica. E o mais escandaloso de tudo foram os níveis tarifários estipulados para os comerciantes britânicos: situados no patamar de 15%, ficavam ligeiramente abaixo dos concedidos aos próprios portugueses e brasileiros. Embora o tratado estivesse redigido na linguagem da imparcialidade e da troca, não se concederiam a brasileiros e portugueses quaisquer direitos recíprocos na Grã-Bretanha, muito pelo contrário. Eles não poderiam possuir bens e não poderiam naturalizar-se se não fossem protestantes. A entrada e as viagens pela Grã-Bretanha seriam restritas. A posse de terras era ilegal para os brasileiros na Grã-Bretanha, no momento mesmo em que D. João fazia concessões gratuitas de terras aos ingleses. O tratado deveria ter validade "por prazo ilimitado", sendo suas condições "perpétuas e imutáveis".

Eclodiu uma batalha na corte em torno da decisão de barrar ou não a aprovação do documento. D. João mostrou-se nervoso, nunca "tendo a mesma opinião em dois dias sucessivos";[15] contudo, pressionado por Sousa Coutinho e com Strangford a fazer ameaças veladas sobre o futuro das relações anglo-lusitanas, o príncipe regente finalmente se comprometeu. Strangford regozijou-se: "Conquistamos tudo, a Inquisição e todo o resto", escreveu a D. Domingos em Londres; "(...) o ataque contra mim e seu irmão foi furioso. A vitória nunca foi mais completa nem mais difícil."[16] Sousa Coutinho também ficou feliz e, no devido tempo, seria generosamente recompensado por seu apoio, recebendo, numa ocasião, um "retrato de Sua Majestade [Jorge III], enriquecido com diamantes",[17] e noutra, uma caixa de diamantes, cortesia de um agradecido Ministério das Relações Exteriores.

Mas a corte havia resistido a Strangford num campo crucial abrangido pelo tratado: a incômoda questão do tráfico de escravos. Uma semana antes de a corte desembarcar no Rio, a Grã-Bretanha havia seguido a Dinamarca e os Estados Unidos na proibição da importação de escravos para suas colônias. Por uma multiplicidade de razões — morais, econômicas e estratégicas —, a Grã-Bretanha começara a fazer pressão para banir por completo esse comércio, e dispunha do poderio naval para respaldar qualquer acordo que conseguisse promover. Com o crescimento da causa abolicionista na Europa, as investigações sobre as condições e o tratamento conferido às vítimas do tráfico foram muito divulgadas, e a escravatura passou a ser vista como escandalosa por qualquer um que não tivesse nela um interesse financeiro direto.[18] Os portugueses começaram a despontar como uma das nações mais culpadas e como a mais resistente a uma causa obviamente humana, sendo o Brasil, nas palavras do abolicionista William Wilberforce, "a própria cria e defensor do tráfico negreiro, ou melhor, a personificação do tráfico de escravos".[19]

Os portos escravagistas portugueses estendiam-se pela costa africana; os engenhos brasileiros eram inteiramente dependentes dos milhares de escravos que chegavam, exaustos, nos navios negreiros. Qualquer que fosse a opinião pessoal de D. João sobre o assunto (suas declarações eram diplomáticas e deliberadamente vagas), a proibição não era uma alternativa, caso ele pretendesse continuar a reinar no Brasil. A elite brasileira, de cuja boa vontade dependia sua corte, tinha profundas implicações nesse comércio e se oporia a qualquer medida para cerceá-lo. A princípio, D. João não se dispôs a fazer nenhuma concessão aos britânicos, mas, por fim, depois de muitos debates, concordou em restringir o tráfico aos escravos negociados entre territórios da Coroa portuguesa, suspendendo as exportações para a América espanhola. E, numa formulação nebulosa, que se tornaria a marca registrada de D. João nessa matéria, o regente prometeu uma redução gradual do tráfico negreiro, sem especificar nenhum prazo.

Noutras questões, todavia, Strangford realmente saiu vitorioso. No fim, o príncipe regente não teve alternativa senão assinar. À parte sua completa dependência da proteção militar britânica, sua corte estava falida. Os tesouros embarcados no comboio em Lisboa logo se haviam esgotado, com a instalação da nova corte no Rio e o pagamento dos custos contínuos de sua gigantesca burocracia. Na ocasião em que Strangford começou a negociar o tratado, D. João já fora obrigado a obter um empréstimo de 600 mil libras esterlinas em Londres, para manter seu governo em funcionamento, oferecendo como garantias de pagamento a receita proveniente do arquipélago da Madeira e o monopólio da Coroa sobre o pau-brasil — as duas fontes de renda fundamentais do império.

O tratado de Strangford foi a culminação de uma longa história de contatos entre Portugal e a Grã-Bretanha. De meados do século XVII em diante, esta havia oferecido proteção militar a Portugal e seu império, em troca de relações preferenciais de comércio. Com a mudança da corte e do governo para o Rio, esse antigo entendimento fora transplantado para o Brasil, já que o centro do Império Português se deslocou da Europa para a América do Sul. Mas as Guerras Peninsulares desequilibraram um relacionamento que já se inclinava pesadamente em favor da Grã-Bretanha. Ela passou a exercer uma influência coercitiva não apenas em Portugal, mas no restante do Império Português. Contrariando os desejos da corte, os britânicos instalaram guarnições militares na

Madeira, em Goa e em Macau, para impedir que caíssem nas mãos dos franceses. Dentre as colônias portuguesas restantes, os centros escravagistas africanos de Angola, Moçambique, São Tomé e Príncipe e Alta Guiné (atual Guiné Bissau) estavam ameaçados pelo ímpeto proibicionista britânico.

Ao perceber a vulnerabilidade de sua posição, o príncipe regente fez tudo o que podia para proteger os interesses dos residentes britânicos do Rio. Num incidente, D. João ordenou que a carruagem real parasse, para indagar se "havia ocorrido alguma coisa desagradável com os britânicos"[20] que estavam participando do funeral de uma criança brasileira. Noutro, um britânico encrenqueiro, do lado de fora do palácio real, foi tolerado, em vez de ser expulso pelos guardas. Num nível mais grave, num episódio que provocou consternação na corte, Sousa Coutinho interveio pessoalmente para processar um comerciante português que tentara defender uma jovem escrava sua das investidas de dois ingleses.[21]

O número de comerciantes britânicos no Rio teve um aumento sistemático durante os anos que D. João passou no Brasil. Em 1819, havia sessenta empresas britânicas funcionando na cidade. Construiu-se uma igreja anglicana, junto com um cemitério especial numa colina de frente para a baía, que tinha seu próprio cais para receber as balsas que traziam os mortos. Seguiram-se um hospital, algumas lojas, uma biblioteca ambulante e um jornal. Maria Graham, uma mulher da alta sociedade que visitou o Rio no início do século XIX, surpreendeu-se ao deparar com numerosas tabernas e *pubs* britânicos "cujos *Union Jacks*, *Red Lions* e *Jolly Tars*, com suas inscrições em inglês, rivalizam com os de Greenwich e Deptford (...) Quase todas as ruas são repletas de produtos britânicos. Em todas as portas, chamam atenção as palavras *artigos finíssimos de Londres.* Tecidos de algodão estampado, lãs finas, louças de porcelana e, acima de tudo, ferragens de Birmingham podem ser comprados por preços pouco mais altos do que em nosso país (...)".[22]

Os sucessos de Strangford tornaram-no sumamente impopular no Rio. Ele passou a simbolizar o poderio imperial britânico e a impotência do príncipe regente, que parecia funcionar cada vez mais como simples testa-de-ferro sob o controle britânico.

Os comerciantes locais já se voltavam contra ele, tão logo os efeitos do tratado começaram a se fazer sentir. "Os brasileiros em geral são invejosos e insatisfeitos", escreveu Strangford num despacho do Ministério das Relações Exteriores; "vêem os ingleses como usurpadores de seu comércio; ofendem-se com a linguagem e a conduta altivas de nossos cônsules e com as acusações pesadas que são feitas em seus departamentos."[23] Uma petição assinada por mais de cem comerciantes do Rio expôs suas queixas à Coroa. Os comerciantes britânicos estavam usando "toda sorte de taxas de câmbio e algoritmos"[24] para dominar o mercado, protestaram os signatários, e era chegada a hora de livrar a cidade dessas "intrigas e trapaças usurárias". E as queixas não eram apenas econômicas. As bebedeiras dos marinheiros britânicos, o descaso indiferente para com as susceptibilidades culturais brasileiras, os "insultos cotidianamente feitos a seus preconceitos, seus costumes e sua religião pelos colonizadores ingleses deste país"[25] amarguravam a população local. Desenvolveu-se um antagonismo recíproco, resumido com um toque nacionalista de sua autoria por um viajante francês, Jacques Arago: "É costumeiro os ingleses ridicularizarem os brasileiros e os brasileiros odiarem os ingleses. As duas nações têm razão."[26]

A impopularidade de Strangford na corte foi reforçada por suas intervenções desastradas na luta contínua pela Banda Oriental.[27] Em meados de 1810, essa região havia degenerado numa complexa batalha de três adversários, entre soldados, liderados por um criador de gado local, José Gervasio Artigas, revolucionários de Buenos Aires e forças leais à Espanha. Tropas brasileiras concentravam-se em massa na fronteira, com Sousa Coutinho ansioso por mandá-las invadir. Além de acreditar que o rio da Prata era a fronteira natural do Brasil, a corte estava preocupada em impedir que um governo revolucionário se instalasse bem nos portões do país. Strangford recebeu ordens de se manter em guarda, pois Londres estava atenta à visão de um Brasil maior na América do Sul, que prevalecia na corte do Rio de Janeiro.

Quando eclodiu uma insurreição no início de 1811, tropas luso-brasileiras atravessaram a fronteira, em defesa dos legalistas espanhóis.

Strangford fez seu papel diplomático e, em outubro de 1811, conseguiu negociar uma trégua entre os combatentes. No ano seguinte, enviou a Buenos Aires um oficial do Exército britânico, o tenente-coronel John Rademaker, e obteve um acordo, aceito com grande relutância no Rio, para que o Exército luso-brasileiro e o Exército rebelde espanhol se retirassem.

Mais uma vez, Strangford tinha vencido, mas a maré estava prestes a virar. No início de 1812, Sousa Coutinho adoeceu. Fazia algum tempo que sofria do coração, como observara Strangford numa de suas cartas anteriores a D. Domingos, em Londres: "Seu irmão dificilmente terá tempo de lhe escrever por este paquete. Continua a se queixar daquelas vertigens terríveis a que é muito sujeito, e que realmente me inquietam."[28] Sousa Coutinho morreu de repente, em 26 de janeiro de 1812, depois de desfalecer no palácio, em meio a uma rixa com D. João. Sua morte foi uma desgraça para Strangford. Apesar das divergências dos dois quanto à Banda Oriental, Sousa Coutinho era um defensor ferrenho da aliança anglo-portuguesa e o único aliado do britânico numa corte hostil. Foi o começo de um declínio sistemático da influência de Strangford no Rio, que acabaria por levá-lo a ser chamado de volta a Londres.

O substituto de Sousa Coutinho foi D. Fernando José de Portugal, marquês de Aguiar, um dos poucos integrantes do governo que conheciam bem o Brasil. Servira como vice-rei do país de 1801 a 1806, antes de retornar a Lisboa, apenas para ter de fugir outra vez para o Rio um ano depois. Já sendo nessa fase um nobre envelhecido, faltava a Aguiar, tal como a D. João, uma visão clara; e, depois da vitalidade dos anos de Sousa Coutinho, a corte deixou-se levar por uma maré de retórica antibritânica incipiente. Com a liderança precária no primeiro escalão, Araújo começou a desempenhar um papel mais e mais influente nos bastidores. Strangford foi sarcástico quanto aos novos arranjos, ao escrever a Londres:

> É realmente singular a situação nesta corte (...) Todos os órgãos de governo exibem a mais escandalosa negligência e má administração, ou a mais desonrosa corrupção, e não parece haver a menor esperança de uma mudança para melhor. Na verdade, é

D. João era um homem de gostos aristocráticos simples. Apreciava longos banquetes, nos quais consumia uma quantidade prodigiosa de carne de veado e de aves, como demonstra a barriga protuberante desse retrato da maturidade.

Dona Carlota, princesa regente e rainha de Portugal, era uma personalidade extravagante e difícil de interpretar. Aqui, ela segura aberto um medalhão com o retrato do marido, D. João, mas, na vida real, o relacionamento entre os dois era famoso por sua tensão.

O príncipe herdeiro D. Pedro acabara de fazer 9 anos quando os navios zarparam em direção ao Brasil. Passou a adolescência no clima abafado do Rio, transformando-se num rapaz libidinoso e passional. Foi imortalizado na história do Brasil por seu Grito do Ipiranga, no qual proclamou o país independente de Portugal, em 1822.

Lorde Strangford, poeta amador e tradutor de Camões, foi emissário da Grã-Bretanha em Portugal no período que antecedeu a invasão francesa, antes de acompanhar a corte em sua ida para o Brasil em 1808. Era o diplomata arquetípico da era napoleônica, defendendo os interesses da Grã-Bretanha com quaisquer meios que se fizessem necessários.

Essa cândida tela a óleo, com seu ar de melancólica serenidade, oferece uma visão asséptica da evacuação de Lisboa. Relatos de numerosas testemunhas oculares descrevem o tumulto e o desespero do embarque, à medida que os portugueses se precipitavam para deixar o porto antes que as tropas napoleônicas chegassem à cidade.

Esta alegoria exibe as alusões clássicas preferidas pela corte portuguesa. No fundo escuro, há cenas das campanhas peninsulares. As figuras idealizadas em primeiro plano, banhadas em cores quentes, apontam num gesto de adoração para o trono etéreo de D. João no céu.

Quando a frota cruzou a entrada da barra do famoso porto do Rio, à esquerda estava o Pão de Açúcar, que o pintor alemão Rugendas descreveu como "uma estranha pirâmide de pedra".

Protegido por uma série de portentosas cadeias de montanhas — as escarpas da serra do Mar —, o porto do Rio era tão grande que, originalmente, pensou-se que fosse a foz de um imenso rio.

Ao longe, o Pão de Açúcar, envolto numa nuvem baixa, inclina-se graciosamente para fora da baía; em primeiro plano aparece uma miscelânea de cariocas — militares, frades, escravos, vendedores ambulantes e homens e mulheres da burguesia.

Um escravo é açoitado por outro no pelourinho, enquanto a platéia observa, aprovando. Enojada com o espetáculo, a corte pôs fim a essa prática e confinou o castigo aos pátios das prisões, onde ele era administrado por funcionários da Coroa.

Esta é a detalhada tipologia de Debret sobre as nações africanas e as ocupações das escravas no Rio, que inclui: "Nº 10, moça: escrava principal de um negociante europeu (alvo favorito do açoite)."

Essa cena típica de uma casa brasileira tem um clima de acolhedora domesticidade, mas observe-se que bem à mão, saindo do cesto, aparece o chicote que era constantemente usado para ameaçar os escravos, segundo Debret.

O marido come em silêncio, enquanto a mulher se diverte dando sobras a uma criança escrava. As crianças eram mimadas até os 5 ou 6 anos, explicou Debret, antes de acabarem como escravas de outros escravos — maltratadas, surradas e obrigadas a viver de frutas roubadas do jardim ou da ração dos animais.

Maria Leopoldina Josefina Carolina de Habsburgo viajou 8 mil quilômetros para seu casamento com o príncipe herdeiro D. Pedro, no Brasil. Na Europa, tecera fantasias sobre a pureza e a inocência que acreditava vir a encontrar no Novo Mundo, mas logo se desiludiu com a vida da corte no Rio.

Dona Leopoldina chegou ao Rio com grande pompa e cerimônia. As figuras minúsculas da princesa e de D. Pedro podem ser discernidas nesta tela, subindo a rampa, seguidas por dona Carlota e D. João.

A rainha embarca com suas filhas e seu camareiro, encerrando um infausto período de 13 anos de exílio nos trópicos. Ao partir, ela soltou uma tirada contundente de despedida, segundo Debret, gritando em delírio: "Vou enfim encontrar uma terra habitada por homens!"

Após mais de uma década no Brasil, a corte acabou sendo obrigada a retornar à Europa pela revolta constitucionalista que varreu Portugal. Ao pisar em terra, D. João havia perdido muitos de seus antigos poderes, reduzido de monarca absoluto à condição de chefe nominal do parlamento.

> lamentável assistir ao declínio da prosperidade desse império, que fizera avanços rápidos até a morte do conde de Linhares [isto é, Sousa Coutinho] (...).[29]

Em 1813, a situação de Strangford foi desgastada por mais um fator: a guerra na Europa vinha-se voltando decididamente contra Napoleão. Quando os aliados cruzaram Bidassoa, na fronteira espanhola, em 7 de outubro de 1813, os soldados de Wellesley pisaram em solo francês pela primeira vez. Entrementes, no leste, Napoleão combatia e perdia a batalha de Leipzig. Março de 1814 assistiu à libertação de Fernando VII, para retomar o governo de um país que fora destruído pela ocupação qüinqüenal do Exército francês. Com Napoleão praticamente derrotado, a manutenção da aliança luso-anglicana tornou-se menos urgente. Já não sendo o avalista militar da corte, seu protetor contra os exércitos devastadores de Napoleão, Strangford viu sua influência sobre o governo do Rio e os negócios do restante da América espanhola começar a diminuir. Em 1814, a trégua que ele impusera na Banda Oriental desarticulou-se, deixando o renegado Artigas sitiando Montevidéu. No Rio e em Madri houve consternação pela forma como Strangford manejara equivocadamente essa situação, bem como uma frustração crescente com as maquinações do enviado britânico.

O próprio Strangford descreveu vividamente os sentimentos antibritânicos que havia fomentado nos anos que se seguiram ao tratado comercial. "O ódio dos nativos do Brasil pela Inglaterra é mais violento do que sou capaz de descrever", escreveu em 1814. "Perpassa todas as classes de pessoas deste país, exceto, talvez, os cultivadores das imediações dos portos nortistas, cujos interesses decerto foram beneficiados pelo comércio direto com a Inglaterra (...) Os comerciantes do Rio de Janeiro (...) sofreram intensamente com a abertura do livre comércio entre este país e a Europa (...) [o que] gerou uma animosidade quase irreconciliável contra o nome e a nação britânicos."[30] A animosidade da Grã-Bretanha para com o tráfico de escravos também vinha isolando Strangford. Na Bahia, negociantes de escravos estavam sendo arruinados pelas restrições constantes do tratado; noutras regiões, temia-se o que uma proibição completa poderia significar para o Brasil. Strangford tentou promover o movimento proibicionista, solicitando a divulgação dos debates ocorridos na Câmara dos Comuns e na Câmara dos Lordes sobre o assunto. Em resposta, a corte ameaçou processá-lo por incitar rebeliões de escravos.

A movimentação dentro da corte viria a selar o destino do enviado britânico. Depois de anos trabalhando nos bastidores, Antônio de Araújo reingressou no Ministério no início de 1814. O governo de D. João finalmente contava com um homem de peso para conduzir a orientação antibritânica, um homem cuja visão tinha como princípio norteador, segundo Strangford, a idéia de "que a ligação com a Inglaterra se tornou opressiva e degradante para Portugal".[31] Strangford protestou com D. João, opondo-se com veemência à nomeação de Araújo, mas, dessa vez, não prevaleceu. No Rio, o retorno de Araújo ao governo foi comemorado com três noites de fogos de artifício, enquanto a cidade se regozijava com o golpe antibritânico da corte.

Em Londres, houve mal-estar a respeito de Strangford, bem como uma reavaliação da estranha situação que se desenvolvera no Brasil. Graças a Strangford, a *raison d'être* por trás da transferência da corte havia-se concretizado — o porto do Rio estava abarrotado até o teto de produtos ingleses. A Grã-Bretanha, por intermédio de Beresford, controlava Portugal, mas, à medida que Strangford perdia influência na corte, a permanência de D. João nas Américas tornava-se problemática. O próprio Strangford vinha recomendando uma mudança de política, escrevendo ao ministro das Relações Exteriores, visconde Robert Steward Castlereagh: "Senhor, eu estaria faltando para com meu dever, se não recomendasse vivamente à consideração do governo de Sua Majestade Real o rápido retorno da família real portuguesa à Europa, como o único remédio eficaz para o choque que a aliança com a Grã-Bretanha tende a receber em conseqüência do estado de coisas agora instaurado nesta corte."[32] Quando da volta de D. João, prosseguiu ele, "devemos também livrar-nos do grave malefício proveniente da contradição e dos conflitos de dois governos [isto é, Rio e Lisboa] situados a tão enorme distância um do outro, que um deles mal pode tomar qualquer medida sem se expor ao risco de que ela tenha sido neutralizada pelo outro, antes que qualquer comunicação possa ser feita".

Seguindo o conselho de seu enviado, a Grã-Bretanha resolveu pôr fim à temporada da corte nos trópicos. Em maio de 1814, Strangford leu uma carta do príncipe regente da Grã-Bretanha (o futuro Jorge IV) a D. João, expressando o desejo da Grã-Bretanha de concluir o que ela havia iniciado em Lisboa, anos antes, e devolver a família real a Portugal. Ao mesmo tempo, uma esquadra britânica foi enviada ao Rio para escoltar a corte em sua volta à Europa, e Strangford sugeriu que D. João preparasse seus próprios navios como transportadores para a viagem.

Esses gestos deixaram D. João num dilema, dilacerado, não pela primeira vez, entre Strangford e seus conselheiros na corte. O inglês afirmou que D. João era favorável à volta a Portugal, que estava "impaciente por visitar sua terra natal, mas seu desejo depara mais e mais com a objeção de seus dois ministros [Araújo e Aguiar], que conseguiram (em completa oposição aos sentimentos e ao juízo do príncipe) persuadir Sua Alteza Real de que seu retorno à Europa serviria apenas para colocá-lo, de forma completa e irrevogável, sob o controle da Grã-Bretanha".[33] Strangford precisava "quebrar o encanto que essa idéia tem-se empenhado em lançar sobre ele [D. João] e, deslocando-o de imediato para Portugal, (...) pôr diante de seus olhos uma exposição real dos enormes e notáveis benefícios que ele extraiu da ligação com a Grã-Bretanha e do apoio desta".

A princípio, a corte realmente pareceu estar-se aprontando para seu tão esperado retorno à Europa, preparando a frota no Rio e convocando marinheiros e navios portugueses do exterior. Também Londres vinha tomando providências diplomáticas, enviando a Lisboa seu ex-ministro das Relações Exteriores, George Canning, que estaria pronto para receber D. João em seu desembarque e assumir o lugar de Strangford como emissário britânico na corte devolvida a seu país. Entretanto, quando a escolta britânica já se fizera ao mar, os planos de partida da família real foram abandonados. Canning teria de esperar quase um ano em Portugal, até desistir e se mudar, assumindo um cargo na França. Os navios da escolta chegaram em 28 de dezembro de 1814, recebendo uma acolhida muda. Strangford viu-se diante de uma situação embaraçosa por todos os lados, tendo de explicar ao Ministério das Relações Exteriores por que, após uma dispendiosa viagem de dois meses, três navios britânicos estavam ancorados na baía de Guanabara, no Rio de Janeiro, sem nenhum objetivo aparente. Ele disse haver recebido asseverações anteriores de D. João de que ele retornaria a Lisboa, se os britânicos enviassem uma escolta, afirmação esta que foi desmentida com veemência pela corte do Rio. Defendendo-se perante Castlereagh, Strangford escreveu que, embora não estivesse em condições de acusar D. João de mentir, "o mundo inteiro sabe que a palavra do soberano é falsa".[34]

Num despacho desajeitado, Strangford sugeriu que os navios britânicos poderiam tentar levar de volta alguns membros menos importantes da família real, o que "indicaria, aos olhos da nação portuguesa, a intenção de retorno de D. João",[35] e talvez, o que era mais importante para sua própria carreira claudicante, "desfizesse a desagradável impressão de que a viagem do contra-almirante Beresford a este país foi totalmente infrutífera". No fim, foi o próprio Strangford quem zarpou com a escolta de volta para a Grã-Bretanha, passando pelo Pão de Açúcar e entrando em alto-mar no dia 8 de abril de 1815. Ele fora útil em todas as etapas da fuga da corte de Lisboa e de sua instalação no Rio, mas havia começado a personificar os projetos imperialistas da Grã-Bretanha. Na etapa final, o governo do Rio impediu seu acesso a D. João, o que tornou insustentável sua posição de enviado. Ele deixou o Rio recusando o presente costumeiro de 12 barras de ouro, mas, para incômodo das autoridades, de posse de dois livros de música que pegara emprestados na Biblioteca Real e que nunca devolveu.[36]

Foi um fim amargo para um relacionamento difícil. O príncipe regente ficou tão aborrecido com Strangford, que se recolheu a uma de suas residências insulares na baía, para não assistir à partida da esquadra britânica. D. João dispôs-se até a escrever ao príncipe regente britânico uma carta de protesto sobre a conduta de Strangford no Rio:

> (...) há tempos que ele abusava desta confiança, quer com discursos indecentes e escandalosos que proferia sobre a sua influência no governo, quer tomando a liberdade de usar de frases injuriosas contra alguns dos meus primeiros magistrados e outros empregados, quer, enfim, desculpando-se algumas vezes sob pretexto de indisposição de saúde para não ir à corte nos dias mais célebres, ao mesmo

> tempo que aparecia na cidade para tornar visível sua pouca atenção. Nada iguala, porém, as expressões que lorde Strangford ousou proferir perante mim por causa da nomeação que acabo de fazer de um ministro de Estado.[37]

A perda de influência de Strangford no Rio deveu-se, em parte, a uma mudança do clima na Europa.[38] A longa guerra, cujas primeiras salvas tinham soado mais de duas décadas antes, estava finalmente encerrada. A abdicação de Napoleão foi comemorada em desfiles por toda a Europa. No verão de 1814, o Hyde Park, em Londres, foi decorado com templos, pagodes e pontes orientais; uma simulação de uma batalha naval foi montada no lago do parque, enquanto balões de ar quente pairavam no céu. Com as comemorações, veio a sensação de que o continente, destroçado pela revolução e pela guerra, estava enfim voltando ao normal. As famílias reais e suas cortes haviam resistido à era revolucionária, e exilados de toda a Europa perfizeram o caminho de casa. A França era novamente governada por um rei Bourbon, Luís XVIII (irmão de Luís XVI, guilhotinado), que reassumiu o trono após décadas de violência antimonarquista. Na Espanha, Fernando VII instalou-se em Madri, e o país, depois do radicalismo dos governos patriotas, impacientava-se com o absolutismo sufocante de outrora.

Mais adiante, no mesmo ano, soberanos de toda a Europa reuniram-se no Congresso de Viena — um encontro destinado a discutir os acordos do pós-guerra. Houve um toque de Velho Mundo nos trâmites, acompanhados por entretenimentos apropriadamente preparados no estilo do Velho Mundo. Os bosques ao redor de Viena reverberaram com as detonações de grupos de caça, e uma justa medieval foi encenada pela Escola Imperial de Equitação. Houve bailes, operetas e grandes banquetes. Após uma apresentação de *Cinderela*, uma procissão de trenós, iluminados pelo brilho majestoso das tochas, abriu caminho pela neve até o Palácio de Schönbrunn. Foi uma exibição de riqueza e poder aristocráticos, uma resposta conservadora aos anos revolucionários da Europa.

As negociações no Congresso reforçaram o sentimento de que se estava retrocedendo no tempo. As grandes potências — Grã-Bretanha, Áustria, Prússia e Rússia — tentaram não apenas criar uma Europa com fronteiras aprovadas de comum acordo, mas respaldar a soberania dos monarcas que governavam dentro delas. Houve um sentimento renovado de solidariedade entre as cortes européias do Congresso, depois dos anos de manipulação por Napoleão, bem como uma nova confiança — o sentimento de que as casas reais não mais poderiam ser destratadas por comandantes militares e diplomatas como tinham sido durante as guerras. Enquanto suas comitivas suntuosas se divertiam em Viena, os representantes da velha ordem, mais uma vez importantes e poderosos, desfilavam pelo palco de uma Europa liberada.

Foi nesse clima de camaradagem aristocrática, vinho do Porto, charutos e barganha política que se discutiu informalmente a situação da corte de D. João no Brasil. Com renovada solidariedade pelas aflições da família real portuguesa, o maquiavélico Charles Maurice de Talleyrand, que servira como ministro das Relações Exteriores sob as ordens de Napoleão, propôs uma solução para a aparência indecorosa de uma corte européia residindo numa de suas colônias. Em conversa com um dos representantes portugueses no Congresso, sugeriu a elevação do Brasil à categoria de reino — uma espécie de extensão tropical de Portugal. A idéia de Talleyrand foi enviada ao Rio, onde foi adotada por ordens reais. Em dezembro de 1815, nasceu o Reino Unido de Portugal, Brasil e Algarve. Do outro lado das fronteiras brasileiras, na América espanhola, haveria violência e colônias dilaceradas pelas futuras guerras de independência. Mas o Brasil, por algum tempo, trilharia um caminho diferente, tornando-se um reino independente, um co-reino, parceiro majoritário de uma união transatlântica.

Irromperam comemorações por todo o Brasil, ante o reconhecimento oficial de sua igualdade formal com seus senhores imperiais, e "choveram discursos de exultação e de gratidão ao soberano, num só movimento simultâneo, vindo de todas as partes do país", escreveu Luccock, pois até "a mais remota e obscura cidadezinha orgulhava-se do privilégio que lhe permitia dirigir-se a seu soberano com um título brasileiro, em terras brasileiras".[39] Do outro lado do Atlântico, no entanto, a reação foi muito diferente. A posição histórica de Lisboa como centro do mais antigo império existente na Europa fora deslocada, destroçando-se a perspectiva de qualquer retorno ao *status quo ante*.

Com respeito às questões mais substantivas discutidas no Congresso de Viena,[40] todavia, houve negociações difíceis para os delegados portugueses. Portugal receberia uma recompensa insignificante por seu sofrimento durante as campanhas peninsulares, e seu direito a Olivença, uma cidadezinha de fronteira tomada pela Espanha em 1801, seria reconhecido, mas nunca honrado pelos espanhóis (numa disputa que continua sem solução até hoje). Mais importante foi o problema da escravatura. Os representantes de D. João, inclusive o ubíquo Palmela, não tardaram a se descobrir isolados nessa questão. A Rússia e a Áustria, sólidas aliadas dos portugueses, tomaram o partido da Grã-Bretanha, que pressionava pela proibição. Sob enorme pressão internacional, Portugal escapou, dessa vez, com uma proibição ao norte do equador e um acordo de retomar as conversações, em data futura, sobre a eliminação completa desse comércio.

No cômputo geral, todavia, o Congresso de Viena fortaleceu a posição do príncipe regente no Rio. A corte antiquada de D. João, assim como seu amor pelo cerimonial e pelos privilégios hereditários, estava outra vez em moda. O aquecimento das relações com as cortes conservadoras da Áustria e da Rússia proporcionou um contrapeso para a arrogante influência britânica, e a partida de Strangford foi apenas um sinal externo das mudanças no alinhamento político do continente europeu trazidas pela conclusão dos anos de guerra. A corte brasileira já não precisava da patrulha naval britânica para garantir sua segurança no Rio; a Grã-Bretanha, por sua vez, alcançara seus objetivos na América do Sul, com exceção da batalha permanente pelo término do tráfico de escravos.

Com a criação do Reino Unido de Portugal, Brasil e Algarve, estavam encerrados os anos de dúvida, a maçante politicagem dentro da corte chegou ao fim, e a delegação britânica foi silenciada. D. João pôde finalmente começar a se acomodar num país pelo qual já se deixara seduzir. No correr dos anos, o número de suas residências havia crescido e, além dos palácios principais, ele se apossara de uma série de belas mansões, situadas em diversas ilhas cercadas de palmeiras dentro do porto do Rio. Balsas reais, com seus escravos remadores batendo ritmicamente nas águas da baía, transportavam o príncipe regente para a ilha de sua escolha. Uma vez instalado, D. João podia olhar para o

Rio do outro lado, com as cadeias de montanhas que o protegiam, sem a incômoda sensação de que sua estadia no Brasil poderia em breve estar chegando ao fim.

O que ele talvez não pudesse avaliar, de sua sede tropical, era a vulnerabilidade da nova ordem na Europa. O Antigo Regime estava outra vez no controle, mas em terras que tinham sido semeadas com as idéias revolucionárias da França. Durante as guerras, a retórica de Napoleão costumava ser descartada como propaganda; depois delas, forneceu aos radicais a planta baixa de uma Europa nova e mais democrática.

OITO

O Arquivista

Com a transferência da corte para o Brasil, uma classe inteira de pessoas em Lisboa viu-se diante da falência. Quem tinha ligações com a corte ou com o governo, ou com qualquer instituição patrocinada por eles, ficou sem renda nem carreira. Ao longo dos anos, houve um êxodo contínuo de padres, bibliotecários, burocratas, nobres e mulheres que embarcavam nos navios destinados ao Rio. Embora alguns fossem movidos pela pobreza a tentar a sorte no Brasil, outros foram pessoalmente convocados pelo príncipe regente — mais um indício, se é que algum se fazia necessário, de que D. João vinha instalando-se para uma longa estada.

Um desses cortesãos foi Luiz Marrocos, um arquivista da Biblioteca Real que aparece com destaque na história da corte no Brasil, por ter deixado um grosso maço de cartas escritas a seus familiares em Lisboa. Juntas, essas cartas oferecem uma das visões mais claras do estado psicológico — complexo e em permanente evolução — dos que viviam exilados no Rio. Íntimas, francas e, com certeza, nunca redigidas com a intenção de serem levadas a público, elas revelam os pensamentos mais privados de Marrocos, enquanto ele batalhava com sua nova vida no Brasil. O rapaz saiu de uma Lisboa sitiada, na qual as defesas de Torres Vedras criadas por Wellesley mantinham o Exército francês a distância. Tendo chegado ao Brasil nos primeiros anos de exílio da corte, vivenciou a exultação trazida pela derrota de Napoleão. Logo em seguida, ficou decepcionado por ainda não ver nenhuma possibilidade de retorno à pátria amada, e acabou ficando para vivenciar o desabrochar do Rio como cidade imperial.

Marrocos desabafava com o pai, um professor de filosofia que dedicara muitos anos de serviços leais à Coroa na seção de manuscritos da Biblioteca Real, em Lisboa. Seguindo os passos do pai, o rapaz se tornara arquivista e tradutor. Antes de partir para o Brasil, havia traduzido, por ordem do rei, três volumes de um monumental tratado de medicina francês — 2.500 páginas ao todo —, pressionado por um prazo curto, mas, depois de todos os seus esforços, a obra não foi publicada. Aliás, Marrocos parecia ser meio azarado: um exemplar único de outra de suas traduções épicas perdeu-se em algum lugar do cais, na desordenada saída da família real de Lisboa. Sua correspondência com o pai foi regular e intensa, mas teve um fim abrupto, dez anos depois da primeira carta ansiosa do arquivista, escrita em alto-mar.

Marrocos embarcou no *Princesa Carlota* para fazer a travessia do Atlântico em 1811. Nos primeiros dias após a saída de Lisboa, a náusea espalhou-se pelos conveses da fragata. Os passageiros deixavam a cabeça pender sobre as amuradas, ou ficavam imóveis nos conveses, tentando ignorar os movimentos lentos e rítmicos sob seus pés. Quando o *Princesa Carlota* se aproximou do arquipélago de Cabo Verde, Marrocos pegou na pena:

> Meu pai (...) Esta é feita entre Céu e água, sobre mil aflições, desgostos e trabalhos, quais nunca pensei sofrer (...) Ao oitavo dia de viagem já era corrupta e podre a água de ração, de maneira a que a se lançam fora os bichos para beber-se: têm-se lançado ao mar muitos barris de carne salgada podre. Enfim, tudo aqui é uma desordem, pela falta de providências em tudo: todas as cordas da fragata estão podres, menos as encarcias (*sic*) [enxárcias]; todas as velas estão avariadas, de sorte que se rasgam com qualquer viração (...) a tripulação não presta e em semelhante estado ficaremos perdidos, se por nossa desgraça formos acometidos de algum temporal rijo.[1]

No que o navio seguiu viagem, sua preocupação voltou-se para os outros passageiros: "Causou-me a maior compaixão ver o vomitório geral da gente da fragata, pois entre 550 pessoas que aqui há foram poucas as privilegiadas do enjôo." Marrocos temeu não apenas por sua vida, mas pela segurança de sua carga: 67 caixas de livros e manuscritos que ele recebera ordens de levar, como novos acréscimos para a expansão da Biblioteca Real no Rio. "Se eu soubera o estado em que existe a fragata *Princesa Carlota*", escreveu, "repugnava absolutamente de meter-me nela e a Livraria, e nisto mesmo faria um grande serviço a SAR [Sua Alteza Real]."[2] A coleção fora resgatada dos franceses, depois de ter ficado para trás nas docas, como uma das baixas da precipitada saída da corte de Lisboa. Tinha sido por um triz. Haviam-se expedido ordens de que, na eventualidade de invasão, alguns elementos da coleção deveriam ser queimados, mas essa instrução fora ignorada. A ocupação de Junot deixou prejuízos substanciais, e seus homens retiraram grande quantidade de produtos saqueados depois da convenção de Sintra. No fim de 1808, porém, chegou a notícia de que a biblioteca continuava em Lisboa: "Os palácios reais ficaram com muitas danificações", escreveram as autoridades, "mas a Livraria Real do Paço da Ajuda, com todos os seus papéis, ainda os mais secretos, sem a menor diminuição ou ruína."[3] Com a expectativa de novas invasões francesas, decidiu-se despachar o conteúdo da Livraria para o Rio em três remessas, a segunda das quais foi a de Marrocos.

Passado o nervosismo inicial, o bom tempo contribuiu para a travessia e, dez semanas depois da primeira carta desesperada de Marrocos, a fragata surrada cruzou a entrada do porto do Rio. Marrocos tinha 30 anos. Chegou a uma cidade tropical, a milhares de quilômetros do tumulto da Europa. Sua formação acadêmica e, talvez, uma mexida dos pauzinhos por parte de seu pai tinham-lhe conseguido um emprego no santuário interno da corte. Ele trabalharia nos manuscritos da Coroa, numa sala acima da de D. João no palácio real. Todas as manhãs, às sete horas, como mais tarde gabou-se com o pai, tinha a honra de beijar a mão do príncipe regente. Era uma posição privilegiada, porém Marrocos, como muitos de seus conterrâneos, teve dificuldades consideráveis para se haver com sua nova vida no Rio.

Os primeiros anos eram difíceis para quem viajava ao Brasil a fim de trabalhar na corte. Para trás eles deixavam família, parentes próximos e amigos, e chegavam ao que viam como uma região colonial atrasada.

Em Portugal, muitos nunca haviam circulado longe dos palácios lisboetas em que tinham obtido a proteção real, manobrando a dinâmica da vida na corte em proveito próprio e obtendo pensões por serviços mal-definidos. No Rio, eles se viam desprotegidos. Uma cidadezinha miúda fora inundada de extras — dependentes da realeza, lacaios, mensageiros, advogados e arquivistas: uma imensa estrutura burocrática, enxertada numa modesta base colonial. Alguns conseguiam adaptar-se, com o correr dos anos, mas a maioria reagia à nova situação com preconceito, medo e saudade da Europa, por mais terríveis que fossem as circunstâncias deixadas para trás.

Marrocos não foi uma exceção: ao chegar, caiu em depressão profunda, e suas primeiras cartas são um jorro incontido de negatividade. Ele era sarcástico em relação ao Rio, a seu clima, sua gente e o comportamento desta. Para Marrocos, o Rio parecia o pior bairro de Lisboa, a Alfama, um amontoado de galerias de abóbadas baixas, escadarias de pedra e ruelas sem saída, que abrigava a população mais pobre da cidade. Ou então, para ser generoso, ele estendia sua comparação às áreas mais imundas de um bairro na encosta de um morro no centro da capital, o Bairro Alto. O clima do Brasil era mais pestilento que o de Moçambique — na época, um posto avançado do Império Português, famoso por sua insalubridade (provavelmente devida à malária) —, e o ar era uma mistura malcheirosa dos vapores nocivos que subiam dos charcos da cidade.[4]

É possível que alguns temores de Marrocos fossem justificados. Numa de suas cartas, ele escreveu sobre o dobrar constante dos sinos fúnebres, e acrescentou que "só na Igreja da Misericórdia desta cidade se enterraram no ano de 1811 para cima de 300 pessoas, naturais de Lisboa".[5] Noutro ponto, falou de uma epidemia que vinha levando tanta gente da cidade que D. João foi obrigado a suspender seu passeio diário habitual e a se confinar em São Cristóvão.[6] A família real também não foi poupada das novas doenças do Brasil. D. Pedro Carlos, marido da filha mais velha de D. João, Maria Teresa, foi uma vítima precoce da mudança para o Rio. Desfrutou de apenas dois anos de vida conjugal. Sempre com a saúde precária, morreu de uma "violenta febre nervosa"[7] em maio de 1812. Um ano depois, Marrocos registrou outra doença na família real, a da irmã da rainha, Dona Maria Anna: "A senhora Infanta D.

Mariana tem estado há dias muito doente com um espasmo no estômago, tudo vomita, se lhe conserva coisa alguma", escreveu o arquivista a seu pai.[8] Ela morreu pouco depois, embora, àquela altura, já contasse setenta e tantos anos. O próprio Marrocos parece ter sofrido de uma variedade de moléstias: as referências a sangramentos nasais, tosses persistentes, hemorróidas, perda de peso e dores de cabeça aparecem repetidamente. Num episódio grave, ele passou 12 dias de cama, em dez dos quais subsistiu alimentando-se de sopa.

Mas havia uma implicação moral em suas queixas sobre o clima. Recorrendo a imagens populares da degeneração dos trópicos, ele se voltou contra os cariocas. O Brasil era uma "terra de sevandijas",[9] com uma população "indigníssima, soberba, vaidosa, libertina". Marrocos sentiu-se ameaçado, inseguro de ter forças suficientes para resistir às tentações que o Rio poria em seu caminho. Muitas portuguesas no Rio, confidenciou ele ao pai, já tinham conquistado a má fama que recaía sobre as brasileiras em Lisboa.

Ademais, havia os escravos, cuja influência maléfica, segundo ele, impregnava a cidade. Além de incentivar a preguiça e disseminar doenças estranhas, a instituição da escravatura criava um clima sufocante de violência e retaliação. Fazia-se necessária uma disciplina severa, escreveu Marrocos, acrescentando uma história que servia de advertência: "Destes foi há tempo enforcado em patíbulo um preto que matara seu senhor, senhora, um filho, e violentara uma sobrinha, a quem matou depois: destes casos acontece freqüentemente, assim como pretas matarem seus senhores com veneno."[10] O próprio Marrocos empregava um escravo que era obediente e respeitador, mas às vezes precisava de atenção: "O meu preto (...) só tem levado uma dúzia de palmatoadas por teimoso, mas quebrei-lhe o vício."[11] Um tipo de intimidade deturpada acabou por existir entre os dois: "Tem ele a singularidade de fazer-me sentinela ao pé de mim, quando eu estou dormindo a sesta, só com o fim de enxotar as moscas, para não me acordarem."

Com o prosseguimento das primeiras cartas, o ódio de Marrocos pelo Rio pareceu intensificar-se, para dizer o mínimo. Por vezes, pareciam faltar-lhe palavras para descrever a repulsa visceral que sentia pelo Brasil: "Meu Pai; quando se trata das más qualidades do Brasil, é para mim matéria vasta em ódio e zanga, saindo fora dos limites da prudência; e julgo que até dormindo praguejo contra ele."[12] Nem mesmo seu trabalho prestigioso parecia oferecer-lhe algum consolo: "Confesso ingenuamente que antes queria aí viver na nossa casa mui pobre, do que aqui [no Rio] com grandes riquezas, e me daria por bem despachado se eu, largando a Biblioteca, pudesse obter qualquer outro emprego, para o servir em Lisboa. (...) estas mesmas expressões há de ouvir da boca de todos os que daqui se retiram; e qualquer que diga o contrário mente sem vergonha."[13] Maldizendo mais do que nunca, escreveu ele em novembro de 1812, num momento de desespero: "Eu estou tão escandalizado do país que dele nada quero, e quando daqui sair não me esquecerei de limpar as botas à borda do cais, para não levar o mínimo vestígio da terra, tão benéfica que nem aos seus perdoa."[14]

A cada dia passado no Rio, aumentava sua saudade de casa e da família. Escrever cartas era uma terapia para Marrocos, especialmente nos primeiros anos, e ele vivia para esses poucos momentos de privacidade em que sentia um certo alívio psicológico de sua solidão e isolamento. Foi por meio dessas conversas imaginárias que pôde purgar-se e emergir renascido. Como muitos de seus compatriotas, ele estava em processo de negação. Sua cabeça continuava na Europa, muito depois de seu corpo haver chegado ao Brasil. Ele simplesmente não conseguia acreditar que a corte estivesse optando por permanecer no Rio. E, nesse estado de semipresença, agarrava-se a cada palavra vinda do exterior.

Consolava-se acompanhando a evolução das guerras européias, que, ao atingirem o clímax, pareceram apontar para uma possível libertação de sua vida de purgatório no Brasil. Chegaram ao Rio vívidas descrições da afortunada fuga de José Napoleão do avanço dos aliados para Vitória, bem como do saque de sua caravana, que ainda continha o pagamento dos soldados, equipamento militar e grande quantidade de vinho. Falou-se da derrota ignominiosa de Junot, a quem muitos responsabilizavam por seu exílio. Junot desonrou-se no campo de batalha em meio à desastrosa campanha russa, resvalou para a loucura e se suicidou, atirando-se de uma janela. À medida que o império de Bonaparte foi desmoronando a seu redor, todos ficaram em suspense. Para os exilados do

Rio, que haviam deixado a Europa no auge de Napoleão, a notícia de sua abdicação soou inacreditável. Muitos acharam que logo estariam novamente em Lisboa, deixando para trás seus dias de exílio. Houve uma enxurrada de cartas de Marrocos nesse período, pedindo ao pai esclarecimentos sobre os rumores que circulavam.

Mas o fim da guerra não resolveu nada para quem estava no Rio. Quando chegou a notícia da coda surrealista da era napoleônica — o milagroso retorno de Bonaparte por cem dias e sua derrota subseqüente em Waterloo —, a esperança de um retorno a Portugal já havia minguado. Enquanto Napoleão seguia para seu próprio exílio no Atlântico sul, na ilha de Santa Helena, os portugueses no Rio ficaram no limbo. Os comentários sobre a partida da corte para a Europa iam e vinham. Embora não se fizesse nenhum anúncio oficial, as obras na residência de D. João em São Cristóvão e em seu palácio de verão em Santa Cruz prosseguiram em ritmo acelerado. Não parecia haver fim à vista para os que, como Marrocos, estavam ligados à corte, mas ansiavam pela Europa. Eles se achavam numa armadilha financeira, dependendo da proteção monárquica numa burocracia absolutista que, de forma incongruente, ia criando raízes no Novo Mundo.

A questão de quando — ou mesmo se — a corte portuguesa retornaria a Portugal era um tema constante nas cartas de Marrocos para casa. Sua correspondência atesta a crônica indecisão da corte durante todo o tempo em que esteve no Rio, e às vezes o intercâmbio com seu pai assemelha-se a uma comparação de anotações, uma busca de sinais do pensamento atual da corte na Europa ou no Brasil.

Ao deixar Portugal, o príncipe regente fizera uma declaração pública de que voltaria, quando fosse possível fazê-lo em segurança. Como se constatou, Lisboa foi libertada dos franceses menos de um ano depois do êxodo. O exército de Masséna foi totalmente expulso de Portugal em 1811 e, em meados de 1812, quando as Guerras Peninsulares penderam para o lado de Wellesley, o retorno da corte tornou-se uma possibilidade real. Com o fim da guerra na Europa (1814-1815), aumentou a pressão por uma decisão num ou noutro sentido.

Não eram apenas os emigrados saudosos como Marrocos que bebiam cada palavra proveniente da corte. Os comerciantes monitoravam os acontecimentos com apreensão. "Se eles voltarem, sem dúvida o melhor de nosso comércio cessará, ou, no mínimo, será grandemente reduzido", alertou Luccock, ao se encerrarem as hostilidades na Europa; "portanto, enquanto perdurar a incerteza, não mais enviem artigos finíssimos, nem toaletes superiores ou chapéus, nem qualquer produto adaptado ao consumo das classes mais altas da sociedade." "Apenas simples produtos comuns, até que se conheça a decisão do príncipe regente",[15] rabiscou ele noutro bilhete para seus fornecedores.

Marrocos ficou cético, a princípio, a respeito do projeto britânico de reconduzir a corte a Portugal. Ao contar ao pai sobre a carta do príncipe regente da Grã-Bretanha que Strangford lera na corte, concluiu: "Ignora-se qual foi a resposta de S.A.R. a isto tudo (...) De nada disto há certeza, e só há de não se mexer ainda em coisa alguma e estar tudo num letargo e silêncio profundo: pelo que ainda se afirma persistirmos aqui estes três ou quatro anos próximos."[16] Decorridos apenas mais cinco meses, porém, em novembro de 1814, seu tom havia mudado. Mal conseguindo conter a animação, ele escreveu que se estavam fazendo preparativos para a volta. Ainda persistiam dúvidas. Nenhum anúncio público fora feito, embora Marrocos tivesse ouvido dizer que haveria uma declaração oficial em algum momento de dezembro, com a data da partida projetada para março do ano seguinte. Pouco depois, as esperanças do arquivista se evaporaram: "O conserto atual das nossas embarcações de guerra tem dado o que falar a muita gente", escreveu ele ao pai, "tirando disso argumento para a breve saída da FR [família real] destas terras: prouvera a Deus que isso assim fosse!"[17]

Fossem quais fossem os sinais promissores que Marrocos conseguia captar no curso de seus dias de trabalho — comentários entreouvidos, mexericos nos corredores do palácio —, ele via com os próprios olhos que a perspectiva de um rápido retorno não era boa. Enquanto se sentava para escrever ao pai, havia prédios subindo em toda a cidade. As altas autoridades do governo investiam pesado em projetos de longo prazo. Havia grande demanda de carpinteiros, pedreiros e operários.

"Antônio de Araújo está com grandes obras nas suas casas, que lhe levarão uns poucos meses", escreveu Marrocos ao pai. "Tudo o mais está em sossego[,] ou antes[,] mortuório, [o] que denota muito longa permanência neste país, e quase que há proibição política de falar-se na ida para Lisboa: Deus sabe quando será."[18] Joaquim José de Azevedo, o cortesão que, anos antes, trabalhara dia e noite em sua tenda improvisada no cais para embarcar a família real, tornara-se o barão do Rio Seco. Ficara extremamente rico desde a chegada ao Brasil (as acusações de corrupção nunca estavam longe dele), e era mais um que vinha gastando à larga: "o barão do Rio Seco está edificando um soberbo palácio no largo dos Ciganos, onde é o Pelourinho", escreveu Marrocos, "e outras pessoas mais vão criando raízes muito fortes neste país".[19]

Marrocos também observou outros sinais, menos concretos, das intenções da corte. Altas autoridades eram enviadas em longas e complicadas viagens de ida e volta. Um ex-governador de Angola e do Maranhão foi instruído a visitar a Inglaterra, a França e a Itália em missão diplomática, devendo depois retornar ao Rio — uma viagem de um ano ou mais. O secretário do núncio, representante do papa no Rio, estava partindo noutra viagem épica. Deveria fazer uma escala em Lisboa e depois seguir para Nápoles e Roma pelo Mediterrâneo, antes de retornar ao Brasil.

Mas foram os extensos trabalhos de construção para abrigar a própria família real que decidiram o assunto para Marrocos. Em 1815, ele tornou a reduzir as expectativas do pai:

> (...) dizes que aí [em Lisboa] se está preparando o palácio da Ajuda para a família real, quando para aí for. Também te digo que aqui se está preparando o palácio de São Cristóvão; e aumentando-se com mais de metade para nele vir assistir toda a família real; e acabado ele, vai a fazer-se o mesmo trabalho de aumento no Palácio de Santa Cruz[,] distante daqui 14 léguas, para toda a família real vir acomodar-se ali nas suas jornadas anuais de Fevereiro, Junho e Novembro.[20]

Longe de um retorno a Lisboa, havia até uma certa sugestão de que a família real poderia mudar-se para outro local no Brasil: "(...) já se mandaram examinar os caminhos daqui para a cidade de São Paulo", escreveu Marrocos, "pois têm havido lembranças de se ir estabelecer a corte para ali, em razão dos bons ares serem semelhantes aos de Portugal."[21] A dificuldade com o clima era um tema recorrente nas experiências da família real no Rio — as doenças contínuas de dona Carlota eram atribuídas à insalubridade dos trópicos. São Paulo seria preferível, mas os custos da mudança eram proibitivos.

Em vez disso, a corte tentou reproduzir no Rio a rede de palácios e residências campestres — Ajuda, Queluz e Mafra — em que a família real vivera e entre os quais se deslocara em Lisboa. São Cristóvão era a residência principal de D. João, o Paço Real, no centro, converteu-se mais numa base administrativa, e Santa Cruz era o refúgio campestre. As obras foram efetivamente duplicadas, visto que dona Carlota precisava de aposentos separados: "Vamos continuar grandes obras e grandes despesas", escreveu Marrocos: "no sítio de Andaraí (2 1/2 léguas distante desta Cidade) se está preparando um bom Palácio, com 50 Oficiais, para a Senhora Princesa D. Carlota ir ali residir, e deixar o Sítio de Botafogo. Na Livraria continuam as obras com o mesmo vigor."[22] E não era só a biblioteca que estava sendo reformada. Com uma despesa enorme, havia artesãos trabalhando na douração de todo o interior da capela real, e mais um palácio era planejado perto da ponta do Caju.

Enquanto iam terminando as guerras na Europa, o tom das cartas de Marrocos para casa sofreu uma mudança sutil. Dois anos e meio depois da chegada ao Rio, o arquivista se casou. Escolheu uma brasileira, a jovem dona Anna, de 22 anos. "(...) encostei-me a uma Carioca", escreveu a sua irmã, acrescentando um dos cumprimentos sarcásticos que lhe eram característicos, "que só tem o único defeito de ser Carioca."[23] Foi um momento decisivo em sua vida no Rio, coisa que ele mesmo percebeu e comentou:

> Depois de chegar à idade de 32 anos e meio e de haver adotado uma vida celibatária, vim para esta corte, e mudando de clima, mudei também de resolução. [Porque havendo experimentado muitas alternativas à minha vida; sofrido quantos desgostos] traz

> comigo uma existência penosa, trabalhosa, solitária, e sempre arriscada, e tendo procurado, para suavizar e diminuir estes males, todos os meios que a minha razão e filosofia me podem granjear; estes se têm tornado infrutuosos em todos os sentidos, indo a descair cada vez mais em desarranjos, moléstias, e incômodos, para que nunca fui nem sou (...) tendo por fim observado que não convém seguir o mesmo sistema, vivendo como misantropo, e vindo algum dia a participar-me em vícios, de que até aqui, por mercê de Deus, me tenho livrado.[24]

Na véspera do casamento, uma resignação fatigada apoderou-se dele: "[A terra para mim é odiosa;] depois de perigos e privações, vim a ela abrir os olhos, e aprender o que os livros não ensinam."[25] Marrocos estava cansado. Finalmente desistia da luta como expatriado ofendido e tentava construir uma vida no novo país em que se encontrava.

Sua transformação foi precipitada por uma desavença explosiva com o pai, decorrente de seu casamento com a brasileira. Talvez uma carta crucial se haja extraviado, ou talvez os intervalos temporais envolvidos na correspondência transatlântica tivessem gerado algum mal-entendido, mas o fato é que o pai de Marrocos se queixou de que o filho não lhe pedira permissão para se casar. Como dispomos apenas de um lado da história, é impossível saber com exatidão o que aconteceu, mas houve uma troca de palavras ásperas, que culminou numa longa carta escrita em novembro de 1815, na qual Marrocos respondeu ao ultraje do pai em termos inequívocos, acusando-o de ter-se dirigido a ele com rispidez e de maneira "nada compatível com suas anteriores expressões de afeto e tão extremosa amizade (...) caracterizando-me de vil, e incivil, faltando-lhe ao respeito, como africano rombo, e presumido americano".[26] No correr da carta, Marrocos enfrentou metodicamente o pai, perguntando, a certa altura, com incredulidade: "Seria o ódio, a inveja, ou alguma outra paixão, que às vezes nos cega, quem movesse a VM [Vossa Mercê] a fazer-me continuar a sofrer os males passados e participar em outros novos?" E, na única indicação daquilo a que estava realmente reagindo, o arquivista citou, desgostoso, algumas das palavras do pai: "Não me agradam igualmente as expressões irônicas de que VM usa na sua carta de

3 de julho, tais como: 'a sua esposa a S. D. Anna; predicados de amor e veneração; primor em virtudes exuberantes; propagação de numerosa prole etc.' (...) cujas expressões são mais próprias de um panegírico do que uma carta: e nisso bem se patenteia a falta de sinceridade com que sou tratado."

Desse ponto em diante, as comunicações ficaram difíceis entre pai e filho, o que deixou Marrocos fumegando no Rio. Ele continuou a escrever, mas parece ter recebido pouca coisa em troca, sendo com isso instigado a disparar uma carta magoada, na qual escreveu: "É para mim incrível que VM haja formado o sistema de me tratar com esta qualidade de indiferença e abandono, não querendo ocupar algum tempo na pensão de escrever-me."[27] É bem possível que tenha havido outras razões que não a hostilidade pessoal para essa diminuição das cartas de Portugal. A família de Marrocos passava por tempos difíceis na Lisboa do pós-guerra. Em certa ocasião, Marrocos escreveu sobre seu choque ao receber do pai uma carta que descrevia a terrível penúria a que a família havia sucumbido.

Em contraste, as coisas parecem ter melhorado gradativamente para o arquivista no Rio. Em 1817, ele deixou a biblioteca e obteve um cargo no governo. Seu magro salário elevou-se para uma renda substancial e ele mudou de residência, saindo da imundície do centro da cidade para um dos morros mais agradáveis e procurados das imediações. Anna Maria deu-lhe três filhos — um menino, que teve morte trágica, dias depois de ser batizado, e duas meninas.

E com essas melhoras Marrocos começou a se adaptar à vida no Brasil. Depois do nascimento da primeira filha, recusou-se a permitir que ela fosse amamentada por uma ama-de-leite escrava: "[a menina se acha muito boa, nutrindo-se do leite da mãe], que não quer que negra a crie, como aqui é costume",[28] escreveu. E acrescentou: "Eu estimo isso muito; pois me parece mais natural e decente que a criação dela seja feita pela mãe do que pelas negras, que me causam nojo e asco." Quando Anna estava para dar à luz a segunda filha, a postura do marido se modificara por completo, e ele começou, inconscientemente, a adotar os costumes brasileiros que um dia tanto abominara: "Como não julguei conveniente que ela criasse mais filho nenhum, pelos incômodos que experimenta, como se viu com esta primeira, comprei d'antemão uma preta com leite para servir de ama, pelo preço de 179$200 réis", explicou à irmã, "e mandei buscar ao hospital dos Expostos hum menino enjeitado para minha casa, a fim de ir conservando o leite da preta até que se verifique o parto de Anna."[29]

Ele começou a se acomodar; suas críticas ao Rio cessaram. Tinha-se modificado, mas o mesmo acontecera com a cidade. Na década crucial abarcada pelas cartas de Marrocos, o Rio deixou de ser um vilarejo provinciano fechado e se transformou numa cidade relativamente sofisticada. Com a presença da corte, o aumento da população disparou. Estrangeiros antes tratados com extrema desconfiança passaram a viver e comerciar livremente no centro da cidade. As amenidades de cuja falta o arquivista se ressentira amargamente na chegada — livrarias, restaurantes e lojas de vestuário — proliferaram.

Marrocos mudou de idéia, e escreveu ao pai insistindo em que este fosse juntar-se a ele no Brasil. Descreveu com entusiasmo a vida nos trópicos. Tudo se encontrava em abundância no Rio; sua casa era ampla e bem localizada, refrescada pela brisa do mar; o clima, que em certa época o deixara desesperado, foi nesse momento recomendado ao pai como ideal para os idosos. Com a biblioteca montada, seu pai poderia até continuar a fazer seus estudos de filosofia no Rio. Para Marrocos, tratava-se de uma idéia "que eu conservo há muito tempo",[30] desde que a "cena melancólica" do sofrimento de sua família em Lisboa lhe fora descrita. Seus pedidos foram ignorados, o que levou a um último apelo, bastante ríspido, de que o pai trouxesse a família para o Brasil:

> Meu pai, é este o momento de decidir (...) Saia pois VM de um letargo tão desgraçado, em que há tantos anos tem vivido e gemido; deixe uma terra que lhe não prospera, e que o tem feito recuar na sua carreira; e venha gozar de dias mais descansados e mais alegres, desfrutando tudo quanto o seu gênio possa apetecer.[31]

Seu pai nunca foi para o Rio, e Marrocos nunca voltou a Lisboa. Como tantos cujas vidas foram modificadas quando a corte partiu de Lisboa para o Rio, sua família cindiu-se permanentemente entre o Velho e o

Novo Mundo. Separada por um acidente histórico, ela teve suas relações rompidas pela tensão. Palavras sinceras haviam cruzado e recruzado o Atlântico durante anos, mas em algum momento a conversa parou, esvaindo-se numa obscuridade tão imponente quanto o oceano que separava os interlocutores.

NOVE

As Vicissitudes do Exílio

Com a partida de Strangford, a corte pôde finalmente começar a seguir sua própria política externa, livre da interferência britânica. Nos quatro anos seguintes, a Grã-Bretanha nem sequer chegou a acionar um substituto para Strangford, trabalhando, em vez disso, por intermédio do cônsul geral Henry Chamberlain, enquanto continuava a fazer pressão para que a corte retornasse à Europa. O tópico principal da agenda de D. João era a Banda Oriental. No começo de 1816, três esquadrões de cavalaria e uma bateria de artilharia foram despachados de Portugal, navegando diretamente para praças de guerra no sul. D. João também pediu que Beresford, em Lisboa, enviasse 5 mil soldados portugueses, veteranos das Guerras Peninsulares, aos campos de batalha do sul do Brasil.

O pedido chegou num momento delicado para Beresford. Fazia cinco anos que o exército do marechal Masséna se retirara de Portugal e dois desde a abdicação de Bonaparte, mas Beresford continuava encarregado das Forças Armadas portuguesas, enquanto uma forma modificada do Conselho de Governadores geria os assuntos do dia-a-dia. As medidas de emergência instituídas às pressas durante a evacuação de Lisboa ainda estavam em vigor, na expectativa de que a família real não tardasse a voltar do Rio. A relação entre o Conselho de Governadores e o marechal Beresford fora ruim durante as Guerras Peninsulares, mas desde então se havia deteriorado ainda mais, e caminhava a passos largos para se tornar inviável. O Conselho via os britânicos como uma presença colonial e se sentia humilhado com a continuação de seu controle das Forças Armadas portuguesas em tempo de paz; Beresford queixava-se da corrupção do Conselho e de sua falta geral de cooperação. Exasperado, o Conselho de Governadores submeteu um protesto a D. João com respeito ao tamanho do orçamento militar de Beresford, que consumia ¾ da receita pública de Portugal e vinha destruindo qualquer tentativa de reconstrução no pós-guerra. Alegou o Conselho que o dinheiro vinha sendo desperdiçado com o próprio Beresford, com seu *staff* e com fileiras desnecessárias de oficiais e generais, em vez de ser gasto com equipamento para a linha de frente.

Beresford resolveu acompanhar os batalhões ao Rio e conversar pessoalmente com D. João sobre a piora da situação de Portugal. Estava indo à "nascente",[1] como escreveu a Castlereagh em Londres, na esperança de que "lá a água seja mais cristalina". Em cartas particulares, Beresford falou de seus próprios receios quanto ao futuro de Portugal. "A situação aqui está realmente muito crítica", escreveu na véspera da viagem ao Brasil, "e ninguém vê isso melhor do que eu (...) não há a menor perspectiva de qualquer tentativa de corrigir os abusos, que a rigor estão sobrecarregando o próprio Estado e, no fim, acabarão por destruí-lo, e esse fim não está muito longe."[2] Como era compreensível, ele temia deixar Portugal num momento tão sensível e instável — "Vejo muito perigo de uma ebulição da insatisfação popular"[3] —, mas, no final, decidiu que não poderia fazer as mudanças necessárias sem negociar diretamente com D. João.

Enquanto Beresford cruzava o Atlântico, outros problemas incomodavam a corte no Rio. A família real estava agora a um oceano de distância do circuito das cortes européias, onde se buscavam favores e se selavam alianças dinásticas pelo casamento. As duas filhas do meio de D. João eram meninas na chegada ao Rio, mas, em 1816, estavam em idade de casar. Fizeram-se sondagens indiretas, a partir do Rio, junto a membros da corte espanhola recém-libertada, e se chegou a um acordo sobre uma dupla união, do tipo que não era incomum na península Ibérica: as duas filhas se casariam com seus tios espanhóis, unindo-se dona Maria Isabel a Fernando VII (e se tornando rainha da Espanha) e dona Maria Francisca a D. Carlos. Para dona Carlota, o casamento seria duplamente significativo. Suas filhas, a quem ela era muito apegada, iriam casar-se com seus irmãos.

Os casamentos deveriam realizar-se em Madri, o que deixou a corte do Rio com mais uma dificuldade diplomática acarretada por sua permanência prolongada nos trópicos. A idéia de que D. João e dona Carlota acompanhassem suas filhas até a Espanha, normalmente prosaica, ficou carregada de incertezas. Uma vez na Europa, não se sabia ao certo que efeito teria a presença deles, nem se eles poderiam voltar ao Rio sem desestabilizar uma situação já tensa em Portugal.

Diante desse dilema, D. João entrou num de seus surtos típicos de indecisão. A princípio, pareceu que ele e dona Carlota viajariam a Madri, mas, após diversas reuniões com seus assessores, D. João eliminou essa possibilidade. Propôs-se então que dona Carlota fosse sozinha. Enquanto corriam as negociações em Madri, propôs-se um plano bizarro, segundo o qual dona Carlota viajaria incógnita, como duquesa de Olivença, e entraria sorrateiramente na Europa, sem ser notada. A idéia foi visivelmente movida por preocupações com a despesa: nem a corte espanhola nem a portuguesa queriam arcar com o custo adicional da viagem dela como princesa regente. Os médicos de dona Carlota entraram com sua recomendação inequívoca, declarando que "se ela passar mais tempo na América, não haverá cura para sua doença". A essa altura, corriam boatos em Portugal e na Espanha. Falava-se que toda a família real estava finalmente voltando, e havia até quem dissesse que a frota já singrava o Atlântico.

Na corte, houve um corre-corre de atividades diplomáticas com vistas a enterrar a idéia do retorno de dona Carlota, e os conselheiros de D. João expuseram uma razão após outra pela qual a viagem da princesa à Europa poderia prejudicar os interesses da Coroa. Os problemas de saúde foram usados contra ela, argumentando Paulo Fernandes Viana que o retorno poderia agravar-lhe o estado, "pelos trabalhos inseparáveis de uma longa viagem".[4] Poderia haver "mil e uma contingências",[5] escreveu o ministro Tomás Antônio de Vilanova Portugal a D. João. Ela poderia ser menosprezada pela corte espanhola, o que poria em risco as relações de Portugal com a nação vizinha; poderia ser apanhada pelos acontecimentos num Portugal ainda instável. Ou então, escreveu Vilanova Portugal num momento de rara franqueza, simplesmente poderia permanecer lá por sua própria vontade. O ministro aconselhou D. João a inventar uma desculpa, a cancelar a viagem por motivos de saúde. Outros membros da corte concordaram, citando a enorme despesa adicional se dona Carlota viajasse como a própria princesa regente, e a indecência de viajar disfarçada. Mas essas eram apenas formas polidas de encobrir preocupações mais profundas. Àquela altura, dona Carlota era temida e sua conduta era tida como instável e intrinsecamente imprevisível. Sozinha na Europa, seria impossível controlá-la.

D. João vacilou e, contrariando os desejos de seus assessores, deu consentimento à viagem de dona Carlota à Espanha. Em fevereiro de 1816, os preparativos já estavam bem adiantados, como escreveu o arquivista Marrocos a seu pai, em Lisboa:

> A partida de S.A.R. para a Espanha (ou para Lisboa) não é já objeto de dúvida: os preparos são decisivos em todos os ramos relativos a este ponto: toda a família, assim de senhoras, como de criadas, está pronta (...) há intenção de ser a saída a 20 de março [de 1816] (...) Não posso explicar a V.M. o fervor e a pressa com que está embarcando o trem pelas respectivas repartições; e vejo caixões que custam a carregar-se por vinte negros; a nau *S. Sebastião* está mui linda, sendo renovada e pintada, assim como a fragata espanhola do Vigodet; e S.S.A.A. [Suas Altezas] têm ido jantar a bordo muitas vezes.[6]

Depois dos anos de frustração e sofrimento no Rio, parecia que dona Carlota finalmente voltaria para sua pátria. Se ela houvesse partido nesse momento, é difícil imaginar o que teria acontecido com a corte no Rio. Seu aparecimento em Portugal teria sido incendiário. Com base em sua conduta passada, seria bem possível que ela tentasse alguma forma de golpe, forçando a mão de D. João.

Mas, quando dona Carlota fazia os últimos preparativos, a viagem foi subitamente suspensa. A rainha Maria I ficou gravemente enferma e cresceram os temores quanto à piora de seu estado. Ela contava 82 anos, e os que tinham intimidade na corte pressentiam que estava entrando em seus últimos dias — para ela, horas de dor e desconforto. A rainha foi torturada pela disenteria e pela febre. Não tardou a perder toda a sensibilidade abaixo da cintura, ficando com pés e mãos inchados. "Tem tido algumas ocasiões de alívio", escreveu Marrocos, "porém, passado este, carrega-lhe novo ataque destes sintomas [com] mais força."[7] Com a continuação da doença, uma equipe de médicos tentou aliviar seu sofrimento. Todos os dias, ela era carregada da cama e empurrada sobre rodas pelo palácio, em substituição aos passeios de carruagem que costumava dar pelo Rio antes de adoecer. Já no fim, falou-se em mudá-la do centro da cidade para um sítio nos morros próximos, onde ela pudesse beneficiar-se dos ares.

Maria I faleceu em março. Passara seus anos de declínio no Brasil, mas não é certo que tenha compreendido plenamente onde estava nem por que a corte havia deixado Lisboa tão abruptamente, oito anos antes. Um longo período de luto paralisou a cidade. Lentas procissões deslocavam-se pelas ruas, com os crucifixos erguidos. Por mais de uma semana, a capela real teve missas prolongadas, orações e cerimônias *in memoriam*, no que foi o maior acontecimento do Rio desde a chegada da família real. As igrejas da cidade foram decoradas com tons escuros de roxo. Houve o leque habitual de objetos decorativos religiosos, com alguns toques excêntricos de gótico: colunas coríntias feitas de madeira e gesso, cúpulas de veludo e um obelisco encimado por um anjo, segurando um crânio. O corpo foi vestido de preto e coberto por um manto carmesim. Foi depositado num esquife aberto, salpicado de plantas aromáticas, para um desempenho póstumo do dever real. A multidão, chorando ao ver sua rainha morta, fez fila para uma última cerimônia do beija-mão.

A notícia da morte da rainha repercutiu em todo o império. Espalhou-se aos poucos pelas rotas marítimas que ainda ligavam frouxamente as possessões dispersas de Portugal. Correu a costa brasileira nos navios mercantes e penetrou no interior pelas trilhas de mulas. Os paquetes logo chegaram a Lisboa, e a cidade mergulhou no luto. Meses depois do acontecimento, a notícia ainda era disseminada pelos navios comerciais que atracavam em Moçambique, Goa e Macau. Houve cerimônias fúnebres em quatro continentes, uma vez que Portugal e o Brasil eram ligados por um conjunto de portos comerciais na África, na Índia e na Ásia, enlutados pelo falecimento de sua rainha.

A morte da rainha alterou fundamentalmente a situação do Rio. A sucessão formal de dona Carlota e D. João tornou-se iminente. Quando recomeçaram os preparativos para a viagem das noivas reais à Espanha, mais para o fim do ano, não houve nenhum camarote para dona Carlota. A longa regência de D. João estava terminada. Agora, dona Carlota era rainha — ainda que numa corte a milhares de milhas de sua sede tradicional — e sua presença no Rio era necessária.

Beresford chegou a uma cidade enlutada, trazendo seu enorme contingente de soldados para a guerra no sul. Quatro batalhões de infantaria ligeira desembarcaram e iniciaram seu treinamento com regimentos brasileiros. Em meio à pompa e cerimônia discretas, Beresford passou as tropas em revista com D. João e, em reuniões particulares, renegociou sua situação em Portugal. Retornaria com seus poderes muito fortalecidos, depois de elevado a marechal de todos os exércitos do rei e tendo recebido o direito de recrutar novos soldados. Concluído seu trabalho no Rio, Beresford zarpou com as filhas de D. João de volta à Europa.

Na véspera da partida das noivas da realeza, o bispo subiu a bordo, a fim de abençoar as embarcações para a longa viagem que as esperava. Na manhã seguinte, a multidão reuniu-se para ver a flotilha zarpar. Os navios se afastaram com uma brisa leve, ao som de salvas de tiros dos fortes que cercavam a baía. "A sua saída foi muito vistosa, mas pranteada",[8] escreveu Marrocos. D. João, já desolado com a morte da mãe, deixou o navio em prantos. Dona Carlota permaneceu a bordo até o fim, acompanhando as filhas na passagem pelo Pão de Açúcar e na travessia da barra.[9] Por um breve momento, ficou onde tanto se empenhara em estar nos anos decorridos desde que chegara ao Rio — em alto-mar, num comboio destinado à Europa. Depois de se despedir das filhas, porém, um brigue a transportou de volta à praia Vermelha, ao lado do Pão de Açúcar, de onde viu o comboio desaparecer no horizonte. Dias depois, chegaram cartas da frota ao Rio — as primeiras palavras de uma correspondência que serviria de ponte nos anos vindouros de separação.

Foi a última vez que dona Carlota viu sua filha dona Maria Isabel. Dois anos depois, ela morreu em Madri, num parto atabalhoado.[10] Como a princípio se supôs que ela já houvesse falecido, em decorrência de uma convulsão sofrida num trabalho de parto que fora uma maratona, praticou-se às pressas uma cesariana em que se perfuraram artérias e órgãos vitais, no esforço frenético de salvar o bebê, herdeiro do trono espanhol. A criança nasceu morta, mas a mãe voltou a si, apenas para fazer um breve registro da cena de carnificina de que fazia parte, antes de morrer de seus ferimentos múltiplos.

Confinada no Rio, a vida de dona Carlota tornou-se insuportável, e a perspectiva de uma permanência indefinida no Brasil trazia-lhe surtos de depressão. Ela escreveu ao irmão, Fernando VII, rogando-lhe que arranjasse um modo de tirá-la do Rio, cidade que julgava repugnante. Sua população de escravos a enojava e sua falta de sofisticação exasperava uma mulher para quem até Lisboa parecera um poço de atraso cultural. Ela se sentia aprisionada num país que desdenhava como "terra de macacos e negros".[11] As chuvaradas tropicais e a umidade abafada também lhe vinham cobrando um tributo — todo verão. Dona Carlota murchava no calor e sua saúde se deteriorava. Ela contava então 40 anos. Com o irmão de volta ao trono da Espanha, suas intrigas na corte estavam definitivamente acabadas, e sua vida definhava no exílio.

Foi nesses anos sem brilho que mais se evidenciaram as contradições de seu caráter complexo. Sua irrequietação continuou — ela ainda trocava de casas constantemente, desfrutando de algumas das mansões de localização mais espetacular nos morros do Rio e, nesse processo, revoltando uma profusão de proprietários cujos bens confiscava.[12] Agradou-lhe uma casa nas Laranjeiras, pertencente ao barão de Tuyll, ministro plenipotenciário da Rússia. A contragosto, ele foi obrigado a se mudar, depois de ter gasto uma fortuna na reforma da casa. Outro infausto proprietário foi um diplomata francês, o coronel Maler. Dona Carlota alegou precisar de sua residência por motivos de saúde e, depois de muito protestar, também ele foi obrigado a vender. Nessas mansões ela governava uma quase-corte, parecida com a que havia operado no Ramalhão, em Lisboa, mas o arranjo não chegava a ser satisfatório. Alijada por D. João de qualquer poder verdadeiro, dona Carlota fervia de frustração.

A grande aflição de sua vida era sua dependência financeira de D. João, e, segundo todos os depoimentos, ela enfrentou algumas dificuldades no Rio. O botânico francês Auguste de Saint-Hilaire, que visitou a cidade após o término das Guerras Napoleônicas, descreveu um incidente sugestivo de que se estavam cortando despesas na casa de dona Carlota.[13] Uma noite, o capelão de um navio vindo da Europa, padre Renaud, foi fazer-lhe uma visita. Ao sair, foi acompanhado até o porto por dona Carlota, segurando uma vela, pois não havia criados disponíveis para escoltá-lo até seu navio.

Se ela estava na penúria, seus atos de generosidade são ainda mais notáveis. O arquivista Marrocos escreveu sobre um episódio que parece contrariar os retratos habituais de dona Carlota como uma mulher que usava seus poderes de forma irresponsável. A mulher de um dos servidores da Biblioteca Real fora acusada de adultério e, em decorrência disso, fora abandonada pelo marido e largada num asilo de pobres, com a saúde precária. Ao saber de sua situação, dona Carlota mandou uma carruagem buscá-la e levá-la ao palácio, onde a mulher ganhou uma audiência e foi convidada a beijar a mão da princesa. O que se seguiu foi um transbordamento de generosidade que ultrapassou em muito o que se poderia esperar. Dona Carlota deu roupas novas à mulher e ordenou que seu médico pessoal a tratasse. "Foi S.A. tão extremosa neste ponto", escreveu Marrocos, "que ia lembrar à doente as horas em que todos os dias havia de tomar remédios, assistindo ali nessas ocasiões. Sabendo ao depois que ela tinha duas filhas pequenas e em desamparo, mandou logo buscá-las, vestiu-as nobre e magnificamente com primoroso enxoval, e pô-las a educar e aprender em um colégio de meninas, pagando mensalmente por sua educação."[14]

E, apesar de todo o seu ódio pela população africana do Rio, ao menos numa ocasião ela não se deixou cegar pelo preconceito. Ao passear pela cidade, dona Carlota deparou com um senhor que açoitava sua escrava, por esta lhe haver roubado 250 gramas de açúcar. Parou para investigar e, ao ver a brutalidade do castigo, ordenou que ele parasse. Seguindo seu caminho, mandou um guarda voltar para verificar o que fazia o senhor, que foi apanhado brandindo novamente o açoite. Dona Carlota retornou ao local e, depois de repreender o homem, concedeu a liberdade a sua escrava.[15] No Rio, parece que dona Carlota tratava as pessoas vulneráveis com um respeito consideravelmente maior do que reservava para os de sua própria classe.

Por essa época, D. João viajava regularmente entre as residências reais, passando cada vez mais tempo longe da cidade. As visitas ao sítio de Santa Cruz estendiam-se de semanas a meses de uma só vez. Ele também passava temporadas nas ilhas da baía e, vez por outra, ia à praia Grande (atual Niterói), do outro lado do porto. O palácio de São Cristóvão fora totalmente reequipado. A corte havia empregado um arquiteto britânico, Peter Johnson, que realizara uma série de obras para dar à antiga mansão do fazendeiro um ar de realeza. Graças a uma doação do duque de Northumberland, a entrada da propriedade passou a ser enfeitada por um novo portal, réplica exata do portão da Sion House, em Londres. Johnson desenhou projetos para uma série de pavilhões em cada canto do palácio, apenas um dos quais acabou sendo construído. Também se estava projetando uma fachada gótica, para dar ao que era uma simples mansão clássica um ar mais elevado. Do lado de dentro, fizeram-se reformas para acomodar a família real, com um apartamento especial para D. João, uma sala do trono e alojamentos para os criados.

Ao cair da tarde, os jardins eram iluminados por pequenos lampiões e, na luz esmaecente, começava o cricilar dos insetos por toda parte. Quando estava no palácio, D. João passeava pelo terreno, relaxando ao fim do dia, perambulando por entre os canteiros de flores, os laranjais e os cafezais distribuídos pelo campo. Folhas de bananeira farfalhavam em meio à brisa morna, enquanto os vaga-lumes rabiscavam na distância desenhos luminosos sobre o céu noturno.

Na família real portuguesa, havia algo de profundamente disfuncional, que a estada prolongada no Brasil só fez acentuar. Com o passar dos anos, as rixas familiares ganharam novas dimensões, à medida que os membros mais jovens dos Bragança foram ficando cada vez mais brasileiros. A vida impassível e ritualística promovida por D. João nunca seria reproduzida por seus descendentes. Seus gostos medievais e sua conduta patriarcal já eram antiquados na época em que ele saiu de Lisboa; viver no Rio, para dizer o mínimo, congelou seu reinado no tempo, como se os remanescentes da vida da corte na era napoleônica se fossilizassem lentamente nos trópicos.

Para os filhos da família real, a vida no Rio foi a continuação de uma criação conturbada, que se iniciara no nadir da corte lisboeta. A loucura da avó (nenhum dos netos se lembrava de tê-la visto sã), a separação precoce dos pais e a cisão da casa real entre Queluz e Mafra já haviam desestabilizado a família. No Rio, ela tornou a se dividir, dessa vez entre São Cristóvão e as diversas residências de dona Carlota, ficando Pedro, Miguel e a filha mais velha, Maria Teresa, em companhia do pai, enquanto as meninas menores ficavam com dona Carlota.

A educação dos herdeiros foi negligenciada no Brasil. As meninas menores eram praticamente analfabetas e, após anos de instrução, Miguel ainda tinha problemas para escrever seu próprio nome, grafando-o repetidamente como "Migel", de forma equivocada.[16] Pedro também escrevia mal, cometendo erros freqüentes de gramática e ortografia. Suas cartas à mãe costumavam ser curtas e objetivas: "Minha Mãe e minha Senhora, espero que Vossa Majestade esteja bem e assim continue. Deste seu humilde filho que lhe beija a mão, Pedro."[17] Mas é possível que sua brevidade fosse intencional — ele nunca se deu bem com a mãe, ladeando sempre com o pai nas constantes disputas em que a família se enredava. Muito tempo depois, D. Pedro tentaria compensar sua criação lamentável, ordenando que seus filhos seguissem uma rigorosa rotina educacional, no esforço de assegurar que "meu irmão Miguel e eu sejamos os últimos ignorantes da família Bragança".[18]

Como herdeiro do trono, na verdade, D. Pedro recebera alguma instrução em latim, inglês e música. Aprendeu a tocar vários instrumentos musicais, entre eles o clarinete, a flauta, o fagote e o cravo, e mais tarde tomaria gosto pela composição musical. Também se dedicava amadoristicamente a fazer trabalhos em madeira, havendo entalhado uma carranca para a fragata *Príncipe Dom Pedro* em madeira de lei tropical. No plano acadêmico, porém, não era um aluno diligente. Tal como a mãe, tomou-se de amores pela equitação, e os longos verões na residência campestre da família, em Santa Cruz, eram passados em galopes pelos canaviais e pelas encostas arborizadas dos morros. Nas tardes quentes, Pedro e Miguel brincavam de jogos de guerra em Santa Cruz, comandando exércitos de crianças escravas que se enfrentavam em escaramuças travadas com saraivadas de paus e pedras.

Na infância e no início da adolescência de Pedro no Rio, houve algo de incontido e quase descontrolado, que deixaria marcas em sua personalidade. Impulsivo, impaciente e libertino, D. Pedro dava pouca importância ao refinamento dos cerimoniais da corte. Embora estivesse destinado a governar, gostava mais de se misturar com os plebeus do que com membros da realeza e, quando rapaz, circulava pelas tabernas do Rio, disfarçando-se com a capa ampla e o chapéu de aba larga usados pelos cavaleiros paulistas. Mesmo ao se tornar imperador do Brasil, ele parecia mais à vontade conversando com os criados do que recepcionando chefes de Estado. E, seguindo a natureza ardente de sua mãe, também viria a ser um mulherengo inveterado.

Pedro tornou-se um belo rapaz, de porte atlético, densa cabeleira castanha e olhos escuros. No plano sexual, mostrou-se tão impudente e irresponsável quanto fora em suas brincadeiras de menino. Cavalgava pela cidade à procura de mulheres, detendo liteiras na rua e fazendo propostas a qualquer passageira bonita. Em meados da adolescência, tinha-se tornado notório no Rio — tão mal-afamado, na verdade, que o chefe de uma família abastada proibiu-o de entrar em sua casa. Manifestava uma queda por estrangeiras — "Tendo elegido para seus galanteios, entre brasileiras, italianas, francesas e até hispano-americanas, um objeto distinto a cada semana, nenhuma conseguiu fixar sua inclinação",[*,19] de acordo com um contemporâneo — e teve seu primeiro relacionamento sério com a bailarina francesa Noémi Thierry.

No início de 1817, Noémi Thierry engravidou. Não poderia ter acontecido num momento pior, já que, nessa ocasião, havia emissários portugueses empenhados em negociações delicadas com a corte austríaca. Eles vinham tentando casar D. Pedro com dona Leopoldina, a princesa dos Habsburgos, e as histórias que chegavam do Rio sobre a condu-

[*] "*Habiendo elegido para sus galantéos entre nacionales, italianas, francesas y aún americanas espanholas um objeto distinto cada semana, ninguna conseguió fijar su inclinacion.*" (N. da T.)

ta dissoluta do herdeiro da Coroa não contribuíam para sua causa. No fim, Noémi Thierry foi retirada da cidade às pressas, recebeu um pagamento do Tesouro Real e foi despachada para o Nordeste do Brasil, onde o filho esperado nasceu morto.

O irmão mais novo de Pedro, Miguel, também levava uma vida desregrada no Rio. Só era cerceado por problemas intermitentes de saúde, os quais, segundo todos os depoimentos, eram graves — Marrocos chegou a descrevê-lo como tuberculoso. Tido geralmente como filho bastardo, ele era o favorito de dona Carlota, embora ela tivesse sido muito severa na criação do filho — há vários relatos de surras implacáveis que ela lhe aplicava com seu chinelo. Miguel cresceu no mesmo ambiente anárquico que o irmão, mas, nesse processo, desenvolveu uma personalidade mais sinistra. Tornou-se um ávido toureador e caçador de veados. Os vendedores ambulantes corriam para se proteger quando o adolescente Miguel conduzia sua carruagem de seis cavalos por galopes pelo centro da cidade, dispersando tudo que encontrava pelo caminho. Tempos depois, ele teve a sorte de sobreviver quando, numa espécie de acidente militar, sua mão foi dilacerada numa explosão, e ficou tão ferida que teve de ser recomposta por cirurgiões.[20]

Enquanto os filhos se aproximavam da maioridade no Brasil, o relacionamento de D. João e dona Carlota sofreu mais uma crise. Em 1817, um incidente envolvendo dona Carlota enlameou-a numa nova controvérsia.[21] Tratou-se do assassinato de Gertrudes Carneiro Leão, que, certa noite, ao voltar para casa com as filhas, caiu numa emboscada e foi morta a tiros. O assassino, o mulato Joaquim Ignacio da Costa (conhecido como "Orelhas"), foi detido e, no decorrer do julgamento, afirmou haver agido sob as ordens de dona Carlota. Já pairavam suspeitas sobre ela, uma vez que, na época, a rainha mantinha uma ligação amorosa com o marido da mulher assassinada, e havia também quem afirmasse que ela cobiçava a casa de Gertrudes Carneiro Leão. Os pormenores do caso permanecem obscuros, e a versão oficial do ocorrido perdeu-se para sempre quando, depois de uma investigação na corte, D. João queimou todas as provas incriminadoras, mais uma vez acobertando sua mulher. A partir desse momento, dona Carlota ficou confinada a sua residência, numa espécie de forma branda de prisão domiciliar.

O próprio D. João não ficou livre de escândalos durante sua temporada no Rio.[22] Houve rumores no palácio sobre sua afeição exagerada por seu camarista — um dos irmãos Lobato, família de favoritos palacianos que tinham sido confidentes do príncipe regente em Lisboa. D. João conferira a esse servo particular o título de "visconde de Vila Nova da Rainha", uma honraria sem precedentes entre os servidores do palácio. Os boatos — que chegaram a acusações de atividades homossexuais — são sugestivos, embora possam ter provindo de invejas palacianas. Um religioso que servia em Santa Cruz, o padre Miguel, afirmou que, quando ajoelhado em oração num canto escuro, efetivamente testemunhara atos de intimidade entre D. João e outro homem. Tempos depois, o padre Miguel foi exilado no bispado de Angola, por motivos que nunca foram esclarecidos.

Tais incidentes em nada ajudavam a corte no Rio. O casal de soberanos se revelava como simples mortais perante os cariocas, e em uma cultura conservadora e religiosa começavam a inspirar desconfiança. O uso e abuso do poder — na raiz das críticas ao sistema absolutista que começavam a se expressar por toda a nova Europa — eram particularmente acentuados na maneira como D. João e sua corte lidavam com as acusações que lhes eram feitas. A situação da corte ainda continuava sólida no Rio, mas os anos de corrupção e escândalo corroíam lentamente sua legitimidade.

DEZ

Uma Roma Subtropical

O ar estava carregado de uma poeira fina, em nuvens suspensas sobre a cidade. Explosões potentes ecoavam pela baía. Aos pés do Corcovado, trabalhadores usavam explosivos para arrancar granito da face da rocha. Havia outras pedreiras na Glória e no Catete, a vinte minutos de caminhada do centro, onde as encostas dos morros eram reduzidas a pedregulhos, carregados para canteiros de obras por toda a cidade. Noutros locais, erguiam-se pequenos outeiros. Em cenas bíblicas, turmas de escravos com o torso nu carregavam centenas de toneladas de terra, pedras e folhagem e as derrubavam nos charcos que ainda circundavam o centro da cidade. Trabalhavam sob um calor de 40 graus, numa tarefa de literalmente mover montanhas, enquanto a paisagem do Rio iniciava um processo de mudanças monumentais que se estenderiam pelo século XX adentro.

Houve um nivelamento gradativo da região central, enquanto, em seus arredores, levas de forçados abriam trilhas pelas montanhas, descortinando parques espetaculares e interligando o número crescente de mansões nas encostas com o centro da cidade. Pavimentaram-se novas ruas e se construíram novas estradas. Com o tempo, houve aprimoramentos reais no saneamento do Rio, a partir da organização de um sistema de esgotos de que os escravos foram encarregados. Os que tinham a infelicidade de ser recrutados para essa função eram obrigados a carregar na cabeça barris de dejetos humanos, levando-os até a praia e despejando-os na baía. Tiras de pele desbotada apareciam em seus ombros e suas costas, alvejadas pelos ácidos que caíam de sua carga. Eles ficaram conhecidos como "tigres", graças aos desenhos em riscas deixados como lembretes de sua condição de intocáveis cristãos.

O Rio modificava-se depressa, instigado não só pelas obras municipais impostas pela corte, mas também por um sentimento mais profundo de sua própria importância no cenário internacional. Com a decisão tácita da corte de permanecer na cidade, instalaram-se novas embaixadas e houve uma inundação de estrangeiros na capital. Os diplomatas e suas equipes criavam novas demandas, trazendo comerciantes com artigos de luxo da Europa do pós-guerra. Viajantes ricos passavam semanas, meses, às vezes até anos, desfrutando as delícias de uma cidade que rapidamente se tornava uma das principais atrações do Novo Mundo.

O fim da guerra e a diminuição da influência britânica trouxeram também os franceses. Eles chegaram em grande número e, a princípio, não foram aceitos com facilidade. "Não posso explicar-te a abundância e fartura das fazendas e quinquilharias francesas que têm inundado esta cidade", escreveu Marrocos a sua irmã; "já não se vê fazendas Inglesas, que todas têm sido abandonadas, e toda a gente se vê ataviada ao gosto Francês, menos eu que sou Portugal velho, e ninguém me tira desta cisma. Este porto se vê coalhado de Navios Franceses que só no mês passado entraran 29 carregados de bugiarias".[1] Era uma situação com que Marrocos sentia-se longe de estar à vontade: "eu não sei pelo que ainda lhes conservo tal aversão, que não posso olhar direito para eles; e para mim ficou sendo Nação detestável",[2] sentimento que era largamente partilhado. As histórias das atrocidades francesas estavam frescas na memória, e a propaganda antifrancesa produzida durante os anos de guerra ainda enchia as prateleiras das livrarias do Rio. Mas a população francesa local teve um aumento sistemático e não tardou a superar a britânica. Ela tomou conta do lado feminino do comércio da cidade. Enquanto os ingleses continuavam a importar material pesado de construção — ferro, vidro, cobre — e produtos manufaturados, os franceses se estabeleceram como cabeleireiros, chapeleiros, costureiros e professores de línguas. Eram preferidos pela corte, cujas damas imitavam a moda e os penteados da França. Esses foram os primórdios do que se tornaria uma influência duradoura nos gostos e hábitos dos brasileiros, bem como em sua vida intelectual.

Com o francófilo Antônio de Araújo reinstalado no poder, o papel cultural da França foi ativamente incentivado pela corte. Pagaram-se pensões à Missão Artística Francesa (criada em 1816) — um grupo de pintores, escultores e arquitetos chefiado por Joachim Lebreton, chamados ao Rio para fundar uma academia de belas-artes. Sua presença na cidade tinha várias facetas de ironia. Como ex-bonapartistas, eles mesmos eram exilados, refugiados do monarquismo ressurgente na Europa do pós-guerra. Quando da restauração dos Bourbon, o embaixador francês na corte portuguesa chegou até a submeter uma petição para que Lebreton fosse detido, por sua associação passada com Napoleão, mas o apelo caiu em ouvidos moucos. A meta de civilizar seu antigo porto colonial, perseguida pela corte do Rio, superou qualquer resíduo de ressentimento contra o regime que a obrigara a fugir. Muito depois de Waterloo, a influência de Napoleão persistiria no Rio, à medida que a Missão Artística Francesa foi introduzindo uma arquitetura romântica clássica no que tinha sido uma paisagem urbana barroca. Afora seus prédios públicos, graciosos chafarizes, esculturas e pavilhões espalharam-se pelo Rio, conferindo à cidade um sutil sabor gaulês.

A população do Rio inflou-se, e não foi apenas pelo afluxo de britânicos e franceses. Os próprios brasileiros migraram de todas as partes do país à procura de trabalho; alemães, irlandeses, espanhóis, italianos, norte-americanos e até um punhado de ex-escravos angolanos viajaram para o que se vinha transformando num próspero porto no Atlântico sul. D. João contribuiu para esse processo, criando um projeto formal de imigração a fim de instalar um grupo de recrutas suíços numa nova colônia nos arredores do Rio, chamada Nova Friburgo.[3] A maciça maioria dos recém-chegados, entretanto, compôs-se de portugueses. Um navio após outro despejava milhares de lusitanos que fugiam da pobreza e das incertezas do Portugal do pós-guerra. Eram tantos, que os governantes da cidade chegaram a propor uma série de medidas para conter a maré.[4] Pensou-se em desviar os navios de imigrantes portugueses para outros portos do Brasil, e considerou-se que a população lusa em excesso na capital poderia ser despachada, na condição de lavradores, para colonizar as vastas extensões de terras improdutivas do país. No fim, eles foram absorvidos na capital, embora muitos tenham acabado vivendo na orla de um sistema já sobrecarregado de proteção da corte.

À medida que o Rio se expandiu, o mesmo se deu com as ambições da corte. A duplicação da burocracia lisboeta fora relativamente fácil, mas recriar uma vida rica em pompa na corte foi um processo longo e lento. Em Lisboa, a música eclesiástica, o teatro e o balé tinham sido pontos focais da vida cultural muito pública da corte, com ciclos de óperas e peças freqüentados pela família real e pelos dignitários da cidade. Aos poucos, D. João deu vida nova a esse mundo. A princípio, trabalhou com o que tinha — um pequeno grupo de brasileiros talentosos, porém mal preparados —, mas isso foi aos poucos substituído por compositores, músicos e cantores trazidos da Europa, com enorme despesa.

No começo, a vida musical concentrou-se na capela real, onde José Maurício, um padre mulato conhecido como "o Mozart brasileiro", regia sua orquestra em missas cantadas e oratórios. Ele compunha sua própria música sacra e ampliou seu repertório com manuscritos trazidos pela família real, a fim de cobrir a torrente de festejos e dias santos que enchia o calendário religioso português. Depois de prestar serviços por três anos, foi posto de lado pela chegada de Marcus Portugal, um compositor favorito da corte, enviado de Lisboa. Colaboracionista atuante durante a guerra, Marcus Portugal havia dedicado suas óperas a Napoleão, mas nesse momento viu-se reconduzido ao rebanho da realeza.

Criou-se uma loteria, cujos proventos foram aplicados na construção de um teatro de proporções metropolitanas européias. Tinha capacidade para mais de mil espectadores e era cercado por 112 camarotes. Óperas italianas completas começaram a ser encenadas, assim como balés franceses; montaram-se peças alegóricas em ocasiões especiais, com nomes como *O Triunfo do Brasil*, com enredos coalhados de personagens da mitologia grega e romana, que enunciavam adulações ao rei e ao feito imperial português. Elas atraíam grandes multidões e eram vistas pela família real e por dignitários da corte, acomodados na posição privilegiada de seus camarotes. O que eles viam era uma mescla do conhecido com o inesperado. Escravos enchiam os corais das óperas; muitos bailarinos, nas palavras delicadas de um observador, "não [eram] propriamente de tez européia".[5] Ajudantes de contra-regra e cenógrafos eram extraídos da grande comunidade de alforriados do Rio e, nas ocasiões cerimoniais, uma orquestra e coro de escravos, treinados desde pequenos num conservatório em Santa Cruz, apresentavam-se para a família real e seus cortesãos.[6]

D. João também contratou os melhores músicos que pôde encontrar na Europa. Sigismund von Neukomm, chegado como integrante da Missão Artística Francesa, foi sua maior conquista em anos posteriores. Aluno de Haydn em Viena e diretor musical da delegação francesa no Congresso de Viena, Neukomm também fora mestre de coro do czar em São Petersburgo, além de pianista pessoal de Talleyrand, ministro francês das Relações Exteriores. Sua reputação como um dos talentos mais promissores da Europa, nessa época, fora estabelecida após um concerto conjunto com Antônio Salieri. Sob sua direção, as primeiras apresentações em todos os tempos da *Criação* de Haydn e do *Réquiem* de Mozart realizaram-se no cenário do suntuoso porto do Rio.

Uma última extravagância somou-se ao crescente séqüito de músicos e cantores da corte. Importaram-se *castrati* (eunucos) italianos, a um custo fenomenal. Os sons agudos de seu canto encheram de graça etérea a capela real, e sua presença na corte alçou-a, pelo menos num aspecto, aos níveis de requinte esperados da realeza européia. Em certo sentido, a contratação dos *castrati* resumiu a postura de D. João quanto à transformação cultural do Rio: foi dispendiosa — um prazer perdulário para uma corte já então seriamente endividada — e remontava a uma outra era. Os *castrati* tinham sido usados em toda a Europa a partir do século XVI, primeiro na música litúrgica e depois na ópera, mas, em meados do século XIX, começavam a parecer sobreviventes de épocas passadas. No Rio, tiveram uma recepção ambivalente. Apresentavam-se em *soirées* da alta sociedade brasileira, nem sempre provocando comentários favoráveis, e eram "repugnantes", como escreveu um viajante anônimo que compareceu a uma dessas reuniões. "Todo o seu andar anuncia a efeminação, e sua figura se faz notar pela estreiteza dos ombros, pela largura dos quadris e por um desenvolvimento extraordinário do fêmur e da tíbia."[7] Eles cantavam bem, prosseguiu o comentarista, mas, na conversa, suas vozes eram "esganiçadas".

Longe da capela real e do teatro recém-construído, começavam a surgir tipos diferentes de música, que nada deviam às árias e às polifonias européias. Podia-se ouvi-los no coração da cidade, quando grupos de trabalhadores escravos cantarolavam para aliviar seu fardo, enchendo o ar abafado de cadências africanas que criavam raízes num novo continente. Essas canções eram descartadas pelos encarregados portugueses, vistas como vulgares e até mesmo perigosas. Mas foi esse conjunto de ritmos característicos que, no correr do tempo, veio a se desenvolver em algo muito mais importante do que as dispendiosas imitações européias que a corte trouxera consigo. Muito depois de diluído o impacto de D. João e sua missão civilizadora, a paisagem cultural da cidade continuaria a exibir a marca inconfundível de sua alma afro-brasileira.

Após quase dez anos no Brasil, o abismo entre a sociedade carioca e a corte era mais evidente do que nunca — uma separação que se manifestava nos aspectos mais mundanos da vida cotidiana. Os pães diferentes e as frutas européias, o vinho, os presuntos, os salames italianos e os licores despachados para abastecer a corte distanciavam-na da vida das ruas. Nestas, os cariocas compraziam-se com uma culinária maciçamente influenciada por sua herança colonial.[8] A farinha grossa de mandioca, o feijão e o arroz eram pratos de primeira necessidade, muitas vezes comidos com as mãos. A feijoada, pratos à base de milho, com a consistência de mingaus, e misturas dos mais simples ingredientes, como a canjica (cozida no leite) e a jacuba (farinha de mandioca preparada com água e rapadura), além da carne-de-sol, eram pratos locais que nunca chegavam aos salões de banquete da corte.

O estilo de vida de brasileiros e portugueses diferia noutros aspectos mais íntimos. Os padrões de higiene eram radicalmente diferentes. O rico inválido Henry Koster, que viajou pelo Nordeste do país, escreveu que os brasileiros eram "notavelmente meticulosos com a limpeza do corpo",[9] enquanto outro visitante observou: "Em geral, os brasileiros têm uma qualidade em comum: até os mais pobres nunca saem de suas casas ou casebres sem se lavar, e, quando possuem duas camisas, a que lhes fica junto à pele está limpa."[10] Os portugueses, por outro lado, tinham uma mentalidade mais medieval. Não há uma única referência a D. João ter tomado um banho completo, com água e sabão, em mais de uma década no Brasil, onde as temperaturas freqüentemente ultrapassavam 35 graus Celsius. Segundo todos os depoimentos, não tomar banho era um ponto de honra entre os portugueses de alta classe no Rio.[11] Um autor da época relatou a história de uma criada recém-contratada que foi repreendida por levar uma bilha de água para a patroa, de manhã. As mulheres refinadas não se lavavam, uma vez que não tocavam em nada sujo, explicou-lhe a patroa; lavar-se, prosseguiu, era uma prática das classes baixas.

Muito antes da chegada tão inesperada dos portugueses, naquela tarde límpida do fim do verão de 1808, já havia despontado uma sociedade "tropicalizada", um embrião do Brasil moderno, com sua mistura eclética de influências africanas, européias e indígenas. Os afro-brasileiros tinham criado seu próprio universo cultural paralelo, formado por séculos de contato entre Portugal e a África. Não fora apenas o séqüito real de D. João que havia desaguado no Brasil — no Rio funcionava uma corte congolesa, em larga medida tolerada pelas autoridades coloniais. Todos os anos, alforriados e escravos afro-brasileiros elegiam um rei, que adotava o aparato da realeza européia, usando manto, coroa, trono e cetro. Para o espectador, isso talvez se afigurasse uma paródia zombeteira dos rituais portugueses, mas a corte era uma autêntica entidade afro-brasileira. E mantinha relações com a família real portuguesa, comparecendo a banquetes e festejos importantes.

Foi esse o mundo carnavalesco imortalizado por Jean-Baptiste Debret, discípulo de David e integrante da Missão Artística Francesa, cujas estampas e gravuras se tornaram uma representação icônica dessa era.[12] Seu olhar era sofisticado, concentrando-se nas minúcias da vida carioca: cenas domésticas, a vida nas ruas e retratos íntimos dos escravos, na época comumente despojados de seus traços individuais pelas caricaturas racistas.[13] Sem as gravuras de Debret, as descrições do Rio do início do século XIX talvez soassem como exotismos fantasiosos; com elas, capturou-se para a posteridade um retrato notável das justaposições culturais inusitadas que o Império Português criou no Rio.

A corte podia limpar a cidade, fundar novas instituições culturais e estimular a educação, mas, qualquer que fosse o verniz de refinamento que introduzisse no Rio, não podia escapar aos aspectos menos palatáveis do legado imperial português. Mesmo com seus corais, orquestras e teatros, o Rio de Janeiro continuava a ser, essencialmente, um imenso mercado negreiro — o maior das Américas, sem termos de comparação. Os escravos inundavam o porto, para serem vendidos a donos de plantações em todo o Brasil, ou a famílias abastadas da própria cidade. Todos os aspectos da vida no Rio eram afetados pela escravidão, desde os bairros centrais, diariamente repletos de trabalhadores africanos, até as casas dos brasileiros ricos, com sua enorme criadagem. Para a corte, os lembretes do tráfico negreiro eram inevitáveis — levas de trabalhadores forçados passavam bem em frente ao palácio real, cantando enquanto marchavam, conduzidos por um feitor que marcava o ritmo sacudindo uma cabaça cheia de pedrinhas. Escravos labutavam ao redor do palácio de São Cristóvão, cultivando seus campos e trabalhando como peões e jardineiros.

O Brasil, afinal, fora construído com base no tráfico de escravos. Muito antes de a escravidão em larga escala chegar ao Caribe e à América do Norte, os portugueses transportavam enormes quantidades de africanos para cuidar das plantações do Nordeste brasileiro. A escravatura tinha sido o fio que interligava seu império no Atlântico, o motor de praticamente todas as atividades econômicas em suas colônias sul-americanas. No fim do século XVII, mais escravos tinham entrado no Brasil do que jamais chegariam do exterior à América do Norte britânica. Na virada do século XIX, uma complexa organização de funcionários coloniais, financistas, agentes africanos e "negreiros" transportava quase 20 mil escravos por ano só para o Rio de Janeiro. Quando a corte chegou ao Brasil, ⅓ da população do Rio compunha-se de escravos. "Um estrangeiro não familiarizado com o tráfico de escravos", escreveu Charles Abel, um botânico inglês que visitou o Rio durante a estada da corte, "talvez imaginasse que os escravos eram os habitantes propriamente ditos, e que seus senhores eram os moradores ocasionais."[14] O Rio *era* uma espécie de Roma subtropical, mas de um modo que estava longe das aspirações de cultura e nobreza da corte.

A área movimentada do porto não tinha guindastes nem polias; poucos eram os veículos movidos a rodas; as bestas de carga eram raras, e os canos d'água, quase inexistentes. Em lugar deles, desenvolvera-se uma vasta indústria de carga, na qual se recrutavam escravos para carregar tudo que precisasse deslocar-se pela cidade, inclusive pessoas. Os navios negreiros atracavam diariamente, com suas "cargas" semimortas tendo de ser transportadas para terra nos ombros de outros escravos, a fim de serem "armazenadas" no mal-afamado bairro do Valongo — o decrépito centro das operações, onde o mercado negreiro, um cemitério e algumas mansões construídas com a receita do tráfico agrupavam-se numa união profana.

Os ricos desenvolveram um horror ao trabalho braçal. Essa era uma atitude que remontava aos primórdios da expansão colonial — ao sonho de viver do trabalho alheio, que havia instigado a migração de Portugal para outros pontos do império. Quando um colono chegava ao Brasil no século XVI, de acordo com um contemporâneo, "adquiria dois pares de escravos, ou talvez meia dúzia (...) um escravo pescava. Outro caçava. Os demais aravam e cultivavam seus campos".[15] Transplantado para o cenário urbano, esse espírito se manteve vivo no Rio. Os brasileiros da classe alta eram servidos com constância e diligência por faxineiras, cozinheiras e babás. Nesse aspecto, o arquivista Marrocos tornou-se típico.[16] Ao longo dos anos passados no Rio, ele e sua esposa carioca acumularam uma equipe de escravos domésticos: uma babá, várias cozinheiras, uma lavadeira e duas moças fugidas, que foram empregadas para costurar e passar a roupa. Como muitas famílias de posses no Rio dessa época, a de Marrocos tinha mais trabalhadores escravos do que membros.

Quem visitava o Rio do começo do século XIX ficava chocado com a indolência dos cariocas comuns. Os carpinteiros contratavam escravos para carregar suas ferramentas; os militares, suas armas e munição. Nas casas abastadas, as mulheres eram ociosas, distribuindo pedidos triviais entre seus numerosos ajudantes escravos, e, quando saíam, eram carregadas por pequenas distâncias em liteiras. Os escravos eram despachados até mesmo para cumprir deveres religiosos, murmurando ave-marias mecanicamente, em nome de seus patrões, diante das imagens da Virgem Maria espalhadas sob redomas pela cidade.[17]

Enquanto o ócio era censurado, os estrangeiros idealizavam os escravos africanos em sua labuta, em descrições que beiravam o homoerótico. James Henderson viajou ao Rio em 1819, na esperança de conseguir emprego no corpo diplomático britânico, mas acabou, em vez disso, escrevendo uma história do Brasil. Descreveu a população agrilhoada em termos lisonjeiros, se bem que suspeitos:

> Muitos escravos negros são admiravelmente bem-feitos, em especial alguns dos que trabalham na alfândega, e exibem tamanha força muscular em toda a sua estrutura, combinada com tal simetria de formas, que os contornos e a protuberância muscular de seus corpos nus fizeram-me lembrar alguns belos modelos da Antigüidade.[18]

Não menos impressionado ficou o escritor francês Fernand Denis, que ali passou algum tempo depois:

> Uma das cousas que sempre excita a admiração do estrangeiro que chega à rua que conduz à Alfândega, na qual se efetuam quase todos os transportes da cidade, é o ajuntamento de negros, de tantas raças africanas, que o primeiro golpe de vista confunde sempre: a seminudez, porque apenas usam umas bragas de pano de linho; esses robustos membros, que à memória trazem belas formas de estatuária antiga; esses exóticos debuxos do corpo mediante os quais se conhecem as nações (...) tudo isso forma um quadro que em breve se torna indiferente, mas que à primeira vista admira como revelação d'um mundo desconhecido.[19]

O mercado de escravos do Valongo tornou-se apenas mais uma atração, como o Pão de Açúcar ou o parque da Tijuca — uma parada macabra no circuito da cidade, afora isso suntuoso. Os visitantes caminhavam por entre as fileiras de armazéns com grades de ferro, onde os que aguardavam o martelo do leiloeiro ficavam mergulhados na depressão. "O cheiro e o calor do aposento eram muito opressivos e ofensivos", escreveu um viajante. "Tendo à mão meu termômetro de bolso, observei que ele marcava 92 graus [Fahrenheit, ou 33ºC]. Estávamos no inverno (...)."[20] Os turistas observavam os escravos recém-chegados que eram submetidos à humilhação de serem vendidos como gado, com os vendedores a desfilar suas mercadorias nuas, enquanto os compradores potenciais lhes inspecionavam os dentes e a genitália, faziam-nos correr e mandavam que os açoitassem, para testar sua reação. Normalmente, os compradores eram homens, mas também se viam mulheres brasileiras no mercado, todas ataviadas para seu dia de compras, à procura de empregadas domésticas ou amas-de-leite.

Há um voyeurismo incômodo em algumas descrições do funcionamento do mercado. Seus visitantes deixavam transparecer um toque de nostalgia — a idéia de estarem testemunhando o funcionamento de um comércio agonizante, remanescente de outra era, mais brutal, que logo chegaria ao fim. Mas a instituição estava profundamente arraigada na sociedade brasileira, e seria preciso mais de meio século para desarraigá-la por completo. Nos anos seguintes, a idéia da abolição iminente agravou ainda mais o panorama, à medida que o alvoroço das encomendas de última hora aumentou os "estoques" de escravos na ânsia dos fornecedores de atender à demanda crescente.

Muito tempo depois, uma audiência de uma comissão seleta em Londres foi informada sobre os horrores dos últimos dias do tráfico negreiro:

> — Na expectativa de que o tráfico de escravos tivesse que ser suspenso, levou-se para lá tudo que podia ser levado — disse um ex-negreiro brasileiro, interrogado pela comissão: — aleijados, cegos, surdos e tudo o mais; príncipes, sacerdotes e patriarcas, tudo que pudesse aumentar o número foi levado para lá nessa época.
>
> — E houve mais mulheres nessa ocasião? — indagou o presidente da comissão.
>
> — Tudo que pudesse ser levado, moços e velhos, mulheres com bebês de colo e mulheres grávidas; tudo foi levado para lá nessa época (...)[21]

A corte aprovou uma série de medidas para eliminar as práticas mais ofensivas associadas à escravidão.[22] Algumas foram de caráter cosmético — distribuíram-se tangas de algodão azul e barretes vermelhos para evitar a nudez inconveniente —, porém outras foram mais substantivas. Durante algum tempo, a marcação a ferro foi proibida por lei, mas veio a ser substituída por uma pulseira ou uma gargantilha de metal ainda mais incômodas. Esse sistema revelou-se impraticável, e a fraude generalizada obrigou ao retorno à permanência do ferrete. Novas normas de higiene foram introduzidas no mercado do Valongo e em seu cemitério vizinho, o qual, no correr dos anos, tinha-se transformado numa sepultura em massa, com os cadáveres enfileirados em fossas, enterrados ao comprido para economizar o tão necessário espaço. Houve também tentativas de diminuir o excesso de carga e as taxas de mortalidade subseqüentes na travessia do Atlântico, impondo-se limites ao número de escravos por tonelada e a exigência de que todos os navios tivessem um cirurgião. E, numa lei que deixou claro que ainda ocorriam baixas terríveis nos navios negreiros, ofereceram-se recompensas em dinheiro aos comandantes que conseguissem manter suas taxas de mortalidade abaixo de 3%.

Refletiu-se muito sobre o policiamento da população de cativos. A revolta dos escravos em São Domingos (no Haiti), na década de 1790, ainda estava fresca na memória — uma história de implicações terríveis para os brasileiros que eram senhores de escravos. Passando de boca em boca, ela se espalhara pelo país e ganhara o *status* de lenda em muitas comunidades escravas do Brasil. A corte tinha aguda consciência da ameaça potencial de rebeliões, mas, no Rio, as autoridades não tardaram a perceber que restringir as reuniões de escravos era inviável. Eles eram o motor da cidade, e sua presença em cada rua e em cada esquina era parte integrante da infra-estrutura urbana.

Todavia, o assessor principal de D. João na administração da cidade, Paulo Fernandes Viana, soube agir numa questão sensível. Fazia muito tempo que o açoitamento público era uma característica das cidades do Brasil colonial, em toda a sua costa, e multidões se juntavam para ver maratonas de chicotadas, em geral dadas por outros escravos, em pelourinhos dispostos na praça principal de todas as cidades. Essas continuam a ser imagens-padrão da vida colonial brasileira, tal como o são algumas cenas similares para a visão que a Austrália tem de sua sociedade de condenados. Viana decretou que, sempre que possível, os açoitamentos deveriam ocorrer no pátio do presídio e ser executados, mediante o pagamento de uma taxa, por servidores da Coroa. Como acontece na maioria dessas medidas, o sentimento motivador foi menos o interesse humanitário do que uma combinação de pragmatismo com as exigências de decoro da corte. Intuiu-se que "açoitá-los nas ruas e nos locais de suas infrações provoca insurreições",[23] ao mesmo tempo que "era realmente uma indecência ter numa corte açoitamentos em praça pública".

No fundo, porém, o Rio de Janeiro continuou a ser uma cidade escravocrata. Sua própria existência dependia de um sistema grosseiro de exploração, no qual os senhores, como proprietários, recebiam carta branca para lidar com uma população cativa. Nessas condições, a situação dos escravos era variável. Num extremo do espectro, eles levavam uma vida que não era pior que a da classe trabalhadora européia da época, a qual efetivamente substituíram, e se enquadravam numa economia urbana que havia crescido em torno do uso de escravos no Rio.[24] Eram anunciados nos jornais, alugados por seus senhores, contratados como diaristas e formados em áreas específicas — lapidação de pedras preciosas, consertos de sapatos, partejamento e aplicação de sangrias —, a fim de aumentar seu preço de mercado. Tamanho era seu domínio dos ofícios artesanais, que havia pouco trabalho legítimo para os que não eram escravos, o que deu origem a uma categoria talvez ainda mais desesperada no Rio e noutras partes do Brasil: os brancos pobres. Não sendo senhores nem cativos, eles não tinham nenhum verdadeiro papel a desempenhar. O trabalho braçal era socialmente inaceitável para quem não era escravo e, de qualquer modo, estava quase todo indisponível. Os brancos pobres afundavam-se numa miséria terrível, subsistindo à margem da sociedade colonial.

No outro extremo do espectro havia a humilhação cotidiana, o excesso de trabalho e a ameaça de abandono, caso eles não mais pudessem executar sua carga de trabalho. Havia uma resistência ativa a esse tratamento. Num conjunto fascinante de processos judiciais, alguns escravos chegavam a desafiar seus opressores nos tribunais e a obter pelo menos a libertação dos senhores que os maltratavam.[25] Outros escolhiam alternativas mais realistas, fugindo e povoando os morros ao redor do Rio, em pequenos quilombos. Segundo todos os relatos, o Rio foi permanentemente cercado por esses quilombos, os quais, em contraste com algumas imagens romanceadas, em muitos casos não passavam de grupos de indivíduos assustados, que viviam de pequenos furtos e dormiam ao relento.

Alguns iam mais longe. Muitas vezes, depois do trauma da viagem e da chegada ao Brasil, os escravos eram submetidos a um período perverso de "amaciamento". Nos primeiros meses, eram castigados pelas mais ínfimas impropriedades, para assegurar sua futura subserviência. Depois de mergulharem numa depressão irrecuperável, alguns desapareciam sem aviso prévio e, mais tarde, seus corpos eram encontrados nas praias da cidade, ou pendurados em galhos de árvores nas florestas vizinhas. Nas palavras de um contemporâneo, tornavam-se "fugitivos que chegaram à terra dos espíritos",[26] renegados que preferiam a extinção à vida que os esperava.

À medida que as lembranças de sua antiga vida em Lisboa foram diminuindo, a família real e seu séqüito acostumaram-se mais e mais a esse mundo pouco conhecido. Tornaram-se, também eles, senhores de escravos, e a vida na corte ganhou um toque de cidade-Estado da Antigüidade. Uma dúzia de cativos de librés vermelhas carregava D. João em sua liteira pela cidade. Balsas reais deslizavam pela baía, movidas por fileiras de remadores escravos. Em ocasiões especiais, músicos escravos proporcionavam divertimento à corte. O palácio recebia escravos de presente, como um tributo de fazendeiros abastados. E, enquanto isso, as obras públicas prosseguiam, com levas de forçados a abrir estradas pelos morros densamente arborizados que circundavam a cidade, turmas de trabalhadores a arrastar blocos de granito de pedreiras próximas e outros trabalhadores escravos a lançar as fundações do novo Rio.

ONZE

O Momento Decisivo

Um carrapato cravou-se na perna de D. João. Foi retirado, mas a infecção provocada se espalhou e a perna inchou. O médico de D. João ordenou o que era, para a realeza de Portugal na época, uma medida radical. A perna deveria ser regularmente banhada com água do mar. Na praia do Caju, situada na baía nas imediações de São Cristóvão, construiu-se uma casa de banho móvel especial, a fim de aplacar o medo do monarca de ser picado por caranguejos. Nela se instalou uma banheira de madeira em que D. João podia sentar-se e ser baixado até a água por seus criados. O tratamento durou meses, mas a infecção era renitente e a perna continuou ulcerada. D. João viu-se confinado ao palácio, enquanto as obras a que dera início na cidade prosseguiam.

Em 1817, fazia quase uma década que a corte estava no Rio, e os projetos instigados em sua chegada aproximavam-se da fruição. O Jardim Botânico se expandira desde a inauguração — "Várias belas alamedas de fruteiras-pão dos mares do Sul (*Artocarpus incisa*), da frondosa jatuaúba-branca (*Guarea trichilioides*) e de mangueiras atravessam a plantação", escreveram os naturalistas bávaros Marius e Spix, que chegaram ao Rio em 1817, "na qual o produto de cultivo mais importante é o chá-da-índia."[1] Achava-se que essa planta, cultivada com grande lucro noutros climas subtropicais, poderia dar-se bem no Brasil, e duzentos chineses especialmente escolhidos por sua habilidade no cultivo do chá foram recrutados em Cantão e transportados de Macau para dar início às experiências. Plantaram-se 6 mil árvores enfileiradas, algumas no Jardim Botânico, outras em campos próximos de Santa Cruz, onde se instalou uma colônia chinesa para cuidar das plantações. Mas a experiência fracassou. No solo tropical nasceu uma variedade resistente e de baixa qualidade, cujo sabor amargo a tornou comercialmente sem valor. O fracasso do chá deu lugar ao sucesso fenomenal do café. A exploração dessa cultura estava em sua infância quando D. João chegou ao Rio, mas, graças ao incentivo dele, as plantações começaram a se espalhar pelos bairros distantes do centro da cidade. Outras plantas iam-se adaptando bem a seu novo ambiente. A *palma mater* de D. João já passara dos 30 metros de altura, ocupando o lugar de honra entre os vários espécimes botânicos. Toda vez que ela dava sementes, postava-se uma guarda nas proximidades para impedir a duplicação da palmeira inaugural do rei.

A Biblioteca Real estava aberta ao público fazia vários anos.[2] Originalmente, fora instalada no andar superior de um hospital no centro da cidade, mas aos poucos se ampliara e ocupara o prédio inteiro. As enfermeiras e os pacientes foram transferidos, para dar espaço aos inúmeros caixotes que chegavam de Lisboa, e a entrada do prédio foi redecorada com painéis alegóricos que retratavam a história do universo, desde a criação do mundo até 1793. A primeira prensa do Brasil também vinha transformando a vida intelectual da colônia, embora com obras cuidadosamente vetadas pelos censores da Coroa. Uma das publicações que captaram a imaginação dos cariocas foi a carta de Pero Vaz de Caminha, na qual este havia descrito o primeiro contato de Portugal com o litoral brasileiro e seus povos indígenas. Publicada pela Imprensa Real em 1817, sob a forma de uma dedicatória a D. João, ela foi um sucesso instantâneo. Depois de séculos escondida nos Arquivos de Lisboa, era um documento cuja hora havia chegado. Em épocas passadas, a carta de Caminha tinha sido arquivada juntamente com relatos de testemunhas oculares da Era dos Descobrimentos portuguesa. Nesse momento, entretanto, quando a corte portuguesa ia consolidando seu governo a partir dos trópicos, ela se transformou na declaração fundadora de um novo império.

Vista de fora, a mudança para o Rio parecia permanente. Já havia projetos bem adiantados para dois acontecimentos históricos: o casamento formal do herdeiro do trono, D. Pedro, com a arquiduquesa austríaca dona Leopoldina, e a "aclamação" de D. João como rei, ambos os quais teriam lugar no Novo Mundo.[3]

Nos bastidores, entretanto, o regime cambaleava. Ao longo dos anos, D. João fizera o menor número possível de mudanças em seu governo. Confiara quase exclusivamente nos homens que o haviam ajudado nos anos difíceis que levaram ao exílio — todos os ministros anteriormente nomeados por D. João tinham estado com ele no Atlântico, durante a fuga de 1807-1808. Fazia muito tempo que um de seus ministros mais competentes, D. Rodrigo de Sousa Coutinho, havia falecido. Seu rival, Antônio de Araújo, passava dos 60 anos e estava com a saúde precária. Em seus últimos meses de vida, dizia-se que precisava de dois assistentes apenas para assinar documentos. Quando ele morreu, o substituto de Strangford, o cônsul geral Henry Chamberlain, foi visitar seu sucessor interino, João Paulo Bezerra, e o encontrou acamado, sofrendo de paralisia — uma doença que Strangford descrevera pela primeira vez, em dezembro de 1813, como "uma violenta aflição paralítica, que o reduziu ao estado da mais deplorável imbecilidade".[4] "É um tanto surpreendente, com efeito", escreveu Chamberlain em 1817, "que o governo tenha prosseguido, mesmo até este momento, com dois ministros tão enfermos [Bezerra e Araújo] (...) afirma-se que todos os ramos do governo encontram-se numa confusão quase irrecuperável."[5] A manutenção do *status quo* fora levada a extremos: montanhas de papéis acumulados durante a convalescença final de cada ministro haviam ficado intactas. Os ministros restantes assumiram responsabilidades cada vez maiores, com suas áreas de competência abrangendo duas, três ou até quatro pastas ministeriais.

Depois da morte de Araújo, as rédeas foram tomadas pelo idoso Tomás Antônio de Vilanova Portugal, homem de instintos conservadores que veio não apenas a chefiar o Ministério da Fazenda, mas também a lidar com assuntos internos e externos, além do Ministério da Guerra. Ele era "cheio de puras intenções",[6] de acordo com Palmela, mas "não tinha a menor idéia do estado de cousas na Europa". Era um momento crucial para que o governo de D. João funcionasse no escuro. Problemas relacionados com a transferência da corte e do governo, que nunca tinham sido realmente enfrentados, começavam a exercer pressão, e a pequena gerontocracia de camaradas reunida pelo rei à sua volta não estava à altura da tarefa. Dez anos se haviam passado desde a última vez em que qualquer dos assessores do rei estivera na Europa, década esta em que as Guerras Napoleônicas e suas conseqüências tinham alterado de modo fundamental a dinâmica do velho continente. Nos primeiros anos, Strangford mantivera as autoridades atualizadas (se bem que com uma versão dos acontecimentos que favorecia os ingleses), mas, desde sua expulsão, a corte se via isolada.

D. João concentrou-se cada vez mais em seu projeto favorito — as campanhas militares destinadas a conquistar a Banda Oriental, no sul —, à exclusão dos assuntos europeus. Mas sua guerra era profundamente impopular, tão detestada em Portugal quanto no Brasil. Cobravam-se impostos dos dois lados do Atlântico e os regimentos de tropas das províncias ficavam sem pagamento, enquanto se vertiam recursos num conflito distante e pouco compreendido. Despacharam-se de Portugal veteranos das Guerras Napoleônicas, e agentes da Coroa percorreram o Brasil pressionando lavradores e pequenos comerciantes, para obrigá-los a ingressar no Exército. Do clima tropical da Bahia, os recrutas eram transportados para o extremo sul, e congelavam em temperaturas hibernais passíveis de cair abaixo de zero durante a madrugada.

O despertar da corte foi súbito e violento, sacudindo seu mundo com uma insubordinação proveniente de uma área inesperada. A vida no Rio prosseguiu como se nada houvesse acontecido, mas os eventos no coração das regiões de cultivo de Pernambuco apanharam D. João desprevenido, destruindo a ilusão de que, no Brasil, ele poderia ficar isento dos problemas que haviam atormentado seu reinado na Europa.

Em março de 1817, mais de 1.600 quilômetros ao norte do litoral do Rio, o governador de Pernambuco fez uma reunião a portas fechadas com autoridades da capital, Recife. As discussões giraram em torno dos boatos de uma conspiração liderada por oficiais do Exército. Tinha havido acusações que ligavam os conspiradores às atividades obscuras dos franco-maçons, uma organização que se firmara em Portugal e no Brasil e vinha-se tornando, rapidamente, um canal para os sentimentos antimonarquistas. O governador optou por agir com presteza. Ordenou a detenção de todos os principais suspeitos e despachou sua guarda para o quartel do Exército. Foi um gesto que ele viveria para lamentar. Um dos guardas foi morto quando tentava capturar um oficial suspeito, e todo o quartel explodiu numa revolta. O governador enviou mais guardas para subjugar os dissidentes. Ouviu tiros disparados contra eles e, no calor do momento, tomou uma decisão repentina e temerária: reuniu a família e fugiu.

A notícia da fuga do governador teve um efeito explosivo. Houve confusão nas ruas do Recife. Comerciantes portugueses fugiam para seus navios, soldados trocavam de lado e autoridades abandonavam uma cidade que, de um momento para outro, despertara num susto de sua modorra colonial. O comandante de um navio francês, o *Perle*, testemunhou o derramamento de sangue inicial: "Os negros livres e escravos, bem como os mulatos, armaram-se de picas, machados etc., e massacraram todos os que no primeiro momento tentavam fugir, particularmente marinheiros, os insurgentes tendo sabido que o filho do intendente fora a bordo das embarcações portuguesas surtas (*sic*) no porto, a fim de pedir aos tripulantes que acudissem em socorro dos realistas."[7]

Para quem tinha algum poder de fato na cidade, a virada da mesa foi rápida e completa. Autoridades portuguesas, antes respeitadas, viram-se reduzidas à condição de fugitivas. Algumas, com sucesso variável, fugiram para o interior, enquanto outras se dirigiram ao porto. Um magistrado odiado, José da Cruz Ferreira, confiscou uma jangada e tentou navegar para o norte pela costa, até o Ceará, mas, depois de batalhar por algum tempo contra fortes ventos de proa, acabou desembarcando numa praia próxima e buscando refúgio numa cabana de pescadores. Posteriormente, foi capturado e preso, junto com um número crescente de seus colegas.

O governador refugiou-se na fortaleza da cidade com um resíduo de tropas legalistas. Talvez pudesse até ter tido uma oportunidade de retomá-la, caso se mantivesse firme, mas não tardou a capitular. Nascera a "República de Pernambuco". Chancelas reais, brasões e bastões cerimoniais foram destruídos. Formou-se um novo governo, chefiado por um dos arquitetos da revolta, o comerciante Domingos José Martins. Seguiu-se uma série de atos revolucionários clássicos: aboliram-se impostos impopulares, abriram-se prisões e acertaram-se antigas pendengas. Cartazes com os dizeres "Morte aos aristocratas"[8] começaram a aparecer nas ruas, enquanto séculos de deferência foram renegados. Um morador da classe alta que sobreviveu ao expurgo, João Lopes Cardoso Machado, escreveu a um amigo, horrorizado, dizendo que "os cabras, mulatos e crioulos andavam tão atrevidos que diziam que éramos todos iguais, e não haviam de casar senão com brancas, das melhores".[9] Na barbearia, recusaram-se a fazer a barba de Cardoso, que foi confrontado com o novo espírito igualitário da cidade: "Vossa Mercê não suportava chegasse a Vossa Mercê um cabra com o chapéu na cabeça", escreveu ele a seu amigo, "a bater-lhe no ombro e dizer-lhe: 'Adeus, patriota, como estais? Dá cá tabaco' (...)".

Os revolucionários mandaram emissários à Grã-Bretanha e aos Estados Unidos, pedindo ajuda e reconhecimento, e seus agentes espalharam-se pelas capitanias vizinhas, para fomentar a dissidência. Um dos conspiradores, o padre Roma, tomou o rumo sul, dirigindo-se à Bahia. Chegou por terra à cidade costeira de Maceió, pregando a propaganda republicana a platéias receptivas pelo caminho. Em Maceió, pegou uma jangada e rumou para a cidade de Salvador, na Bahia, mas, ao se aproximar dela, a resposta legalista já estava a caminho. Parou sua jangada na idílica faixa de praias salpicadas de coqueiros logo ao norte de Salvador, mas foi preso e executado três dias depois.

Embora a Bahia resistisse, a revolta se espalhou de Pernambuco para os estados vizinhos da Paraíba, Rio Grande do Norte e, durante algum tempo, Ceará, mas não havia muito sentimento de criação de uma resistência republicana unida. Cada estado instalou seu próprio governo provisório independente. Bandeiras diferentes foram desenhadas para cada nova república, calcadas no tema comum de uma íris, um sol e uma cruz. A característica definidora era o número de estrelas, e a idéia era que, à medida que cada novo estado conquistasse a independência, uma nova estrela seria acrescentada para compor sua bandeira.

Foi "um acontecimento assombroso",[10] escreveu um magistrado de Pernambuco a seu irmão em Lisboa: "cinco ou seis homens destruíram num instante um governo estabelecido, e todas as autoridades se conformaram sem hesitação ao acontecido". Foi também um momento definidor para o Brasil. À medida que as autoridades coloniais de outros estados se apressavam a impor sua autoridade, a presença portuguesa começou a se assemelhar a uma ocupação militar sitiada. Pela perspectiva européia, a imagem do Brasil como um oásis de calma, num continente sacudido por levantes revolucionários, ficou destroçada.

Na capital, a notícia da revolta chegou da maneira mais vívida possível aos que não tinham acesso às informações sigilosas do governo. As novas autoridades de Pernambuco resolveram despachar o governador e sua família de volta para a corte, no Rio. Depois de descer a costa brasileira, do Recife para o sul, o navio aproximou-se da barra do porto do Rio de Janeiro. Agitando uma bandeira branca, entrou na baía, mas recebeu imediatamente uma salva de tiros de um dos fortes da entrada do porto e foi obrigado a lançar âncora. Oficiais do Exército abordaram-no às pressas, para impedir que os rebeldes estabelecessem qualquer comunicação com o pessoal de terra, e a tripulação foi detida numa das ilhas da baía. Contudo, foi impossível abafar a história. A notícia do humilhante retorno do governador, como prisioneiro de um navio rebelde, espalhou-se rapidamente pela cidade.

A revolução também despertou temores numa outra frente, num dos aspectos mais curiosos da insurreição. Ao saber da revolta, uma pequena frota partiu de Filadélfia. A bordo estava um grupo de simpatizantes bonapartistas, cujo plano era montar uma operação de resgate a partir do Recife para libertar Napoleão, então aprisionado na ilha de Santa Helena, no Atlântico sul.[11] Ao serem interrogados, mais tarde, eles alegaram estar agindo sob as ordens do irmão de Napoleão, José.

O Brasil poderia ter-se dividido nessa ocasião. Na época da insurreição pernambucana, as guerras da independência na América espanhola, que fariam as antigas possessões da Espanha se fragmentarem em mais de uma dúzia de países separados, já se haviam iniciado. No Brasil, um processo semelhante poderia ter produzido quatro Estados gigantescos, com o Amazonas, o nordeste e o extremo sul separando-se dos municípios centrais em volta do Rio.[12] Mesmo hoje, seria fácil dividir o país dessa maneira, e, na época de D. João, essas regiões eram tão afastadas que muitas vezes eram vistas praticamente como países distintos. As distâncias eram imensas, as rotas terrestres, amiúde inviáveis, e muitas regiões brasileiras tinham um contato mais estreito com a Europa do que umas com as outras. O Brasil poderia ter-se fragmentado ainda mais. Em torno do Rio, as províncias de Minas e de São Paulo eram sucessos econômicos autônomos e já se viam como entidades distintas, culturalmente diferentes. Espantosamente, no entanto, esse vasto conglomerado de interesses e geografias diferentes sobreviveu, atravessando unido o tumulto dos anos seguintes.

A corte reagiu aos acontecimentos do Nordeste da única maneira que sabia: com uma força militar esmagadora. Impôs-se um bloqueio ao Recife. Milhares de soldados do Rio e de Salvador foram embarcados em comboios e zarparam rumo a Pernambuco. Houve consternação nas áreas republicanas, ao chegar a notícia do ataque iminente. O movimento em si havia acabado por se mostrar uma revolta conservadora contra os impostos e, de qualquer modo, seu apoio vinha diminuindo, particularmente por parte dos escravos, que começaram a perceber que o discurso revolucionário da "igualdade", no seu caso, era suplantado pelos "direitos de propriedade" de seus senhores.

A nova república não se sustentou nem mesmo por tempo suficiente para que os comboios chegassem ao Nordeste. Enquanto os soldados de D. João ainda estavam no mar e um exército legalista se aproximava do Recife por terra, a república incipiente mergulhou na guerra civil. Os rebeldes foram enfrentados por uma coletânea improvável de patriotas: "índios, com seus arcos e flechas, lavradores e moradores agarrados sem armas e quase sem roupa".[13] Quando as forças legítimas chegaram, encontraram o Recife deserto e os rebeldes em fuga. Nas semanas seguintes, a maioria deles foi capturada. Vários cometeram suicídio e vinte foram executados. A revolta havia durado apenas 75 dias, mas seu impacto em Portugal e no Brasil se faria sentir por muitos anos.

A tensão no Rio foi minorada pelas comemorações da vitória — a exibição habitual de fogos de artifício, desfiles e carros alegóricos —, enquanto, nos bastidores, instauravam-se às pressas medidas repressivas. Agentes da corte investigaram denúncias e as lojas maçônicas de todo o país foram postas sob renovada vigilância, e acabaram sendo proibidas.

E, o que era mais importante, os preparativos para a tão esperada aclamação de D. João como rei foram adiados. A atividade secreta foi acompanhada por medidas militares de caráter público. Portugal perdeu mais quatro regimentos para a defesa do Brasil, ficando dois deles aquartelados no Rio, um em Salvador e um no Recife. Isso pretendia ser uma demonstração de força, mas, ao contrário, deixou transparecer o pânico. Dez anos antes, a corte fora recebida no Brasil com uma profusão de comemorações e boa vontade; agora, via-se reduzida a dispor tropas para impor lealdade a seus próprios vassalos.

A insurreição pernambucana, por curta que tenha sido, provocou uma reação emocional em muita gente no Brasil, particularmente em regiões distantes do Rio. As histórias de uma corte extravagante e perdulária, com seus numerosos palácios e mansões, não combinavam com a elevação dos impostos em capitanias a milhares de quilômetros dali. As queixas de injustiça, corrupção e interferência burocrática ecoaram por todo o país. Enquanto durou, a transferência da corte foi vista por alguns como uma espécie de colonialismo interno, no qual o Rio impunha sua vontade às províncias brasileiras.

Afora os gestos expansionistas no sul, a corte parecia desinteressada do resto do Brasil. D. João nunca saiu do Rio em viagem (na verdade, raras vezes se afastara de suas residências palacianas dentro e nos arredores de Lisboa, nos anos que lá vivera como príncipe regente), e muitos integrantes da corte pareciam desconhecer o país em que se encontravam. Haviam chegado ao Novo Mundo como funcionários do governo, formados para pequenos papéis burocráticos em Lisboa. Continuando seu trabalho no estilo colonial, concentravam-se na melhor maneira de gastar a receita das províncias em sua metrópole em crescimento. Outras cidades brasileiras conservaram suas fachadas coloniais dilapidadas, enquanto o Rio passava por uma reconstrução em larga escala.

O Rio foi a cidade que mais teve a ganhar com a transferência da corte portuguesa, mas, mesmo ali, a insatisfação era crescente. As casas requisitadas por ocasião da chegada da corte, cedidas para o que se supunha ser uma acomodação temporária de emergência, nunca foram devolvidas. Algumas foram até alugadas pelos portugueses, depois que eles as desocuparam, em vez de serem restituídas a seus proprietários de direito. A corte cultivava um ar de riqueza ilimitada, mas estava sempre atrasada no pagamento da quantidade prodigiosa de víveres e mão-de-obra necessários para mantê-la em funcionamento. O dinheiro que gastava parecia ir para a importação de bens e pessoal da Europa. Os artistas, arquitetos e músicos locais eram usados, mas viam-se preteridos quando europeus, remunerados com altos salários, eram despachados para assumir seus lugares. As chegadas da Missão Artística Francesa e do compositor Marcus Portugal foram vistas sob esse prisma. Também houve ressentimentos com respeito ao financiamento do projeto de colonização de Nova Friburgo. Concessões de terras e moradias foram feitas a um grupo de lavradores suíços, enquanto seus equivalentes brasileiros lutavam para equilibrar seu orçamento. Na verdade, as fazendas que circundavam Santa Cruz recebiam ordens sistemáticas de fornecer mantimentos, mas eram insuficientemente recompensadas. E na própria corte havia tensões permanentes entre os cariocas e os exilados portugueses.

A distância, as imagens do rei como guardião moral do império, uma figura de força espiritual que era objeto de uma adoração religiosa, tinham sido cultivadas em alegorias, canções e poemas. No Rio, essas imagens foram maculadas pelas transações de uma corte que estava sempre raspando o fundo do tacho em busca de verbas. A concessão de honrarias, a princípio tratada com reverência, degenerou num exercício de geração de dinheiro. D. João constatou que podia não apenas criar alianças vitais com a elite brasileira pelo sistema de honrarias, mas também gerar uma renda significativa nesse processo. Durante o período que passou no Rio, ele sagrou 28 marqueses, 8 condes, 16 viscondes, 21 barões e mais de 4 mil cavaleiros. “Tornar-se conde em Portugal exigia 500 anos”, escreveu o historiador Pedro Calmon; “no Brasil, 500 contos.”[14] As fraudes financeiras foram institucionalizadas pela criação do Banco do Brasil, que era usado pelos membros da realeza como fonte de crédito ilimitada. Em pouco tempo, o banco ficou exposto a empréstimos sem cobertura, situação esta que a corte usou vários métodos inescrupulosos para remediar. As moedas de prata eram derretidas e refundidas numa forma degradada, e grandes quantidades de papel-moeda eram emitidas para liquidar dívidas. O resultado foi o crescimento da espiral inflacionária: em meados da década de 1810, o custo dos aluguéis, dos alimentos e da água, segundo todos os depoimentos, era comparável ao observado em Londres ou Paris.

Apesar da insatisfação crescente, D. João ainda impunha grande fidelidade ao grosso da população do Rio e de todo o Brasil. Os sentimentos monarquistas tinham raízes profundas, tanto assim que muitas pessoas no Rio se ofereceram para participar da luta pela retomada de Pernambuco. O rei estava imune às críticas diretas. Acreditava-se que D. João não sabia dos atos criminosos praticados em seu nome por suas próprias autoridades na corte. Talvez houvesse certa verdade nisso. Enquanto essa aventura extraordinária se despedia de sua primeira década, sem nenhum término à vista, as estruturas governamentais instituídas na chegada começavam a rachar.

Também em Portugal havia sinais de instabilidade crescente. Pouco depois da revolução de Pernambuco, uma conspiração similar — militar, mas com conexões maçônicas — foi descoberta em Lisboa. Era uma revolta pequena e mal planejada, mas foi uma antevisão do que estava por vir — um pequeno tremor que inaugurou a prolongada era de conflitos civis em Portugal. Foi tratada com eficácia por Beresford, que deteve os conspiradores num ataque surpresa, antes do alvorecer de 26 de maio de 1817. Em seguida, os detidos foram julgados em sigilo e 12 deles foram publicamente executados, sem receberem o direito costumeiro de apelar para o rei. O principal conspirador, maçom e ex-bonapartista, general Gomes Freire de Andrade, foi enforcado, arrastado e esquartejado, e, como se não bastasse, seu corpo desmembrado foi queimado e suas cinzas lançadas ao mar. Restabeleceu-se a ordem, mas pagando um preço. Freire foi visto por muitos como mártir de uma causa justa e, na morte, seu nome tornou-se ponto de encontro para a revolução que viria. O sentimento de injustiça, impotência e repulsa ante a dominação estrangeira e a corrupção local estava chegando a seus limites.

A intensidade dos sentimentos da época foi vividamente ilustrada por uma série de cartas abertas, dirigidas a D. João e publicadas na imprensa dos expatriados sediados em Londres. As missivas falavam do abismo em que Portugal havia despencado desde a partida da corte e pleiteavam a volta do rei. "A miséria deste nosso povo me parte o coração de mágoa e dor", dizia uma delas. "Bandos de mendigos, espectros de fome, cobertos de miséria e de farrapos, alastrando as ruas, arrastando-se para entrar nos lugares de prazer, a solicitar a caridade quase extinta, pálidos, disformes e desfigurados, tísicos ou hidrópicos, gente moribunda mui perto de morrer com a sua pátria, esta é a povoação de Lisboa, e de quase todo o Portugal!"[15] Outra carta ia mais longe: "Vossa Majestade deve estar bem informado da miséria em que se vê Portugal (...) Portugal, Senhor, com o seu governo, com o seu Exército, sem artes, sem indústria, sem agricultura, sem povoação, sem capitais, está quase um cadáver onde mal se conhecem sinais de vida (...) O descontentamento de Portugal é tão grande que só não tem chegado a romper em sedição, e isso é devido à força armada(...)."[16]

Até os conselheiros de D. João na Europa começavam a confessar a verdadeira situação de Portugal. Para H. J. d'Araújo Carneiro, um funcionário do governo que trabalhava em Londres, os estrangeiros estavam agora tirando proveito da ausência prolongada da corte:

> Tem-se feito espalhar por Portugal, e em toda a Europa, que V.M. os abandonara e fazia tirar todas as rendas e todo o numerário de Portugal para o Brasil: tem-se cuidado em espalhar que V.M. convidava a que as principais famílias e os proprietários mais opulentos emigrassem para o Brasil (...). Se a estada de V.M. no Brasil é útil para até garantir a independência de Portugal, isso não vê o povo, o que ele vê é um vácuo, e uma mudança de metropolitanos em colonos (...).[17]

Espalhava-se em Lisboa um ar de cinismo. Havia rumores de que já se preparara uma permuta territorial, de que o governo do Rio estava pronto a ceder Portugal à Espanha, em troca de um território equivalente na América do Sul. Apesar de infundadas, as notícias tocavam em temores muito reais de uma invasão espanhola de Portugal. As aventuras militares de D. João na Banda Oriental haviam não apenas provocado a fúria de

Madri, mas também irritado os britânicos, que se recusaram a garantir a integridade territorial de Portugal, na eventualidade de uma invasão espanhola. Palmela investira consideráveis energias diplomáticas na tentativa de aplacar a corte em Madri, mas a Espanha havia respondido realizando manobras militares provocadoras perto da fronteira portuguesa.

Para os ingleses, já então sobrecarregados com a proteção militar de Portugal, sem nenhuma influência diplomática em sua corte errante, a situação vinha-se tornando crítica. Uma das pedras angulares da política externa britânica era a abolição do tráfico de escravos, e a relutância portuguesa em avançar nessa questão era um grande obstáculo. D. João, como de praxe, ganhava tempo, pleiteava uma dispensa especial e alegava que a abolição do comércio negreiro, "opondo-se ao hábito formado por dois séculos, ofenderia a opinião dos proprietários, e talvez exaltasse a imaginação dos escravos".[18] Propôs "meios indiretos", que substituíssem "colonos brancos a um povo Negro", para evitar o risco de inquietação no Brasil. Havia pouco apoio à abolição no Brasil, embora um punhado de pensadores brasileiros começasse a questionar o tráfico. Tal como no sul dos Estados Unidos, a argumentação era enunciada em termos mais econômicos e raciais do que com base nas alegações religiosas e humanitárias expostas por abolicionistas como William Wilberforce, na Inglaterra. A escravatura era vista pelos liberais brasileiros como algo que retardava o desenvolvimento do país, com a importação contínua de um grande número de africanos ameaçando "abastardar" a raça portuguesa e transformar o Brasil numa "terra de negros".[19]

A proibição do tráfico ao norte do equador, aprovada no Congresso de Viena, havia desferido um golpe contra os portos portugueses na África Ocidental, porém foi mais do que compensada pela aceleração dos pedidos feitos a Angola e Moçambique. D. João parecia satisfeito em permanecer o maior tempo possível no Rio, onde não seria possível exercer pressões diretas sobre ele. Essa fora uma abordagem de amplo sucesso desde a expulsão de Strangford, mas nesse momento ficou claro, para todos os implicados, que uma partida final complexa e imprevisível já estava em andamento.

DOZE

Dona Leopoldina

Um comboio de carruagens partiu de Viena rumo ao sul, passando como um relâmpago pela cidade austríaca de Klagenfurt, antes de entrar na Itália e seguir para Florença via Pádua. Nele viajava uma equipe de auxiliares — damas de companhia, um mordomo, alguns capelães, um bibliotecário, médicos e uma guarda real composta por seis homens — que cercava uma jovem de 21 anos, Maria Leopoldina Josefina Carolina de Habsburgo, arquiduquesa da Áustria e filha do imperador Francisco I. Era o começo de uma viagem atormentada por atrasos, tempestades e acidentes navais. Cinco meses depois de deixar Viena, a comitiva finalmente chegaria ao porto do Rio de Janeiro, em 5 de novembro de 1817.

A viagem foi a culminação de um ano de esforços, por parte da corte portuguesa, para encontrar uma noiva Habsburgo para o filho e herdeiro do trono de D. João, o príncipe D. Pedro, como parte de uma estratégia destinada a aliar o Rio a uma das cortes mais poderosas da Europa. Coubera a um ex-colaborador dos franceses, o marquês de Marialva, convencer o imperador dos Habsburgos da sensatez dessa união. Sendo então um dos representantes da corte do Rio na Europa, Marialva seduzira os austríacos com uma exibição suntuosa de riquezas do Novo Mundo, distribuindo barras de ouro, diamantes e jóias à elite austríaca e jogando com uma antiga imagem do Brasil como um país de indizíveis riquezas minerais. Também tinha visitado dona Leopoldina, contando-lhe mentiras sobre seu futuro marido — estendendo-se no discurso sobre o suposto interesse de D. Pedro pela ciência e pela história natural, bem como sobre sua saúde perfeita (na verdade, ele sofria de inquietantes ataques epilépticos). Marialva a deixara a contemplar um medalhão cravejado de brilhantes, que exibia um retrato lisonjeiro do príncipe de 18 anos, o qual dona Leopoldina julgou "agradável". "Não é extraordinariamente belo", escreveu ela a sua tia, mas "possui olhos magníficos e um nariz bonito; os seus lábios, contudo, são mais grossos que os meus."[1] Ela pareceu mais impressionada com os diamantes ao redor do retrato, que eram "do tamanho do solitário no botão de chapéu de Toscana do papai".

A princípio, D. Pedro deveria ir a Lisboa para o casamento, mas o projeto esbarrou nos problemas políticos habituais. Num ato sem precedentes, resolveu-se que dona Leopoldina viajaria ao Rio. As dúvidas quanto à sensatez da viagem foram dirimidas pelas garantias de D. João de que a corte estaria voltando à Europa dentro de dois anos. Seria mais uma novidade para as Américas — o casamento de um herdeiro com um trono europeu ocorreria em solo brasileiro.

O casamento não era a única razão por trás da viagem de 8 mil quilômetros. Uma equipe de diplomatas, cientistas e artistas deveria acompanhar dona Leopoldina, no que seria uma missão austríaca de larga escala. Dois navios — o *Augusta* e o *Áustria* — já tinham partido na frente, carregados de equipamento científico, uma biblioteca de consulta, cavaletes e tintas, na primeira etapa de uma viagem que levaria alguns dos que estavam a bordo aos cantos mais remotos do Brasil. Na volta, seus navios de transporte seriam carregados de insetos engastados, animais vivos — sagüis, papagaios e estranhas antas, parecidas com javalis —, sementes, amostras de pedras e do solo, além de livros de observações e registros. O pintor Thomas Ender voltaria com mais de setecentas aquarelas do Rio e de São Paulo, muitas das quais estão até hoje na Academia de Belas-artes de Viena. Diversos índios botocudos também fariam a viagem de volta à Europa, como espécimes antropológicos vivos a serem exibidos na corte austríaca. Como os muitos índios brasileiros que já haviam cruzado o Atlântico em circunstâncias similares, eles vivenciariam uma extrema desorientação, e sua vida subseqüente, como objetos da curiosidade européia, seria trágica e curta.

A viagem do grupo inicial teve mau começo, constituindo o molde da viagem do comboio como um todo. Os navios enfrentaram tormentas imediatas na costa italiana e quase perderam o contato um com o outro, o que obrigou o *Augusta* a uma escala em Chióggia para reparos. Enquanto isso, dona Leopoldina e seu grupo esperavam em Florença a chegada da escolta portuguesa que saíra do Rio para buscá-los, mas por terra chegou a notícia de atrasos — os navios portugueses tinham deixado Lisboa, mas estavam aguardando suprimentos em Livorno. O príncipe Metternich, encarregado de levar dona Leopoldina a seu navio, exasperou-se: "(...) os portugueses são as pessoas mais lerdas do mundo. Os navios necessitam de mil coisas que as autoridades não tiveram tempo de providenciar, porque só dispunham de oito meses para se preparar."[2] Na verdade, as obstruções britânicas é que haviam retardado a saída dos navios de Lisboa. Enquanto eles estavam no porto, chegou a notícia da insurreição pernambucana, e os ingleses argumentaram que os navios talvez fossem necessários para sufocar a revolta.

Desde o começo, os presságios não foram bons. Dona Leopoldina soube dos distúrbios em Pernambuco enquanto aguardava em Florença, e houve sinais de dificuldades mais prosaicas pela frente. Na Itália, ela sentiu-se cozinhar sob o calor de 30 graus, escrevendo sobre o incômodo de temperaturas que logo teria de suportar o ano inteiro. Para piorar a situação, Metternich e dona Leopoldina não se deram bem, no breve período que passaram juntos na Itália, e o príncipe queixou-se numa carta à esposa: "Nunca vi criança mais mimada e insensata", e em outra, escreveu: "A minha pequena arquiduquesa, cá entre nós, é uma criança em que eu, se fosse o pai, bateria."[3]

Os navios portugueses finalmente chegaram — o *Dom João VI*, em sua viagem inaugural, e o *São Sebastião*, que estivera envolvido no primeiro casamento transatlântico, o das filhas do rei em Madri. O *Dom João VI* era um navio de carreira com 96 canhões, mas sessenta deles tinham sido retirados a fim de dar espaço para os aposentos do séqüito de dona Leopoldina. A tripulação montou uma grande tenda no convés, na qual uma orquestra levada do Brasil fez uma serenata para a arquiduquesa em sua primeira visita ao navio. Dona Leopoldina faria uma viagem de luxo — "Ela dispõe de uma bela e vasta sala de jantar",[4] escreveu Metternich, "um ótimo salão, um quarto de dormir, outro de vestir e um banheiro." Johann Baptist Emanuel Pohl, um geógrafo que viajaria para o Brasil no *São Sebastião*, também teve a oportunidade de examinar os camarotes de dona Leopoldina antes da partida, e ficou igualmente impressionado.[5] Descreveu sua passagem por uma cortina carmesim, bordada com as insígnias reais de Portugal, e sua entrada numa sala de estar e de jantar de 5,5m por 6,5m, banhada pela luz natural que entrava por uma clarabóia. Passando por outra cortina, deparou com o quarto da arquiduquesa e descreveu sua cama, feita de madeira de lei brasileira e decorada com cordões de seda vermelhos e brancos. Espalhados pelo apartamento havia jarros e bacias folheados a ouro.

O convés do *Dom João VI* era espaçoso, mas o navio em si era lento e difícil de manobrar. Também estava sobrecarregado de víveres e passageiros. Havia uma grande quantidade de suprimentos a bordo, inclusive "um número considerável de vacas, bezerros, porcos e carneiros, 4 mil galinhas, diversos patos, pelo menos quatro ou cinco canários e pássaros grandes e pequenos do Brasil".[6] Suas cabines estavam totalmente repletas de autoridades lisboetas, muitas delas acompanhadas das famílias — o comissário do rei, por exemplo, viajou para o Brasil rebocando cinco filhos. Os austríacos acharam o navio superlotado e sujo. Reclamaram do mau cheiro dos animais que vinha dos porões, cheiro este que teriam de suportar por quase três meses. Numa mudança de última hora, o cozinheiro-chefe português foi substituído por um austríaco, depois de queixas de que a comida "tinha uma aparência terrível e um gosto pior", embora, segundo Metternich, a troca de pessoal tenha feito pouca diferença. Dona Leopoldina, porém, ficou satisfeita com sua suíte de luxo, equipada com um piano, um sofá e várias poltronas. Metade transportador de refugiados, metade lancha real, o *Dom João VI* lançou-se hesitantemente ao Mediterrâneo.

O comboio progrediu vagarosamente até Lisboa, onde enfrentou novos atrasos. Com a rebelião pernambucana em andamento, não se sabia ao certo se era seguro seguir para o Brasil. Os ingleses fizeram uma pressão vigorosa para que dona Leopoldina permanecesse em Portugal, na tentativa de garantir pelo menos a volta de D. Pedro à Europa, mas, também em Lisboa, depois da conspiração de Gomes Freire, a situação parecia instável. Dona Carlota também havia expressado suas objeções, escrevendo a Fernando VII para instá-lo a pressionar a corte austríaca a realizar o casamento em Portugal. Entretanto, na manhã de 15 de agosto de 1817, a frota desceu o Tejo e rumou para o Atlântico. Dona Leopoldina intuiu que estava embarcando numa viagem da qual jamais retornaria, e carregou suas despedidas de especial intensidade. A partir desse momento, suas ligações com o Velho Mundo seriam tênues, porém vitais, com as cartas cruzando o Atlântico nos dois sentidos, numa troca desconexa de notícias e emoções que já datavam de seis meses.

Foi uma mudança momentosa, mas uma mudança a que dona Leopoldina se convencera de estar predestinada, de algum modo. Aos 18 anos, ela tivera seus primeiros contatos superficiais com o Novo Mundo, ao conhecer em Baden uma empregada afro-brasileira — criada de um diplomata português — e suas duas filhas pequenas. "Acho-as bem gentis e espirituosas e conversei muito bem com elas [em francês]", escreveu numa carta ao pai; "são naturais do Brasil e falam bem sua língua materna, que soa estranhamente."[7] É possível que esse tenha sido seu primeiro contato com uma pessoa negra, fora dos exemplares empalhados da coleção antropológica da corte, e ele lhe causou profunda impressão. Antes mesmo disso, houvera algo que a atraía para o Novo Mundo: "Tive sempre uma singular propensão para a América", escreveu a arquiduquesa em certa ocasião, "e, mesmo em criança, ainda dizia muitas vezes que queria ir para lá."[8]

Nascida durante as primeiras campanhas da Itália, dona Leopoldina havia crescido à sombra de Napoleão. Quando tinha 4 anos, a Áustria fora obrigada a assinar o humilhante Tratado de Lunéville (1801), cedendo o controle de grandes partes da Itália, da Bélgica e da Renânia. Em 1805, os franceses tinham invadido e ocupado Viena e, como que para pôr sal nas feridas, Napoleão arranjara uma amante austríaca. Decorridos dois anos, ele tinha voltado, depois de as forças austríacas sofrerem mais uma série de derrotas devastadoras nas mãos da *Grande Armée*. Enquanto a corte portuguesa cruzava o Atlântico, a realeza austríaca fugira para o leste, alguns indo parar em Ofen (Budapeste), mas Leopoldina seguira com sua mãe para Brünn, na Morávia. Como não é de admirar, ela crescera com um ódio passional por Napoleão e por tudo que era francês — no exílio, as crianças faziam uma brincadeira em que um boneco feio, representando Napoleão, era insultado e espetado com alfinetes.[9]

Mas a humilhação da dinastia dos Habsburgo nas mãos de Napoleão estava longe de haver terminado. Imprensado na parede em 1809, Francisco I fora obrigado a entregar em casamento a Napoleão a irmã de Leopoldina, Maria Luísa, pois o imperador, depois de se divorciar de Josefina, andava à cata de uma mulher que lhe desse um herdeiro. É difícil imaginar os sentimentos de dona Leopoldina ao saber dessa reviravolta desastrosa. Ela era muito apegada a Maria Luísa, e a idéia de ela ter de se casar com o homem que aprendera a desprezar deve ter sido esmagadora. As irmãs mantiveram-se em estreito contato durante e depois da tragédia (no fim da guerra, Maria Luísa abandonou Napoleão), e é sobretudo graças a sua troca franca de cartas que podemos avaliar o tumulto afetivo do difícil casamento de Leopoldina com D. Pedro.

Na corte austríaca, houve grande solidariedade pelas aflições de dona Leopoldina, destinada a deixar a Europa por razões de Estado, mas os cortesãos logo descobriram que a jovem arquiduquesa não tinha tais pesares: "Quando se divulgou em Viena a notícia do casamento do Imperador D. Pedro", escreveu a baronesa Montet, "todo mundo lamentava a sorte da jovem princesa, condenada a tamanha separação da família e da pátria; mas logo se soube, pelas pessoas mais próximas da sua pessoa, que ela estava encantada."[10] Leopoldina era sustentada por suas visões românticas do Brasil. Mentalmente, contrastava o esgotamento da Europa do pós-guerra e a decadência que testemunhara em primeira mão, quando as grandes potências se haviam reunido no Congresso de Viena, com a sensação de frescor, juventude e inocência que julgava ser prometida pelas Américas. "A Europa agora se tornou insuportável",[11] escreveu nos últimos meses que passou no continente; até os "selvagens" do Brasil eram superiores aos europeus de sua idade, pois eram "filhos da natureza (...) ainda não corrompidos pelo luxo e suas terríveis conseqüências (...) Espero encontrar mais probidade e um mundo menos corrupto nesse Novo Mundo".

Nos meses que antecederam a partida, dona Leopoldina leu tudo que lhe caiu nas mãos a respeito do Brasil. Debruçou-se cuidadosamente sobre mapas e leu os diários de Alexander von Humboldt sobre suas famosas expedições científicas na Amazônia. Tinha um interesse particular pela história natural e fez anotações sobre a flora e a fauna singulares do Brasil, na época muito pouco documentadas. Sua biblioteca também continha livros de viagem e de história, inclusive um clássico quinhentista de Jean de Léry, *Histoire d'un voyage fait en la terre du Brésil*. Sendo em parte a narrativa da abortada colônia da "França Antártica",[12] em parte uma etnografia utópica, o livro de Léry seguia a tradição do "selvagem nobre", que muito combinava com as fantasias da própria dona Leopoldina sobre o Novo Mundo. Durante todo esse tempo, ela se dedicou ao português, impaciente por dominar uma língua que disse julgar difícil, por suas muitas palavras árabes. "O embaixador afirmou-me que tenho feito enormes progressos; apesar disso, porém, não estou satisfeita e quero já falar",[13] escreveu ela a sua tia.

Seus preparativos incluíram o fortalecimento moral. Antes de deixar Viena, dona Leopoldina redigiu uma série de resoluções que deveriam reger seu comportamento no Novo Mundo. "Minha virtude tão necessária será sempre a modéstia para conservar a pureza do meu coração", escreveu. "Meu coração será eternamente fechado ao espírito perverso do mundo", e nunca "[ficarei] só com um homen em lugar retirado, por mais prudente que ele seja".[14] Ela evitaria "as *toilettes* escandalosas" bem como "qualquer literatura que excitasse a sensualidade ou qualquer paixão". "A única coisa de que tenho medo", escreveu, "é a minha futura sogra, que, segundo o que diz o querido papai, deve ser 'desregrada' e 'intrigante'. Diz-se, porém, que o rei é um caráter excelente que a refreia, afastando dela tanto quanto possível as crianças."[15] Na véspera da partida, Leopoldina chegara a um sentimento quase religioso de dever: "a viagem não me assusta", escreveu; "acredito que isso está predestinado".[16]

Mesmo assim, foi uma viagem apavorante, que levou o dobro do tempo esperado.[17] O comboio passou uma semana sendo açoitado por tormentas no litoral da ilha da Madeira, antes de conseguir aportar. Foi ali que dona Leopoldina teve sua primeira amostra da pompa e do cerimonial portugueses que a esperavam no Brasil. Assistiu a uma missa de ação de graças, foi carregada pela ilha num palanquim e deixou o lugar com uma coleção substancial de plantas e animais. Depois da Madeira, os navios rumaram para o sul e para várias outras tempestades furiosas. "Ora o navio deitava-se num lado", escreveu Wilhelm von Grandjean, um burocrata austríaco, "ora inclinava-se noutro, para deixar passar sobre ele a montanha de uma onda (...) o vento fez estremecer tudo em seu redor. A atmosfera era condensada por meio de nuvens espessas que se esvaziavam periodicamente... sendo o movimento do mar tão violento que percorríamos 11 1/2 léguas [*sic*] por hora".[18] As refeições compostas de cinco pratos reduziram-se a uma comédia de cadeiras viradas, vinho derramado, louça e copos quebrados. Já no fim da travessia, dois navios quase se chocaram; porém, depois de mais de oitenta dias no mar, o comboio entrou nas águas próximas da barra do Rio de Janeiro.

No Rio, os preparativos do casamento eram febris. D. João mandara fazer novas reformas no palácio de São Cristóvão, e seus operários dotaram um novo pavilhão de uma varanda de ferro fundido que dava para a baía. A própria cidade passou por uma reforma, aprontando-se para o que era, sem termos de comparação, a maior recepção de dignitários estrangeiros montada pela corte no local. Estava tudo pronto quando a frota austríaca foi avistada na barra, na terça-feira, 4 de novembro de 1817. Criados da realeza perfilavam-se em posição de sentido sob o calor do meio-dia, os canhões estavam preparados para a salva real e os fogos, prontos para serem soltos. Mas os navios não conseguiram atravessar a barra e foram obrigados a ancorar à vista de seu local de destino, à espera de uma corrente favorável que os conduzisse para a baía.

Ao entrarem no porto no dia seguinte, viram as multidões reunidas nos morros ao redor e foram ensurdecidos pelas salvas de tiros, vindas de todos os lados. Um grande número de pequenas embarcações reunira-se na baía, tripuladas por jovens brasileiros quase sem roupa, que apregoavam frutas frescas e água. Bandeiras austríacas erguiam-se ao lado das do Reino Unido do Brasil, Portugal e Algarve e os fogos explodiam pelo porto. Uma balsa dourada, que transportava a família real, deslizou pelas águas ao encontro dos recém-chegados. Foi nessa plataforma instável que dona Leopoldina avistou pela primeira vez seu marido. "Ele [Pedro] estava sentado em frente de nossa princesa", escreveu uma integrante do grupo austríaco, a condessa de Künburg, "os olhos baixos, levantando-os furtivamente sobre ela de tempo em tempo, e ela fazia o mesmo."[19] O que o príncipe viu era inesperado — os olhos azuis, o cabelo louro ondulado e o porte germânico e pesado de dona Leopoldina eram inusitados para o olhar latino. Feitas as apresentações, a família real foi convidada a inspecionar o *Dom João VI*, embora D. João, incapacitado por sua perna, tenha permanecido na balsa.

No dia seguinte, o grupo desembarcou diante de um desfile pelas ruas da cidade. A procissão tinha mais de noventa carros, puxados pelas três carruagens de gala que transportavam a família real. Na primeira iam o rei e a rainha — D. João e dona Carlota —, que teriam de passar um de seus mais longos períodos juntos em muitos anos. Logo atrás iam Miguel e as filhas mais velhas e, na última carruagem, a cunhada de D. João, dona Maria Francisca Benedita, acompanhada das filhas menores. Dessa vez, a arquitetura efêmera foi mais requintada e mais bem executada do que nas ocasiões anteriores. Uma série de arcos do triunfo fora decorada por um conjunto eclético de motivos — referências ao Rio, a Viena e a Roma, misturadas com alusões imperiais às vastas possessões portuguesas. Os arcos tinham sido projetados e pintados por integrantes da Missão Artística Francesa, cuja habilidade transformara as frágeis alegorias em monumentos plausíveis. Os pintores franceses haviam criado uma metrópole européia de fantasia, um cenário destinado a imprimir a autoridade do Velho Mundo numa paisagem tropical. Houve queima de incenso e as casas que davam para a rua penduraram em suas sacadas colchas bordadas multicores, vindas da Índia portuguesa. Dois meninos, vestidos de Himeneu e Eros, foram alçados a pedestais no topo de uma das colunas dóricas de um arco, de onde espargiam pétalas de flores e perfumes sobre a procissão lá embaixo.

O primeiro encontro entre os portugueses e os austríacos — a chegada de navios carregados de equipamento científico e sua recepção numa cidade enfeitada de imitações de ornamentos romanos — resumiu a diferença de estilo e orientação das duas cortes. Os austríacos eram intelectuais e sérios. Todos os ramos da ciência eram cultivados em sua corte, havendo membros da família real que se tornaram cientistas profissionais. Sua abordagem do mundo era predominantemente laica e, mesmo no campo espiritual, eles eram introvertidos e tinham a sensibilidade modulada pelo romantismo da Europa Central.

Nos dez anos em que a corte portuguesa estivera sediada nos trópicos, desenvolvera-se algo completamente diferente. Os diplomatas credenciados no Rio viam-se trabalhando numa corte que, apesar dos esforços de D. João para lhe conferir uma aparência "civilizada", começara a se distanciar de suas cortes irmãs na Europa. O emissário alemão, conde von Flemming, escreveu sobre suas impressões num relatório enviado a Berlim:

> Além da corte meio asiática de Constantinopla, provavelmente não existe outra na Europa que se caracterize por uma originalidade tão estranha como esta. Embora só há pouco tempo se tenha fixado na América, deve ser considerada completamente alheia aos usos da Europa e inteiramente exótica. [...] Nenhuma outra possui talvez número tão elevado de camaristas, e guarda-roupas, e especialmente criados de libré, de estribeiros e de mulas. [...] Tal tendência para o orientalismo e o grande número dos serviçais da corte de modo algum correspondem ao seu fausto.[20]

O elenco de milhares de pessoas decerto foi um aspecto que chamou imediatamente a atenção dos estrangeiros. O grande número de cortesãos vindos de Lisboa foi inflacionado por equipes de escravos empregados nos jardins do palácio, em suas lavanderias e suas cozinhas. No interior do palácio, os corredores ficaram repletos de extras, embora, de acordo com o grupo austríaco, o serviço ainda fosse precário. Havia grande ênfase no consumo ostensivo, como forma de causar boa impressão em outras cortes da Europa. O custo estonteante da missão do marquês de Marialva na Áustria, a viagem de dona Leopoldina e sua recepção foram concebidos para exibir a corte do Rio como uma presença metropolitana nas Américas. Contudo, apesar de todos os gastos esbanjados no casamento, o palácio de São Cristóvão foi uma decepção — "qualquer fidalgo alemão, provinciano, dispunha de residência mais bonita",[21] escreveu um integrante do séqüito austríaco. Os austríacos acharam-no sujo e malcheiroso, reclamando do estrume mantido no terreno do palácio e das nuvens de insetos que ele atraía. À parte o fato de que D. João nunca tomava banho, dizem que mantinha urinóis parcialmente cheios num aposento em que recebia visitas.[22] Tudo isso fazia parte de atitudes medievais em relação ao corpo e à higiene, que já se vinham desgastando nos palácios europeus, mas ainda eram muito evidentes na corte do Rio.

O clima também criou problemas para os convidados aristocráticos da corte brasileira. O calor dificultava os eventos em aposentos fechados, enquanto havia outros problemas a enfrentar nos que eram realizados ao ar livre. Um diplomata prussiano descreveu um baile à fantasia oferecido pelo enviado do czar russo, o barão Georg Heinrich von Langsdorff:

> Às oito horas, porém, os braços, ombros e costas das damas, que trajavam vestidos decotados da moda, já tinham sido tão picados por mosquitos que, de tão vermelhos, assemelhavam-se a soldados após apanharem de chicote. (...) Até mesmo eu, que não dancei, mantive-me em constante movimento, saltando como um gafanhoto, a fim de afastar os mosquitos das minhas meias de seda.[23]

Mas foi a natureza ritualística da corte portuguesa que mais incomodou os austríacos. Eles acompanharam intermináveis ofícios religiosos e compareceram às cerimônias curiosamente antiquadas do beija-mão, ocorrência regular no palácio. Os visitantes eram obrigados a ficar de pé (ou, excepcionalmente, de joelhos, no caso de pessoas debilitadas ou idosas) quando visitavam D. João durante suas refeições, eventos estes que podiam prolongar-se por horas a fio. Dona Leopoldina foi submetida a outro tipo de etiqueta mais íntima da corte. Na noite de núpcias, escreveu a condessa de Künburg, chocada, dona Carlota e as princesas foram ter com dona Leopoldina. "A rainha e todas as princesas assistiram a sua toalete de noite: eu fui obrigada a despi-la, e deitá-la na cama e esperar até que o príncipe ficasse a seu lado na cama. Então, felizmente, permitiram que saísse."[24]

Sob a superfície da observância religiosa e das gentilezas ritualizadas, havia na corte portuguesa uma vulgaridade, uma grosseria que dona Leopoldina enfrentaria de perto em sua nova vida de casada. D. Pedro nunca dominou realmente a formalidade que se esperava dele como príncipe herdeiro e, mais tarde, imperador do Brasil. Os oficiais europeus admiraram sua perícia militar, mas se horrorizaram com o fato de ele defecar bem à vista de seus soldados durante a realização de exercícios na praia Vermelha. Noutra ocasião, dizem que ele teria urinado da varanda de São Cristóvão num guarda do palácio, lá embaixo. Afora suas muitas indiscrições sexuais, ele também afrontou as damas da alta sociedade ao nadar despido no mar. Entre seus papéis preservaram-se versos obscenos, ilustrados por rabiscos pornográficos.[25] Freqüentemente ele era ouvido chamando a mãe de "rameira"[26] e, depois que D. Miguel foi para Portugal, D. Pedro escreveu-lhe, exortando-o a voltar para o Rio: "Não faltará quem te diga que não partas. Manda-os comerem merda."[27]

Para os homens de ciência que tinham viajado com dona Leopoldina, o Brasil era um território virgem. O trabalho da corte no Jardim Botânico visava principalmente ao cultivo de novos produtos — muitos não nativos do Brasil — para fins estritamente comerciais. Quanto ao que ficava mais além, nos vastos manguezais brasileiros, nas planícies áridas do interior e na interminável floresta tropical da Amazônia, os exilados nada sabiam, e pouca orientação puderam dar aos exploradores austríacos. Ao rumarem para a selva brasileira, o botânico Carl Fredrick Philipp von Martius e o zoólogo que era seu parceiro, Johann Baptist von Spix, foram guiados, em vez disso, pela obra de um naturalista baiano do fim do século XVIII, o Dr. Alexandre Rodrigues Ferreira — "o Humboldt brasileiro".

No século XVIII, os portugueses tinham-se dado conta de que o conhecimento científico era vital e haviam feito tentativas de levantamento dos territórios sob seu controle. Depois dos sucessos britânicos em Kew, criaram um centro de informações de botânica em Lisboa e despacharam pesquisadores de campo em expedições poeticamente intituladas de *Viagens Filosóficas*,[28] que faziam com que eles se embrenhassem pelos sertões do Brasil, de Angola e de Moçambique.

No fim do século XVIII, o Dr. Alexandre Rodrigues Ferreira foi enviado de Lisboa, onde catalogava espécimes no Museu da Ajuda, para uma dessas expedições. Deveria viajar com um grupo de cientistas, mas, na última hora, sua equipe foi reduzida a um jardineiro, Cabo, e dois pintores, Freire e Codina. Eles recrutaram mais dois "índios cristianizados" em Belém, na foz do Amazonas, e partiram rio acima, carregando uma cozinha de campanha, equipamento de caça e pesca, um baú de medicamentos e uma biblioteca composta de 11 livros. Pensava-se que a expedição levaria três ou quatro anos, porém quase uma década se passou antes que os membros sobreviventes emergissem da floresta.

Com esforço, eles subiram o Amazonas e entraram no rio Negro, coletando e remetendo caixotes de amostras para Lisboa à medida que avançavam. Seus relatórios abrangiam tudo, e as descrições detalhadas de Ferreira iam desde novas espécies de plantas e animais e observações geológicas até plantas meticulosas das cabanas das aldeias nativas por onde ele passava. Na viagem, os pintores Freire e Codina fizeram um registro visual de suas descobertas, produzindo uma série de aquarelas vívidas de novas orquídeas, frutas e sementes.

Após anos de viagem e coleta, o grupo havia percorrido toda a extensão do Amazonas e explorado alguns de seus afluentes. No caminho, sofreu a gama costumeira de doenças cutâneas, infecções por parasitas e problemas gastrintestinais. Fazia mais de três anos que havia deixado Portugal, e os homens estavam ficando cansados. Ferreira praticamente perdera o contato com Lisboa em suas viagens, e seus relatórios e atualizações regulares incitavam poucas respostas. Acampado às margens do rio Negro com sua equipe de colecionadores exaustos, ele escreveu pedindo permissão para voltar a Lisboa. Dessa vez, chegou uma carta, com toda a rapidez que se poderia esperar naquelas circunstâncias, mas seu conteúdo baixou o moral do grupo. As autoridades escreveram que não estavam satisfeitas com o trabalho de Ferreira e que ele não tinha remetido amostras suficientes. Deram-lhe ordens de prosseguir para o sul pelo tortuoso rio Madeira, até atingir Vila Bela, a remota capital de Mato Grosso.

A viagem de 13 meses cobrou seu tributo de um grupo que já sofrera diversas doenças no rio Negro. Quase chegando a Vila Bela, o jardineiro Cabo morreu. O grupo pequeno e unido, que estivera viajando durante anos em circunstâncias difíceis, ficou arrasado. Enquanto choravam a morte do companheiro, os homens fizeram um inventário dos bens do falecido, para futura devolução a sua família. A lista é curiosa. Alguns itens são de equipamento de uso na selva — redes, mosquiteiros e pistolas —, mas outros parecem deslocados nas profundezas de uma floresta tropical. Calções de veludo, camisas de renda, garfos de prata e queijos, ao lado de um volumoso dicionário de português, tinham percorrido os milhares de quilômetros até o centro do Brasil.

Vinte anos depois, durante a ocupação francesa de Portugal, Étienne Geoffroy Saint-Hilaire foi enviado pelo Musée d'Histoire Naturelle de Paris para examinar as coleções guardadas em Lisboa. Sua missão foi originalmente formulada em termos de intercâmbio, mas acabou sendo um roubo puro e simples. Ele percorreu as vitrines do Museu de História Natural de Lisboa, escolhendo os espécimes mais interessantes para enviar a Paris. Depois, pediu para ver o que estava guardado nos porões do museu. Ali encontrou os espécimes de Ferreira, ainda encaixotados. "Estão todos intactos", comentou Saint-Hilaire, "ninguém se deu ao trabalho de examiná-los."[29] Parte da coleção tinha-se desintegrado, ainda envolta no tecido grosseiro que Ferreira havia improvisado nos postos de campanha da floresta tropical. Do que restava, Saint-Hilaire levou consigo os melhores espécimes para Paris. Jacarés do gênero *Caiman*, peixes-boi enormes, papagaios empalhados, o herbário amazônico de Ferreira, manuscritos e diários de valor inestimável, tudo foi embarcado nos navios franceses como despojos de guerra, na esteira da Convenção de Sintra de 1808. Os ingleses tentaram deter Saint-Hilaire, recuperando três caixotes com minerais e tartarugas-marinhas, porém a nata do trabalho realizado por Ferreira durante uma vida inteira ficou em poder de Paris.

Os portugueses nunca conseguiram desempenhar muito bem seu papel imperial. Seus planos eram grandiosos, mas raramente levados a termo. Quando se descobriram ouro e diamantes no interior, no fim do século XVII, eles fecharam o Brasil à exploração estrangeira, mas tiveram dificuldade de iniciar pesquisas próprias com financiamento adequado, e sua política de proibir a criação de universidades no Brasil revelou-se desastrosa para a realização de trabalhos sérios na região. Entusiastas locais, que não podiam bancar a viagem à famosa Universidade de Coimbra, em Portugal, trabalhavam com o que tinham, e amiúde produziam, contrariando as probabilidades, detalhados registros documentais de suas descobertas, enquanto os frutos da pesquisa organizada por Portugal apodreciam em depósitos. O século XIX foi um período de intensa exploração européia na América do Sul, porém, em sua maior parte, ela consistiu em estrangeiros que refizeram os passos da épica "viagem filosófica" de Ferreira.

Com a chegada da corte ao Rio e a abertura dos portos à navegação estrangeira, iniciou-se uma nova era. Após anos de resistência, a exploração estrangeira foi incentivada por D. João, prenunciando uma época que foi chamada de "redescobrimento do Brasil". Encerradas as hostilidades na Europa, chegaram cientistas da França, da Alemanha, da Rússia e da Grã-Bretanha, para realizar pesquisas num continente sobre o qual muito se havia escrito, mas pouco fora observado. O próprio Rio, com seus arredores verdejantes, não tardou a ficar repleto de colecionadores. Alguns eram toscos e inexperientes na chegada — Allan Cunningham e James Bowie, ambos de vinte e poucos anos, foram despachados para o Rio por *sir* Joseph Banks, a fim de recolher espécimes para os Kew Gardens. Outros eram tarimbados veteranos de campanha que se lançaram ao interior sem estradas. Nos primeiros anos, o mineralogista britânico John Mawe foi um dos primeiros a inspecionar os exauridos distritos mineradores e minas de diamantes, protegidos durante muito tempo dos olhares estrangeiros. Posteriormente, o botânico francês Auguste de Saint-Hilaire fez extensas viagens pelo Brasil central e do sul, enquanto Martius e Spix seguiram a rota de Ferreira ao contrário, numa viagem de quatro anos pelo Brasil central até o Amazonas e Belém.

O relacionamento de dona Leopoldina com D. Pedro não foi um encontro de almas gêmeas, mas eles descobriram um terreno comum nos primeiros meses de união. A princípio, a comunicação foi difícil — o português de dona Leopoldina era hesitante e os dois tentaram o francês, mas D. Pedro não conseguiu ficar à altura. Eles saíam em longas cavalgadas pelos parques deslumbrantes da Tijuca, que tinham sido abertos e reformados desde a chegada da corte. Nas florestas subtropicais de onde se descortinava o Rio, dona Leopoldina entregou-se a sua paixão, coletando plantas e animais sobre os quais lera em Viena. Noutros dias, ela acompanhava o marido ao arsenal, quando ele ia resolver assuntos da corte, e depois os dois cavalgavam até o Jardim Botânico, onde almoçavam galinha assada e arroz.

Em cartas a sua tia, em Viena, ela pintou um retrato idílico da vida no Brasil, com algumas reservas:

> O país é cativante, repleto de locais encantadores, montanhas elevadas, campinas verdes, a mais esplêndida floresta, com árvores de altura extraordinária, e entrelaçadas com flores em que brincam pássaros incomparáveis, de plumagem magnífica. Convém dizer que a América portuguesa seria o paraíso na Terra, não fossem o insuportável calor de 84 graus [Fahrenheit (29ºC)] e os inúmeros mosquitos, que são um verdadeiro tormento (...) Passo os dias escrevendo, lendo e compondo com meu marido, que toca muito bem quase todos os instrumentos; eu o acompanho ao piano e, assim, tenho a satisfação de estar sempre perto dessa dileta pessoa.[30]

Com a irmã, Marie-Louise, ela foi mais franca. Seis meses depois da chegada ao Brasil, sentiu-se obrigada a escrever "com poucas palavras e com toda franqueza, convencida de que esta carta não chegará a outras mãos senão as suas, minha querida. Com toda a franqueza, diz ele tudo o que pensa, e isso com alguma brutalidade; habituado a executar sempre a sua vontade, todos devem acomodar-se a ele; até eu sou obrigada a admitir alguns azedumes. (...) apesar de toda a sua violência e de seu modo próprio de pensar, estou convencida de que me ama ternamente (...)".[31] Numa carta posterior, as dúvidas estavam crescendo e se evidenciou o germe de uma depressão que, mais tarde, iria apossar-se de dona Leopoldina: "Você tem mesmo razão, a verdadeira felicidade não existe neste mundo", escreveu à irmã, "e tremo constantemente na expectativa de um desgosto ou aborrecimento (...) não posso saber com certeza se tenho um amigo no meu marido e se sou realmente amada."[32]

Eram muitas as diferenças entre eles — de temperamento, criação e orientação intelectual. Pedro era capaz de se impacientar com as pessoas a ponto de ser hostil; Leopoldina era humana e interessada, até no tratamento que dava aos mais vulneráveis. "[Ela] era muito boa", recordou um escravo idoso de São Cristóvão; "quando passava por nós, cativos, parava e dizia-nos palavras confortadoras."[33] Mas "seu marido era um moço arrogante, andava sempre com um chicotinho de cabo de prata, com o qual por qualquer coisa batia nos outros".

A princípio, dona Leopoldina teve o apoio de seus compatriotas, mas o companheirismo natal foi desmontado com o fluxo contínuo de partidas do grupo austríaco original. Suas damas de companhia logo retornaram à Europa, os cientistas e exploradores se foram, depois de concluírem suas pesquisas, e, o que foi mais doloroso para dona Leopoldina, seu médico também voltou para o continente europeu, depois de passar por problemas cardíacos. Ao longo de suas muitas gestações no Brasil, ela desenvolveu uma aversão aos médicos portugueses, que tachava de "bárbaros".[34]

Com o passar do tempo, dona Leopoldina foi ficando mais e mais solitária; suas fantasias sobre o Brasil começaram a desmoronar, e as cartas para casa tornaram-se amargas. Ela se desesperava por ter notícias da Áustria, as quais, no entanto, eram muito irregulares: "Recebo só as cartas pelos navios italianos", escreveu, "e estes, para minha maior aflição, apenas uma vez por ano."[35] Pouco depois de chegar ao Novo Mundo, pelo qual havia ansiado, ela sentia saudades da Europa. O calor insuportável e os temporais violentos traziam uma melancolia que lhe era difícil afastar. Ela se recordava da neve caindo em Viena, e chegou até a louvar uma nuvem solitária que vagou pelos céus normalmente azuis do Rio. "... Nada desejo com mais ardor do que pisar novamente o solo querido da Europa..."[36]

Dona Leopoldina estabeleceu uma relação íntima com D. João — "Ele teve a bondade de dizer-me que ficaria muito contente de ver-me sempre perto de si"[37] — e também se deu bem com a irmã mais velha de D. Pedro, Maria Teresa, mas precisou esforçar-se para se haver com a cultura da corte. As portuguesas reagiram mal a ela, que era vista como uma intrusa — uma estrangeira indesejada — e tratada com desconfiança. Vinda dos salões de Viena, dona Leopoldina entrou no mundo fechado das damas da corte, cheio do que ela via como banalidades e intrigas mesquinhas. Chocou-a a "complacência moral" dessas mulheres — talvez uma referência a indiscrições sexuais, ou talvez a mera desaprovação da forma extravagante como as damas se vestiam, com seus enormes colares de diamantes e suas cabeleiras decoradas por jóias e plumas. Muitas dessas mulheres mal eram alfabetizadas, e seus talentos iam pouco além de livros de oração aprendidos de cor. Dona Leopoldina, em contraste, era bem-educada e falava fluentemente várias línguas. Marrocos, que a conheceu logo depois de sua chegada, impressionou-se com sua erudição e sua conduta: dona Leopoldina "tem agradado em extremo a todos", escreveu; "mui discreta, desembaraçada e comunicável; fala, além de sua língua pátria, francês, inglês e italiano, [tem] alguns conhecimentos de belas-artes, e não menos de botânica, além daquelas prendas que são próprias em uma senhora, em que dizem ser eminente, mui fértil em conversação, e mui aguda em respostas (...)".[38]

Como mulher, porém, dona Leopoldina era barrada do mundo de Marrocos, isolada da vida intelectual da cidade. Mantinha-se recolhida ao palácio, sem permissão para ir ao Rio sozinha. Durante algum tempo, nem sequer lhe foi permitido fazer caminhadas — um de seus grandes prazeres em Viena — e, em vez disso, ela era obrigada a entrar nas cabines abafadas das liteiras carregadas por escravos, escondendo-se atrás de pesadas cortinas de veludo, em temperaturas acima de 30°C. O tédio apoderou-se dela: "o modo de vida onde a gente nunca vai ao teatro, nunca a uma sociedade, a não ser a das pessoas vistas todos os dias, é, contudo, para uma pessoa que é acostumada a divertimentos, para desvanecer. (...) Ler e escrever, o calor do clima, e a preguiça que se lhe segue, não o permitem."[39]

Dona Leopoldina parece ter sofrido uma espécie de colapso nervoso no Brasil. Certamente, houve uma mudança de caráter, que ela admitiu e que outros comentaram. "Quem não a conhece", escreveu seu tio na Áustria, "e apenas lê suas cartas imaginaria Leopoldina completamente diferente."[40] Ela criou um apego obsessivo à irmã, Marie-Louise, escrevendo uma torrente de cartas tão sofridas e saudosas que sua leitura é excruciante. Leopoldina moldou-se em Marie-Louise, pensava nela como um anjo da guarda e achava que só podia experimentar parcialmente fosse o que fosse por causa da separação entre as duas. "A todo momento penso em você", escreveu, "não passa um dia em que não me lembre mais de cem vezes de você."[41]

Logo depois de chegar ao rio, dona Leopoldina iniciou a primeira de uma série quase ininterrupta de gestações. A essa altura, comia compulsivamente e começou a engordar. Menos de um ano depois, estava escrevendo sobre o reaparecimento de problemas que tinha vivenciado na adolescência. "Preciso confessar com toda a franqueza possível que tenho muita tendência para as idéias melancólicas", admitiu, à medida que seu estado psicológico deteriorou-se; "meu caráter, anteriormente risonho, sofre com isto, pois estou completamente melancólica. E nunca dou mais risadas como antes..."[42] Os problemas do casamento empurraram-na para um desespero mais profundo. D. Pedro voltou a seu estilo característico e iniciou uma série de aventuras amorosas que, com o correr dos anos, viriam a ser tornar cada vez mais escancaradas. Abandonada e humilhada, dona Leopoldina enchia seu tempo com viagens de campo meditativas, aumentando suas coleções amadorísticas de insetos, flores e pedras. Vez por outra, embalava seus achados num caixote e mandava carregá-lo num navio destinado à Europa, enviando algo de seu próprio ser de volta à Áustria, numa viagem que ela mesma jamais faria.

TREZE

Sinais de Perigo

Com dona Leopoldina no Brasil, aceleraram-se os preparativos para a aclamação de D. João como rei. A prolongada temporada da corte no Rio estava prestes a atingir seu apogeu; uma chancela oficial seria imprimida num novo experimento colonial. Mas no ar pairava uma sensação de mal-estar, enquanto os carpinteiros instruídos pela Missão Artística Francesa davam os últimos retoques no mais recente conjunto de obras arquitetônicas efêmeras — arcos, pirâmides e tapumes — em construção para a cerimônia.

Em Portugal, a ausência da corte por uma década havia criado um vazio no poder, que os radicais buscavam preencher apressadamente. Brincara-se com algumas idéias constitucionalistas anticlericais durante o breve período da ocupação francesa. Durante os anos de guerra, as experiências constitucionalistas espanholas foram buscadas como modelo inspirador do futuro de Portugal, depois que os ingleses e o sistema da monarquia absolutista fossem despachados. A insatisfação havia fervido com a conspiração de Gomes Freire, cujo sufocamento só fizera endurecer a determinação dos liberais. Quanto mais a corte permanecia no Brasil, mais insistentes se tornavam os apelos à mudança.

Também houve problemas nas fronteiras do Brasil.[1] A volta de Fernando VII ao trono espanhol assistira a uma violenta reação monarquista, que varrera a Espanha e suas colônias sul-americanas. O governo constitucionalista instalado em Cádiz fora abolido e o país voltara ao absolutismo de antes da guerra. Essas medidas tinham resolvido a situação na América espanhola, eliminando as ambigüidades que haviam existido durante os anos de guerra. A agitação no México fora reprimida, Nova Granada voltara para o campo legalista, e até a junta de Buenos Aires havia fracassado em seus esforços de estender sua autoridade pelas províncias do rio da Prata. Mas as aparências eram enganosas. No começo de 1817, José de San Martín, um militar que servira na Espanha durante as campanhas peninsulares, organizou uma força de libertação — o "Exército dos Andes" — e marchou pelo rio da Prata em direção ao Chile. Depois de tomar o Chile e instalar na chefia do governo seu comandante, Bernardo O'Higgins, ele se preparou para um ataque ao coração do poderio espanhol nas Américas: o Peru. Enquanto isso, o republicano Simon Bolívar prosseguia em suas campanhas na Venezuela, deslocando-se para Angostura, a oeste, nas margens do Orinoco.

Com exceção da revolta pernambucana, a presença da corte portuguesa parecia haver impedido o desenvolvimento de um movimento republicano no Brasil. Os descontentes tinham sido frustrados pelos acontecimentos de 1807-1808; sua longa lista de queixas — restrições comerciais, proibições de fabricação de certos produtos, imposição de isolamento cultural e intelectual — foi eliminada de um só golpe com a chegada de D. João. Foi como se eles empurrassem uma porta aberta: os grilhões não se partiram, apenas caíram, com os elos desgastados e enferrujados. O velho regime se manteve, mas, num desdobramento inesperado, passou a se assentar em solo colonial. Para quem refletia sobre o assunto, a mudança parecia ter sido o supremo requinte imperial.

Mas falhou no que, olhando para trás, foi um evidente erro tático. Portugal foi efetivamente abandonado por D. João e seus conselheiros, mas a capacidade de revide da metrópole era visível em toda parte. Durante as Guerras Peninsulares e o controle subseqüente de Beresford, Portugal tornou-se uma nação empobrecida, mas um Estado militarizado. E, o que era mais ominoso, agora havia tropas portuguesas dispostas em todos os portos estratégicos do extenso litoral brasileiro.

Uma varanda especialmente projetada, provida de uma colunata, estendia-se por toda a fachada do palácio real que dava para a praça principal do

Rio. Dois conjuntos de nove arcos flanqueavam a sacada ao centro, de onde a família real podia acenar para as multidões lá embaixo. Pesadas cortinas de veludo ficavam abertas e atadas nas laterais da sacada, dando-lhe a aparência de um palco no meio de um enorme teatro ao ar livre. Em fevereiro de 1818, quase dois anos depois da morte da rainha Maria, a cidade finalmente ficou pronta para a tão esperada "aclamação" — o reconhecimento formal da ascensão de D. João VI ao trono. Várias desculpas tinham sido dadas para os adiamentos — a cerimônia não poderia realizar-se enquanto o clero não declarasse que a rainha Maria deixara oficialmente o purgatório; era preciso trazer de Lisboa assistentes do ritual; e o evento fora adiado até a chegada de dona Leopoldina. Mas o golpe pernambucano, sem dúvida, e o clima por ele gerado no Rio e em todo o Brasil é que estavam por trás dos atrasos. No próprio dia da aclamação, ainda havia incertezas. Os soldados receberam munição de verdade e, numa medida que deixou transparecer a paranóia que começava a afetar a corte, proibiram-se as conversas em línguas estrangeiras na multidão.

Viera gente de todo o Brasil para o evento. A cidade foi adornada com os traços clássicos que se vinham tornando quase lugar-comum nos últimos anos da estada da corte no Rio. Um obelisco, pintado para produzir o efeito de granito sólido, foi postado na praça principal, junto com uma imitação de templo grego, e havia arcos do triunfo enfeitando as ruas da cidade. Para D. João, o evento era uma afirmação importante de seu compromisso com o Brasil, uma resposta aos boatos sobre a partida da corte para Lisboa, que ainda eram ouvidos na cidade. Pela primeira vez, ele se apresentaria a seus vassalos brasileiros com o traje ritual dos monarcas — um manto escarlate bordado a ouro, trazendo gravada a insígnia real. D. João estava prestes a se tornar, nas palavras de Luís Gonçalves dos Santos, que assistiu ao acontecimento, "o primeiro soberano que cingiu a coroa no Novo Mundo".[2]

Durante a cerimônia, D. João sentou-se no trono, segurou seu cetro e recitou um juramento solene a Deus. Diante dele ajoelharam-se seus filhos, D. Pedro e D. Miguel, que juraram fidelidade ao pai. À sua direita ficou a rainha, dona Carlota, e logo atrás a princesa real, dona Leopoldina, com o penteado decorado por plumas brancas, em contraste com as demais princesas, que usavam vermelho. Tencionava-se que aquele fosse um dia de comemoração, de confirmação, um sublinhar simbólico do poder duradouro da Coroa portuguesa, mas D. João introduziu um toque de insegurança, ao caminhar pela varanda para receber seus súditos. John Luccock ocupava uma boa posição na massa aglomerada:

> A hesitação no primeiro e no segundo arcos, onde eu estava bem perto dele, pareceu decorrer das vagas suspeitas geradas pelas informações perniciosas que lhe têm sido continuamente sussurradas ao ouvido. Tive uma oportunidade semelhante de observá-lo, menos de meia hora antes de se iniciar a cerimônia. Nesse momento, ele usava um simples casaco azul, com uma echarpe negra no pescoço, estava inteiramente só e sua expressão trazia as marcas de profunda apreensão.[3]

Nas versões oficiais, o evento foi um sucesso estrondoso. Uma gravura de Debret exibe o monarca sendo recebido por uma multidão entusiástica a lhe desejar boa sorte. Na *Gazeta do Rio de Janeiro*, a cerimônia foi descrita em termos radiantes, retratando o desempenho de D. João como seguro e apropriado à grande ocasião. Seu pendor propagandístico foi captado por Marrocos. "(...) [Das notícias transcritas nas Gazetas], devo advertir que nelas há muita falta de exação", informou a seu pai em Lisboa, "e muita mentira, que não posso desculpar", com o redator "narrando com entusiasmo cousas não existentes, ou dando valor a ninharias."[4] Mas era esse o tipo de notícias que chegava a Lisboa. Tal como havia acontecido no Brasil antes da emigração da família real, construíra-se na mente dos que estavam na Europa uma imagem distorcida pelo tempo e pela distância. O Rio havia começado a ganhar um lustre de riqueza e esplendor, em marcante contraste com a pobreza que dominava a pátria mãe.

Os recentes acréscimos à metrópole em crescimento incluíram uma praça de touros, construída perto do Campo de Santana como parte das comemorações pelo aniversário de dona Leopoldina. Nela se realizaram touradas no estilo português, com picadores a cavalo manobrando os pobres touros pela arena. (Essa foi uma influência que não estava fadada a durar no Rio. Os habitantes locais horrorizaram-se com os torneios, que acharam desnecessariamente cruéis, e as touradas nunca criaram raízes na cultura brasileira.) Na maior ilha da baía de Guanabara, D. João havia criado uma zona de caça, já agora percorrida por veados e, com menos sucesso, por um urso solitário, cortesia do czar Alexandre da Rússia, animal este que "derreteu" no calor tropical. Àquela altura, o rei podia reproduzir quase todos os aspectos do estilo de vida que antes adotara em Lisboa. Podia ouvir os corais e orquestras montados ao longo dos anos, assistir a óperas, visitar suas residências campestres e caçar — tudo isso, livre dos aborrecimentos constantes que a vida na Europa lhe trouxera.

Depois da cerimônia de aclamação, a multidão dispersou-se pelas áreas de desfile do Campo de Santana, onde se haviam construído quatro coretos iluminados, cada qual com uma orquestra tocando música clássica. No meio do campo havia um pavilhão chinês, 16 estátuas e um chafariz que cascateava num grande tanque, repleto de conchas exóticas. Ao anoitecer, foram distribuídos refrescos e doces aos grupos que circulavam por ali e, para os privilegiados, a sobremesa foi servida em suntuosas bandejas de ouro e prata, num salão revestido de damasco. A aclamação foi confirmada por uma missa de ação de graças, com música especialmente composta para a ocasião, e, nas noites seguintes, irromperam no Rio comemorações em homenagem ao novo rei. A cidade cobriu-se de uma iluminação sutil, e do alto choviam fogos de artifício. Estava consagrada uma monarquia do Novo Mundo, cuja miraculosa presença nos trópicos já não era uma anomalia temporária, mas um fato consumado, que doravante ficaria impresso na consciência de seus súditos brasileiros.

No primeiro dia do ano de 1820, perto da cidade portuária de Cádiz, no sul da Espanha, um pequeno batalhão de soldados, comandado pelo tenente-coronel Rafael del Riego, amotinou-se. Este acreditava ter escolhido o momento certo, já que Cádiz, na época, estava apinhada de simpatizantes potenciais — soldados aguardando a partida para a missão impopular de combater revolucionários na América espanhola. O que ele não sabia é que a febre amarela se havia alastrado dentro dos muros da cidade, minando qualquer ímpeto de revolta. Sem receber apoio em Cádiz, a pequena coluna partiu para o interior. Um a um, os soldados de Riego desertaram. Ele estava reduzido a apenas cem homens quando o movimento se desintegrou por completo, e os rebeldes fugiram para a zona rural para salvar a vida. Riego também fugiu, cruzando outra vez os campos, de volta ao litoral, na esperança de escapar da Espanha de navio. Quando ressurgiu no Mediterrâneo, descobriu que não era o fugitivo que se havia imaginado. Era um herói. Quartéis de toda a Espanha tinham-se rebelado em sinal de solidariedade; estava em andamento uma revolução liberal.

De Lisboa, Beresford observou com consternação os acontecimentos do outro lado da fronteira. Em abril, a revolta pouco promissora de Riego tinha-se espalhado por toda a Espanha e obrigado Fernando VII a recuar. A Constituição adotada pelo governo de Cádiz no auge das Guerras Peninsulares foi reativada, e o rei cedeu poder ao Parlamento reconvocado — as cortes. Logo depois da capitulação de Fernando VII, Beresford embarcou num navio destinado ao Rio, na tentativa desesperada de garantir o retorno de pelo menos um membro da família real a Portugal e de protelar a agitação que se anunciava. Deixou para trás um país à beira da revolta. "As idéias de revolução eram gerais",[5] escreveu uma observadora. E especificou: "Rapazes e velhos, frades e seculares, todos a desejavam. Uns, que conheciam as vantagens do governo representativo, queriam este governo, e todos queriam a corte em Lisboa, porque odiavam a idéia de serem colônia de uma colônia."

Beresford chegou ao Rio em maio. Em conversas com D. João, tentou transmitir-lhe a gravidade da situação em Portugal, mas o rei mostrou-se evasivo e despreocupado. Enviou Beresford numa longa viagem de inspeção do Exército brasileiro, seus hospitais e seus centros de abastecimento, prolongando sua ausência de uma nação portuguesa cada vez mais instável. A batalha no sul vinha correndo bem. No início de 1820, Artigas foi preso no Paraguai e as forças luso-brasileiras ficaram em pleno controle da Banda Oriental. Mas, como D. João não tardaria a perceber, o verdadeiro conflito estava muito mais perto de casa.

Os britânicos se exasperaram com a demora de Beresford no Rio e acabaram conseguindo chamá-lo de volta. Ele partiu em agosto, munido de um punhado de pequenas concessões aos lusitanos em Portugal: D. João havia concordado em pagar os soldos atrasados dos militares e decretado que Lisboa não mais teria de arcar com a despesa dos soldados portugueses lotados no Brasil. Dez dias depois de Beresford fazer-se ao mar, eclodiu uma revolução na cidade do Porto, em 24 de agosto de 1820. Para todos os efeitos práticos, foi uma revolta anticolonialista, ocorrida não num remoto entreposto do império, mas em solo europeu; a luta pela independência foi iniciada em Portugal, não no Brasil.[6] "A idéia da condição de colônia a que Portugal está efetivamente reduzido", dizia o manifesto do Porto, "aflige profundamente todos os cidadãos que ainda conservam um sentimento de dignidade nacional. A justiça é ministrada no Brasil para o leal povo da Europa (...) a uma vasta distância (...) com um gasto e uma demora excessivos (...)".[7] Quando Beresford chegou à metade da travessia do Atlântico, a revolta havia-se alastrado para Lisboa. O Conselho de Governadores foi derrubado pelos militares e o novo regime exigiu que se reconvocassem as cortes portuguesas — um Parlamento que se reunira pela última vez em 1697. Tal como na Espanha, as cortes viriam a exercer o poder legislativo, além de solicitar o retorno da família real. Clamou-se pela adoção da Constituição de Cádiz, enquanto o governo rebelde elaborava sua versão portuguesa.

Quando Beresford se aproximou de Lisboa, seu navio foi abordado e ele foi informado de que não poderia desembarcar. "Não posso crer que as cousas voltem nunca ao seu antigo estado", escreveu ele, ao ter sua entrada barrada em Portugal; "e que será absolutamente necessário estabelecer as cortes, devendo unicamente consistir a questão no modo de dividir a autoridade entre o rei e as cortes; isto é, que Constituição deverá adotar-se. É agora bem claro que ou Sua Majestade ou o Príncipe Real deve vir (...)."[8] Quanto à questão do Brasil, ele se mostrou ainda mais pessimista: "Sua Majestade tem sido sempre consideravelmente iludida a respeito das opiniões e sentimentos dos brasileiros, os quais são mil vezes mais democráticos do que o são os portugueses a esta hora; nem pode haver dúvida em que todas as províncias do norte, contando da Bahia inclusivamente, serão por este reino induzidas e constrangidas a revoltarem-se, no caso de que antes disso o não façam por si mesmas, se porventura Sua Majestade não vier ou não mandar para cá o Príncipe Real (...)."

A revolução, tal como vivida no Rio, teve um caráter amortecido, onírico, empanada pela distância. A primeira notícia que a corte recebeu dos acontecimentos em Portugal ocorreu na chegada da belonave portuguesa *Providência*, em meados de outubro. Embora, àquela altura, a revolta se houvesse espalhado por toda a nação portuguesa, os despachos trazidos pelo *Providência* falavam apenas dos eventos na cidade do Porto. D. João interrompeu sua temporada numa de suas mansões insulares e se apressou a voltar para o palácio de São Cristóvão. Houve reuniões intermináveis, mas poucas idéias concretas. A corte continuava insegura sobre a maneira de responder à revolta do Porto quando, um mês depois, chegaram notícias do golpe em Lisboa. Dessa vez, houve uma reação de pânico no palácio — a notícia foi proibida, mas a operação fracassou. Cartas chegadas ao paquete foram distribuídas e, em pouco tempo, a discussão sobre a dramática reviravolta em Portugal tomou conta do Rio.

O sucessor de Strangford, Edward Thornton, que mal chegara ao Rio para assumir seu cargo no ano anterior, precipitou-se a procurar D. João no palácio. Disseram-lhe que voltasse no dia seguinte, e só então ele teve a oportunidade de falar com o rei em particular. Thornton perguntou a D. João como ele planejava responder aos acontecimentos na Europa. "Aparentando grande ansiedade", escreveu ele a Castlereagh em Londres, "o rei respondeu estar refletindo dia e noite sobre o que deve ser feito."[9] Thornton avisou a D. João que a Grã-Bretanha não interviria contra os rebeldes em Portugal, nem tampouco o Exército britânico defenderia o país contra a Espanha. Também advertiu D. João a não confiar em que a Sagrada Aliança — uma aliança frouxa entre as cortes conservadoras da Europa, criada no Congresso de Viena — viesse em seu socorro. Concluindo, recomendou que o príncipe herdeiro, D. Pedro, retornasse a Portugal para negociar com os rebeldes, mas informou a Londres que D. João não se dispunha a "tomar nenhuma decisão firme ou rápida, ou nenhuma, quem sabe, a não ser impelido por alguma nova e violenta emergência, para a qual qualquer decisão talvez venha tarde demais". "A demora é a falha radical desse governo", escreveu Thornton em outro despacho, "ou talvez eu devesse dizer a completa inação."[10] Com efeito, a corte ficou desnorteada com o ritmo e o caráter resoluto dos acontecimentos em Portugal. D. João deu início a um processo desoladoramente lento de consultas, recebendo de seus assessores 13 respostas escritas sobre qual seria o melhor curso de ação. A clara maioria optou pela sugestão de Thornton, ou seja, mandar D. Pedro de volta para enfrentar os constitucionalistas em Lisboa.

Em meio às deliberações, um panfleto anônimo, descritivamente intitulado "Devem o Rei e a família real, nas atuais circunstâncias, retornar a Portugal ou permanecer no Brasil?", chegou às ruas do Rio e causou sensação, primeiro no Brasil, depois em Portugal. O panfleto serviu de veículo para as idéias do ministro conservador Tomás Antônio de Vilanova Portugal, que, embora não o tenha escrito, provavelmente participou de sua produção. Vilanova Portugal sustentou a linha absolutista, afirmando que o rei deveria opor-se às cortes e declará-las ilegais. No panfleto, esse argumento foi levado a sua conclusão lógica: o Brasil deveria abandonar Portugal, cindindo-se e se tornando um reino separado, governado por D. João no Rio de Janeiro. Tal como os que haviam previsto a mudança da corte para o Brasil, o panfleto frisou que Portugal, despojado de seu império americano, não era nada, e poderia ser descartado com pouco ou nenhum impacto na prosperidade crescente do Brasil. Esses sentimentos foram ecoados por Vilanova Portugal numa carta ao rei: "Se ele [o Brasil] se separar e romper as comunicações, Portugal entrará em decadência (...) ele [Portugal] deve ser visto como Hanôver em relação à Grã-Bretanha."[11] (Hanôver era um pequeno Estado às margens do Elba, no noroeste da Alemanha, governado pela Coroa britânica de 1714 a 1837.) Julgou-se que, uma vez rejeitado, Portugal acabaria por entrar na linha e se restabeleceriam relações "normais".

A corte superestimou enormemente sua capacidade de controlar as forças desencadeadas em Portugal. Os anos de relativo isolamento no Rio tinham deixado os conselheiros do rei despreparados para lidar com a corredeira política que tinham pela frente. O panfleto saiu pela culatra. Foi compreensivelmente impopular em Portugal e, no Brasil, foi visto pelo que era: uma tentativa, por parte da Coroa, de conservar seus poderes absolutistas no Novo Mundo, o que quer que viesse a ocorrer na Europa. Tamanho foi o clamor quando de sua divulgação, que a edição inteira foi recolhida.

No fim, a corte optou pela cautela, respondendo que, embora a tomada do poder em Portugal fosse ilegal, o rei reconhecia a importância de convocar as cortes e consideraria o resultado de suas deliberações. O rei perdoou os arquitetos do golpe e concluiu com a garantia vaga de que "a minha real pessoa, ou um de meus filhos ou descendentes",[12] retornaria a Portugal. Nos bastidores, houve desarranjo. D. João relutou em mandar D. Pedro de volta a Lisboa, não desejando ceder tão facilmente aos rebeldes e temeroso de que seu filho fosse declarado rei ao chegar a Portugal. Havia outro fator complicador: dona Leopoldina estava com sete meses de gravidez. Tão grande era seu desejo de acompanhar o marido de volta à Europa, que ela havia concordado em dar à luz no Atlântico, se necessário. Esse filho não nascido viria a desempenhar um papel poderoso nos meses seguintes, enquanto prosseguiam de forma inconclusiva as discussões na corte.

Em 23 de dezembro de 1820, Palmela chegou ao Rio. Quando rapaz, mais de dez anos antes, ele optara por ficar em Lisboa, em vez de se integrar aos que fugiram para o Brasil. Desde então, parecia ter tido um jeito insólito de participar de todos os eventos de importância histórica na Europa. Servira com Wellesley nas campanhas peninsulares; havia representado Portugal na Espanha, defendendo o direito de dona Carlota à regência; e ajudara a negociar o acordo do pós-guerra no Congresso de Viena. Mais recentemente, estivera sediado em Londres, procurando desembaraçar as relações cada vez mais perturbadas entre a Grã-Bretanha e a corte no Rio. Era um homem que havia freqüentado jantares e recepções com todos os atores da vida política e cultural do continente, e houve alívio nos círculos diplomáticos europeus por ele assessorar pessoalmente a corte durante essa crise complexa.

Palmela entrou nas temperaturas escaldantes do verão brasileiro enfatiotado em trajes de linho da Bond Street, com as fivelas de diamante de suas botas alinhadas reluzindo ao sol tropical. O Rio lhe agradou, embora lhe faltasse a sofisticação a que estava habituado. "Há sítios lindíssimos, muito perto da cidade", escreveu ele a sua mulher na Europa; "a baía de Botafogo é, sem exageração, comparável aos mais belos sítios da Itália ou da Suíça. Falta gente branca, luxo, boas estradas, enfim faltam muitas coisas que o tempo dará, mas não falta, como em Lisboa e seus arredores, água e verdura, pois mesmo nesta estação, a pior, temos tudo aqui tão verde como na Inglaterra."[13] Mas Palmela se impressionou com o estado em que encontrou D. João e seus conselheiros, que, mesmo nessa ocasião, pareciam não haver compreendido a gravidade dos acontecimentos que se desenrolavam a seu redor.

Palmela trouxe outras más notícias, as quais esperava que os levassem a recobrar o bom senso. Havia testemunhado a revolução em Portugal, mas foi durante sua breve escala em Salvador que percebeu o perigo da situação da corte. A cidade estava à beira da revolta, com o governador se agüentando enquanto rezava por alguma providência decisiva do Rio. Palmela foi informado de que a situação de Pernambuco estava ainda mais tensa, e de que a notícia da revolta de Lisboa havia eletrizado todo o litoral brasileiro. Uma mistura inflamável de batalhões portugueses ressentidos, lotados no Brasil depois da revolução pernambucana, e de insatisfação nas províncias brasileiras vinha levando a autoridade da Coroa à iminência do colapso.

O desejo de mudança era compreensível entre os intelectuais de ambos os lados do Atlântico. Portugal e o Brasil, cada qual a seu modo, haviam sofrido com o estilo reservado e autocrático da monarquia absolutista de D. João. No Brasil, houvera o confisco indiscriminado de residências particulares que tinha inaugurado a temporada da corte — um ato que simbolizava da maneira mais íntima os ditames ditatoriais da Coroa. A antiga lei que permitia o confisco foi revogada ao final da temporada da corte no Rio, mas seu impacto persistiu, enquanto se arrastavam as disputas jurídicas entre cortesãos e os proprietários originais. A corrupção da Coroa e a impunidade de seus perpetradores significavam que as pessoas se sentiam impotentes diante da corte. Com a afluência dos estrangeiros, o Rio vinha passando por um renascimento cultural, mas D. João mantinha um rígido regime de censura, que parecia atrasado e tacanho nessa situação.

Em Portugal, por outro lado, o absolutismo era um fardo ainda mais pesado, nas circunstâncias peculiares criadas pela transferência da corte. A abertura dos portos brasileiros, em 1808, tivera um efeito devastador no comércio português do pós-guerra. Os cargueiros britânicos voltavam com a mercadoria antes controlada por um monopólio português, enquanto os comerciantes da metrópole passaram a enfrentar uma concorrência acirrada nos grandes portos brasileiros. Durante mais de uma década, não restara aos portugueses nenhuma influência sobre o governo que os dominava, em última instância. Seus apelos de que a corte retornasse tinham sido ignorados, e seu país ficara entregue aos caprichos de políticos de Londres e do Rio.

Numa carta a D. João, Palmela expôs suas preocupações:

> Senhor, os fatos que presenciei desgraçadamente em Portugal, e a idéia que formei do estado da opinião pública na ilha da Madeira, na Bahia e nesta própria capital, me obrigam a declarar positivamente a V.M. que não há nem um só instante a perder para adotar medidas firmes, decisivas, análogas ao espírito do tempo (...) "o pior de todos os arbítrios seria, a meu ver, o de não adotar resolução nenhuma...".[14]

Palmela exortou D. João a aceitar as exigências dos liberais da Bahia e de Portugal, mas sua voz teve pouco peso numa corte encalhada por sua própria indecisão. Ele foi visto como um dândi metropolitano e não tardou a se ver encurralado, atraindo, em suas próprias palavras, "o ódio e as calúnias dos dois partidos extremos: um dos quais me considera um satélite do 'despotismo', outro como agente dos 'revolucionários'".[15] Na verdade, Palmela vinha procurando fazer com que se trilhasse um caminho intermediário, almejando uma monarquia constitucionalista moderada, modelada no sistema britânico, na qual o rei fosse limitado por um Parlamento.

Em meio a todas as negociações, intensificavam-se os temores de dona Leopoldina de ser deixada no Rio, enquanto seu marido retornava à Europa. Como todos, ela intuía que o tempo estava se esgotando. "Infelizmente, [D. João] não quer tomar uma decisão (...)", escreveu a princesa para a Áustria; "o estado de espírito aqui é tão ruim que tudo estará perdido se não forem tomadas medidas mais enérgicas."[16] Ela ficou histérica ao saber que o representante austríaco na corte portuguesa, o barão von Stürmer, apoiava a volta de D. Pedro, e lhe escreveu: "(...) no caso de o senhor não conseguir, por intermédio de sua influência ou da do conde de Palmela, adiar a partida de meu esposo ou alcançar que eu o acompanhe, atrairá sobre si toda a minha ira e todo o meu ódio, de que o haverá de pagar mais cedo ou mais tarde."[17]

Palmela descartou as preocupações de Leopoldina, dizendo a Stürmer: "isso é penoso para a senhora princesa real, mas não o seria muito mais ainda para ela mesma, se perdêssemos Portugal unicamente para que ela não fosse separada de seu marido durante alguns meses?"[18] Com o avanço da gravidez, as angústias de dona Leopoldina se aprofundaram: "Encontrei-a muito agitada...", escreveu Stürmer, depois de visitá-la no palácio; "queixou-se do abandono em que a deixaria o príncipe consentindo partir sem ela (...). Acrescentou ela que força alguma a impediria, caso a partida do príncipe se realizasse, a embarcar no mais miserável bote que se apresentasse, fosse para unir-se a ele, fosse para voltar para a sua pátria... que uma vez abandonada aqui mesmo, a sua situação se tornaria insuportável; que ela não deixaria de ser alvo da intriga e de malquerença (...) e que enfim, estava intimamente convencida de que jamais a deixariam voltar para a Europa e que ela se devia preparar para um exílio eterno num país que ela sempre tinha detestado."[19]

D. Pedro, apesar de seu histórico de aventuras extraconjugais, apoiou-a, sugerindo que, se tivesse de voltar para Portugal, ela poderia acompanhá-lo, dando à luz no Atlântico, se preciso fosse. A idéia era que, depois do nascimento a bordo, o bebê poderia ser mandado de volta ao Rio em outro navio. No fim, dona Leopoldina dispôs-se a enfrentar tudo sozinha, escrevendo em sigilo a uma amiga alemã para que lhe arranjasse passagens para ela e mais seis, inclusive uma ama-de-leite "saudável e competente para minha criança que nascerá no mar e que, dessa forma, não será nem brasileira, nem portuguesa".[20] Mas dona Leopoldina jamais retornaria à Europa, nem tampouco, nesse estágio, seu marido Pedro.

Com todos os seus anos de experiência na Europa e com a visão geral que sua viagem lhe dera, Palmela percebeu que a mudança seria inevitável. Mas também sabia que a insatisfação palpável em Portugal e no Brasil teria de ser canalizada numa direção moderada, para que se evitassem as ideologias radicais. Com esse objetivo, propôs ao rei um conjunto de princípios, inclusive a separação dos poderes entre a Coroa e o Parlamento, a igualdade dos cidadãos perante a lei e a liberdade de imprensa.[21] Sugeriu que, uma vez adotadas essas medidas, D. Pedro deveria viajar com quatro navios de guerra e um batalhão de soldados até Salvador, e ali proclamar a nova monarquia constitucionalista, antes de seguir para Lisboa. Era o tipo de gesto ousado que D. João jamais faria e, de qualquer modo, D. Pedro ainda não se dispunha a partir sem ter a seu lado dona Leopoldina, então em estado avançado de gestação. O impasse instigou a renúncia de Palmela, o que deixou transparecer para o público a dissidência dentro da corte.

Enquanto D. João tergiversava, os soldados portugueses lotados em todo o Brasil responderam aos chamados da mãe pátria. Na Bahia, tropas tomaram de assalto a residência do governador e proclamaram uma revolução constitucionalista. A resistência legalista tardia foi rechaçada por saraivadas de mosquetão e fogo de artilharia, e o general brasileiro Felisberto Caldeira Brant, que chefiou o contra-ataque, teve sorte de escapar com vida, depois que alvejaram sua montaria. Em desespero de causa, o governador da Bahia capitulou e embarcou para o Rio. Houve cenas similares em Belém, na foz do Amazonas (embora a notícia do levante tenha levado mais seis semanas para chegar ao Rio), à medida que a revolta se espalhou pelo litoral brasileiro.

Com os agitadores manobrando para se posicionar no Rio, a corte pareceu paralisada, incapaz de reagir enquanto o terreno sacudia sob seus pés. As expectativas de algum tipo de pronunciamento oficial depararam com um silêncio completo do palácio, num impasse que fez lembrar os longos meses em que D. João se mantivera incomunicável no período que antecedeu sua fuga para o Brasil. Nas duas ocasiões, sob pressão crescente, ele preferiu esperar até o último minuto. No Rio, tal como em Lisboa, somente a ameaça da violência iminente o levou a agir.

Quando chegou a notícia de insurreições em todo o Brasil, D. João finalmente quebrou o silêncio e emitiu dois decretos, em 23 de fevereiro de 1821. O primeiro declarou que D. Pedro seria imediatamente enviado a Lisboa, e o segundo, que um Parlamento separado seria criado no Rio, com representantes do Brasil e das ilhas do Atlântico. Essa assembléia consultiva debateria as decisões tomadas em Lisboa, com vistas a adaptá-las ao Brasil. Como se constatou, foi mais um erro de cálculo. A emissão dos decretos, assim como a publicação anterior do panfleto, foi vista como uma estratégia para evitar a plena ratificação da futura Constituição de Lisboa. Logo depois que eles foram expedidos, deixaram-se cópias do lado de fora do palácio, descaracterizadas pela propaganda antimonarquista.[22]

CATORZE

O Retorno

Nas primeiras horas de 26 de fevereiro de 1821, D. João foi despertado de seu sono no palácio de São Cristóvão. Seu filho, D. Pedro, também foi acordado por um guarda do palácio, que cavalgara do centro do Rio até lá. Ele trazia a notícia de movimentações não autorizadas de tropas: três batalhões haviam deixado seus quartéis e se estavam reunindo numa praça em frente ao teatro real. Havia artilharia pesada, pólvora e chumbo dispostos em barricadas montadas nas principais ruas e praças da capital. Os soldados eram portugueses, veteranos das campanhas peninsulares, e seu ato era a culminação de um efeito constitucionalista em cascata que se espalhara de Cádiz para a cidade do Porto e para Lisboa, antes de descer o litoral brasileiro até o Rio. A eles se haviam juntado algumas facções liberais dissidentes que tinham começado a se formar na cidade.[1]

Esses atos não eram totalmente inesperados. Com a chegada da notícia de revoltas noutras partes do Brasil, o Rio vinha-se mobilizando. Panfletos traiçoeiros e versos satíricos, que poucos meses antes teriam sido confiscados, agora circulavam livremente pela cidade, com as autoridades impotentes para deter sua distribuição.[2] Já então as pessoas especulavam abertamente sobre o que o futuro reservava para a capital. A certa altura, afirmou-se que D. João havia de fato assinado a Constituição, mas o boato logo se desfez.

Na tentativa de conter a maré que subia, a corte expediu outro decreto. Armado dessa nova fórmula, D. Pedro montou seu cavalo e, acompanhado de um criado, percorreu a galope os 5 quilômetros que separavam o palácio do centro da cidade. Chegou às cinco horas da manhã, subiu no pódio do teatro real e se dirigiu aos rebeldes. O silêncio envolveu o saguão quando ele começou a ler o decreto. Pelos arranjos propostos, o rei aceitaria a Constituição que vinha sendo preparada em Lisboa, "exceto pelas modificações que as circunstâncias locais possam tornar necessárias",[3] e nomearia um órgão consultivo para discutir o assunto, no devido tempo. Enquanto ele falava, porém, o padre Macamboa, um advogado e padre português corpulento, então com 40 anos, fez um aparte, exigindo que o rei demitisse seus ministros e aceitasse um governo de 12 homens, nomeado pelos militares. Macamboa estava conclamando a um golpe de Estado, embora conservador: na lista havia moderados nascidos em Portugal, todos bem conhecidos pelo rei e pela corte.

Pedro voltou ao palácio, onde encontrou o pai reunido com Vilanova Portugal. Informou-os da situação e insistiu em que eles se curvassem às exigências dos rebeldes. Encurralado, com sua autoridade reduzida apenas ao próprio Rio de Janeiro e, mesmo ali, ameaçada, D. João não teve alternativa. Com grande relutância, expediu-se um terceiro decreto e, com ele, o declínio foi completo. D. João concordou não só em honrar a Constituição a ser redigida em Lisboa, mas também em retirar seus ministros, substituindo-os pela lista preparada pelos rebeldes. D. Pedro tornou a partir, chegando outra vez à cidade às sete horas, agora com o centro abarrotado. Diante da multidão eufórica no teatro real, prestou juramento à Constituição lisboeta ainda não escrita, no palco que antes exibira peças e óperas propagandísticas — odes clássicas à corte e ao reino.

A multidão tinha mais uma exigência: que o próprio rei aparecesse diante dela. Horas depois, avistou-se a carruagem real, chacoalhando a distância, com um nervoso D. João aninhado em sua cabine. Para horror do monarca, a multidão investiu, desatrelou os cavalos e carregou a carruagem pelas últimas centenas de metros até a praça. Mas o clima era de júbilo, não de violência, e o gesto mais foi uma comemoração da duradoura popularidade pessoal de D. João e da decisão que ele havia tomado. Os filhos e dona Carlota foram juntar-se a ele e todos apareceram na sacada do Paço Imperial, onde, três anos antes, ele fora aclamado monarca do Reino Unido de Portugal, Brasil e Algarve. Um bispo ministrou o juramento, que D. João repetiu, jurando "observar, proteger e manter perpetuamente a Constituição, exatamente como for redigida pelas cortes em Portugal".[4] Na praça abaixo irromperam aplausos, marcando o fim de uma era extraordinária de governo absolutista nos trópicos. No dia seguinte, D. João anunciou sua partida para Lisboa. No Brasil deixaria D. Pedro, que governaria como regente, à testa do novo governo constitucionalista. Pelo histórico pregresso, a volta de D. João a Portugal não podia ser garantida, mas, dessa vez, era difícil saber como ele poderia renegar sua promessa.

Para D. João — sem dúvida, uma das forças motivadoras por trás da longa permanência da corte nos trópicos —, uma odisséia pessoal estava chegando ao fim. Ele ficou profundamente entristecido com o rumo dos acontecimentos. Seu período no Rio fora o único de relativa estabilidade em seu longo reinado, e sua única oportunidade de adotar o papel tradicional de monarca absoluto. Envolvera uma relação muito pública, embora íntima, com seus súditos, encarnada na antiquada cerimônia do beija-mão e na sucessão constante de procissões religiosas, das quais o rei tinha retirado grande prazer. Para sua mulher, dona Carlota, o contraste não poderia ser maior. Embora não fosse constitucionalista, ela ficou radiante com o acontecido. O fim de uma vida prolongada no purgatório, que a levara dos trinta e poucos anos até a meia-idade, finalmente se aproximava.

O último mês de D. João no Rio foi desagradável, maculado pela sensação de que ele e sua corte haviam excedido o período em que eram bem-vindos. Raras vezes ele foi visto ao ar livre, só se arriscando a sair com uma guarda pesada. As comemorações do aniversário do filho de dona Leopoldina foram silenciosas, pois as festas da realeza, que se haviam tornado parte integrante da vida da cidade nos anos anteriores, tinham-se tornado perigosas e meio impróprias. O controle da corte sobre a população afrouxou-se, enquanto se praticavam os últimos ritos de seu governo de 13 anos.

Mas os cariocas comuns — os que não foram apanhados no rodamoinho político — viram as coisas de outra maneira. Muitos, especialmente os pequenos comerciantes, os artesãos e até os escravos, ficaram arrasados com a notícia da partida da corte. Um forte espírito monarquista subjazia à sociedade brasileira e, apesar dos acontecimentos recentes, D. João ainda desfrutava de um apoio popular substancial. A dedicação à monarquia misturava-se com considerações mais práticas — a partida da corte significaria uma perda súbita de prestígio para o Rio de Janeiro, já que, da noite para o dia, o centro do império seria rebaixado à condição de capital de província. A presença da corte havia assegurado um grande volume de comércio e atraído diplomatas ricos, cientistas e viajantes do mundo inteiro.

Centenas de pessoas assinaram petições que rogavam pela permanência do rei. Houve também pedidos formais da Câmara de Comércio e da Assembléia Municipal, exortando o rei a revogar ou, pelo menos, adiar sua decisão de partir. Cariocas que há muito se queixavam da presença corrupta e intimidante da corte em sua cidade olharam para o futuro com apreensão. Formava-se um vazio político, e não se sabia ao certo exatamente como funcionaria a nova ordem, ou se as bem-vindas reformas introduzidas por D. João e seu governo seriam mantidas.

Enquanto a família real se preparava para partir, a oposição a sua saída começou a assumir um ar mais hostil. Afirmou-se que uma grande quantidade de ouro brasileiro fora empilhada a bordo do comboio real. Falou-se de irregularidades financeiras: todos os ativos circulantes do Banco do Brasil tinham sido emprestados a apenas uma dúzia de homens influentes, e outros adiantamentos tinham sido feitos à corte, cuja dívida atingia níveis insustentáveis. Para piorar as coisas, os boatos de que em algum lugar dos porões da frota estavam as jóias da Coroa, antes entregues ao Banco do Brasil por D. João como garantia das dívidas da corte, instigaram uma corrida ao banco, que limpou suas escassas reservas.

Outras histórias de delitos circularam pela cidade: os portugueses vinham usando portas, esquadrias de janelas e venezianas a fim de fazer caixotes para embalar seus pertences. Brasileiros que haviam emprestado suas casas voltaram e as encontraram vandalizadas pelas autoridades que saíam. Em atos que remontavam à fuga de Lisboa, em novembro de 1807, a corte vinha-se apossando de todas as coisas de valor em que conseguia pôr as mãos, deixando para trás uma pilha de dívidas, salários por pagar e contas atrasadas.

O enviado britânico no Rio, Edward Thornton, assim descreveu o clima soturno da cidade, enquanto a corte se preparava para partir:

> (...) Espalharam-se notícias da insatisfação do povo com esse estado de coisas, com as honrarias e pensões prodigalizadas nos últimos dias por mãos sumamente generosas, com as grandes somas em dinheiro que dizem estar a bordo da esquadra; e se declarou que os abusos teriam que ser corrigidos, que a partida desse rei deveria ser adiada até que isso se desse, e que se deveria formar uma junta provisória de governo para o intervalo até a chegada da Constituição.[5]

Depois da euforia de 26 de fevereiro, houve receios quanto aos novos arranjos que entrariam em vigor. Rebeldes como o padre Macamboa sentiram que as reformas constitucionais propostas não tinham alcance suficiente. No novo sistema, o Brasil voltaria a se submeter ao domínio de Portugal, após anos de relativa autonomia. E, de qualquer modo, ainda não havia uma Constituição instaurada — todos estavam aguardando que a versão portuguesa do documento espanhol fosse redigida. Enquanto isso, o governo interino chefiado por Silvestre Pinheiro Ferreira, um filósofo nascido em Portugal e ex-assessor do rei, conduzia a administração exatamente como fizera o antigo, tomando decisões sem qualquer consulta popular.

Foi nesse clima, numa mescla de raiva e pesar, remorso e repulsa, que o governo interino convocou uma assembléia dos eleitores — comerciantes, senhores de terras e advogados — que tinham sido encarregados de escolher os membros do novo órgão parlamentar, as *cortes*. A discussão seria ampla, abarcando os poderes de D. Pedro como regente, a escolha de seus ministros e os futuros arranjos políticos do Brasil. Deveria realizar-se em 21 de abril de 1821, véspera da Páscoa, no novo prédio da Bolsa comercial do Rio, uma estrutura arejada que dava para a baía. Instalaram-se arquibancadas improvisadas e, da idéia original da corte de uma reunião pequena e discreta, o evento se transformou num fórum popular — uma assembléia de massa, possivelmente num dos momentos mais sensíveis da história da cidade. Sentados nas arquibancadas estavam dissidentes como o padre Macamboa e Luís Duprat, um agitador ainda mais radical, de 21 anos, filho de um alfaiate francês. Magro e vigoroso, com óculos no estilo dos de Robespierre, ele chegou bem preparado, com uma retórica revolucionária apaixonada.

O edifício da Bolsa estava repleto quando o juiz presidente chamou a assembléia à ordem. Não conseguira ir além da leitura dos nomes dos ministros de D. Pedro, quando sua voz foi sufocada por clamores pela implementação imediata da Constituição espanhola. Desse ponto em diante, a agenda formal foi descartada, seqüestrada pelo padre Macamboa e por seus companheiros, com Duprat incendiando a multidão com arrebatadores discursos antimonarquistas. Aprovou-se uma resolução sobre a implementação da Constituição espanhola e, quando a notícia chegou ao palácio, D. João foi novamente lançado numa reunião de emergência com seus conselheiros. Mais uma vez, eles cederam às exigências, só que agora a situação parecia estar fugindo do controle.

À medida que a noite se alongou, no clima alvoroçado do prédio da Bolsa, a discussão voltou-se para os boatos de que estavam escondendo ouro a bordo da frota real. Duprat declarou que não se devia permitir que o ouro brasileiro fosse furtado do país e despachou um general idoso, Joaquim Xavier Curado, o oficial de mais alta patente no recinto, para fechar o porto. Ele se encaminhou para a baía, mas só conseguiu transmitir a ordem a um dos fortes que guardavam a entrada do porto, antes de ser preso por tropas legalistas.

"Há tantas versões diferentes desse acontecimento", escreveu Thornton a Londres, "que eu teria dificuldade de fornecer a Vossa Senhoria uma descrição que me satisfizesse."[6] Thornton referia-se à tortuosa atividade política que havia prosseguido pela madrugada de 22 de abril de 1821. O Rio estava em processo de fragmentação; o butim era de quem pegasse, e todos se precipitaram para defender o que percebiam como seus interesses futuros. Na ala antimonarquista, é possível até que tenha havido um envolvimento de membros da própria corte — aqueles que manobravam para que D. João permanecesse no Rio, mesmo que isso significasse obrigá-lo a assim proceder a contragosto. Para a maioria dos cortesãos, a idéia de desembarcar na Lisboa revolucionária não era uma perspectiva atraente.

Eram quatro horas da manhã quando as tropas legalistas, comandadas por D. Pedro, reuniram-se e marcharam para o centro do Rio. Alinharam-se numa formação de 25 colunas, com as baionetas caladas. Disparou-se um único tiro contra eles, um soldado caiu e veio um rugido ensurdecedor, enquanto o batalhão descarregava cinqüenta disparos contra o prédio lotado da Bolsa. Em seguida, as tropas invadiram o recinto, brandindo suas baionetas, e dispersaram a multidão. "(...) Pessoas comuns foram mortas indiscriminadamente", relatou em ensaio anônimo, "e um número ainda maior, depois de saltar no mar para fugir, deparou com a morte que tentara evitar em meio às ondas (...) Os cadáveres foram levados clandestinamente para o Arsenal de Marinha, e ali foram enterrados em segredo."[7] Duprat e Macamboa foram capturados, enquanto seus seguidores fugiam para salvar a vida. A brutalidade com que se interrompeu essa reunião fundamental foi apropriada, de certo modo. Foi uma derradeira afirmação do poder absolutista, um lembrete de como, em última instância, os portugueses haviam conservado suas colônias sul-americanas.

Às oito horas dessa manhã, a corte já tinha revogado o decreto que lhe fora imposto pela assembléia para implementar a Constituição espanhola, alegando que ele fora redigido "por ordem de homens mal-intencionados, que desejavam a anarquia".[8] Foi o último ato oficial da corte no Rio. A cidade fervilhava depois da violência da Páscoa, e os cortesãos apressaram os preparativos para a partida de D. João. Dessa vez não haveria procissões, alegorias, fogos de artifício nem arcos do triunfo, nem tampouco cerimônias de beija-mão para que o rei se despedisse de seus vassalos. Em vez disso, haveria silêncio, exceto pelas vozes abafadas dos que organizavam o carregamento das provisões, à medida que uma fileira de caixotes era transportada para a área das docas e embarcada na frota. Na carga estavam os caixões que levavam os restos mortais da rainha Maria I, de sua irmã, dona Maria Anna, e do infante espanhol, dom Carlos, em sua última viagem de repatriação.

A maior parte da corte embarcou quase na escuridão, no sombrio pré-alvorecer de 25 de abril — três dias depois do massacre do edifício da Bolsa. Somente dona Carlota enfrentou a multidão de estrangeiros curiosos e brasileiros atônitos. Desceu a rampa e pisou na galera real, dando adeus a um período longo e infeliz de sua vida. Sentiria falta de poucas coisas do Rio e, a acreditarmos em várias tiradas de despedida, talvez apócrifas, deu vazão a seu ressentimento do povo que hospedara a família real por mais de uma década. "Vou enfim encontrar uma terra habitada por homens",[9] teria dito a rainha, pilheriando que ficaria cega quando chegasse à Europa, porque vivi "13 anos no escuro, só vendo pretos e mulatos".[10]

Antes que a esquadra real zarpasse pela baía, D. Pedro e dona Leopoldina visitaram o rei a bordo da frota. Foi uma despedida emocionada. As últimas semanas tinham sido muito pesadas e o futuro era incerto. Se a família real estava partindo para um Portugal em revolta, D. Pedro enfrentaria uma situação igualmente difícil no Rio. Os conselhos paternos viriam em boa hora, e foram devidamente fornecidos, com palavras que teriam ficado perdidas para sempre, se não fossem lembradas mais tarde, numa carta de Pedro. "Eu ainda me lembro e me lembrarei sempre do que Vossa Majestade me disse antes de partir dois dias em seu quarto: Pedro, se o Brasil se separar, antes seja para ti, que me hás de respeitar, do que para algum desses aventureiros."[11]

Para dona Leopoldina, a partida despertou emoções complexas. Dois meses antes, ela estivera em preparativos para seguir para a Europa; agora se descobria permanecendo no Rio, em circunstâncias ainda mais difíceis. Pouco depois da partida do rei, ela escreveu ao pai, na Áustria: "O atual navio de correio instruirá o Senhor de muitas coisas que lhe parecerão inacreditáveis: a mim mesma tudo parece um sonho. A realidade, no entanto, é que, infelizmente, ainda devo continuar aqui no Brasil, e que estou separada do meu excelente sogro, o que, por muitos motivos, me é extremamente duro e doloroso."[12]

A esquadra real de 13 navios, levando mais de 4 mil cortesãos, partiu em direção à barra, mas parou e ancorou em frente ao Pão de Açúcar, junto ao Forte de Santa Cruz. Ali, fez uma pausa e, na segurança da frota, D. João "recebeu os cumprimentos de sua corte por ocasião desse dia, que era aniversário do nascimento da rainha"[13] — um gesto cerimonial que encerrou os anos de comemorações da realeza na cidade. No dia seguinte, a esquadra zarpou em perfeitas condições, com uma brisa "que prosseguiu por tanto tempo pelo dia afora (...) que ela deve ter deixado de avistar a terra antes do anoitecer".[14] O inesperado encontro do Rio com a corte portuguesa terminou tão abruptamente quanto havia começado.

Treze anos antes, quando nobres, cortesãos, padres e criados lutaram por cabines nos barcos enfileirados para fugir de Lisboa, poucos imaginaram que sua decisão de integrar a frota levaria a uma temporada tão extensa nos trópicos. Boa parte dos homens e mulheres que haviam chegado com a corte já tinha falecido, longe de sua pátria; dos que sobreviveram, alguns estavam a caminho de casa, porém muitos mais, como Marrocos, optaram por ficar.

A longa temporada de D. João deixou marcas indeléveis na cidade. Esses 13 anos viram seu Jardim Botânico transformar-se de mudas em miniatura em plantas estranhas e belas, e sua *palma mater* ainda se erguia, altaneira, acima das várias experiências de botânica a que ele dera início. Depois que alguns trabalhadores escravos pegaram sub-repticiamente sementes dela e as venderam, as palmeiras se propagaram pela cidade, alterando a silhueta do Rio de modos que pareciam predestinados. Troncos esguios e delicadamente arqueados brotaram do alto dos morros, competindo com as colunas neoclássicas dos novos prédios construídos durante a estada da corte.

D. João, seus assessores e seus ex-ministros de governo estavam mais uma vez em alto-mar, agora viajando em sentido inverso, rumo à Europa. Enquanto a frota singrava as vagas do Atlântico, numa pequena ilha mais ao sul, um homem jazia em seu leito de morte. Fazia dez dias que a frota partira do Rio quando Napoleão Bonaparte faleceu, após longos anos de exílio em Santa Helena. A morte do homem que havia expulsado a corte de seu reino fechou as portas de uma era. No entanto, em muitos aspectos, a situação dos cortesãos nesse momento era ainda pior do que quando, anos antes, o cais estivera repleto de refugiados traumatizados, fugindo do exército invasor napoleônico. Naquela época, apesar das privações, a corte estivera olhando para o futuro. Rumava para uma terra em que seu poder poderia renascer, renovando seu império decadente. Houvera discussões a bordo entre políticos e burocratas sobre como pôr isso em prática e, uma vez em terra, as providências tomadas tinham sido, a princípio, amplas e rápidas. Mas o próprio caráter da corte criada por eles no Rio fora de encontro à realização de seus sonhos. A cópia criteriosa de instituições que tinham existido em Lisboa condenou a aventura desde o começo. O Rio havia crescido e mudado, enquanto a corte se entrincheirava, recusando-se a reagir à onda de idéias novas que se deslocava pela Europa e pela América do Sul. A transferência não fora um novo começo, mas uma pausa prolongada — um momento de delírio numa era de protelado declínio imperial.

Na viagem de volta, o sentimento predominante foi o medo. Houve discussões detalhadas sobre a rota a seguir para a Europa. Aventou-se a idéia de uma escala na Bahia, mas ela foi considerada arriscada demais. D. João estava tão apreensivo com a situação em Portugal, que tentou instituir uma última tática de adiamento. O plano, de acordo com o emissário britânico no Rio, era ancorar a frota no meio do Atlântico, em Açores, "não apenas, dizem, com vistas ao repouso de que ela deve estar necessitada, após tão longa viagem, mas também para receber informações de Lisboa".[15] Seria um gesto perigoso, mas, quando os navios se aproximaram do arquipélago, uma brisa rápida os empurrou para longe. A frota continuou navegando rumo a Portugal.

Após anos de espera, os lisboetas foram quase os últimos a saber da chegada iminente da família real. Apenas dois dias antes de a frota atracar, navios que tinham deixado o Rio depois do comboio real, mas chegaram à frente dele, levaram a notícia momentosa. Houve preparativos apressados para a recepção da corte — um evento de gala, baseado num antigo protocolo que remontava ao nascimento do Império Português. Uma multidão expectante encheu o porto. O comboio real entrou mansamente no Tejo, em 4 de julho de 1821, e ancorou à vista da praça central. O clima era tenso, com o ar carregado de emoções conflitantes — uma mescla das velhas e das novas. Lisboa, nesse momento, estava sob o controle de um governo revolucionário que seguia uma via constitucionalista, mas muitos se mostraram reverentes ante o retorno de seu rei. A praça estava salpicada de flores, mas também, o que era mais ominoso, cercada por regimentos de soldados em posição de sentido. Antes mesmo que D. João desembarcasse, ficou claro que seus antigos poderes tinham sido usurpados. Seu navio foi abordado no porto e fizeram-no assinar o decreto que ele tentara evitar no Rio, no qual concordava em ratificar a nova Constituição. Mas alguns membros da delegação, aqueles que se haviam erguido contra o jugo do poder absolutista, prostraram-se de joelhos ao pôr os olhos em D. João, pedindo para beijar a mão do soberano.

Nobres e dignitários estrangeiros juntaram-se aos delegados a bordo, para se encontrar com a família real. Mais de uma década se passara desde a última vez que tinham visto os exilados que voltavam: os jovens estavam agora na meia-idade e os de meia-idade tinham envelhecido. D. Miguel, que partira como um menino de 6 anos, voltou aos 19, saudável e bronzeado pelo sol do Rio. Suas irmãs, meninas na partida, eram agora moças feitas. E não foram apenas as diferenças de idade que surpreenderam os nobres de Lisboa — muitas das roupas usadas pela corte do Rio pertenciam a uma outra era. Cortesãos castigados pelo tempo, usando peitilhos rendilhados, calções até os joelhos e perucas empoadas, passeavam pelo convés, com uma aparência mais própria do século XVIII que do XIX. A princesa Maria Benedita, agora com 24 anos, usava um manto negro rebordado de diamantes e, nas palavras do embaixador francês, Hyde de Neuville, "mais parecia um retrato saído de sua moldura".[16]

José Trazimundo, que, quando menino de 5 anos, assistira à fuga de Lisboa, contava agora 18 anos de idade e pôde subir a bordo como ajudante-de-ordens de um dos generais revolucionários. Na velhice, voltou o olhar para o que fora um dia inesquecível: "Entrando na tolda da nau", recordou, "presenciei um novo quadro que tenho bem impresso na memória, apesar de terem passado 41 anos."[17] Também ele ficou chocado com os membros da realeza, decorridos 13 anos: "ficamos junto ao portaló, donde nos pudemos adiantar a observar El-Rei D. João VI, cujo porte e fisionomia me surpreenderam pela sua pouca elegância e fealdade." D. João usava um uniforme "mais bordado que até ali tinha visto, condecorado com numerosas Ordens, tanto nacionais como estrangeiras, com uma bela bengala de castão em que, de vez em quando, se apoiava, dando alguns passos para um e outro lado." A distância,

Trazimundo avistou dona Carlota, que, antes mesmo de pôr os pés em Portugal, já estava de volta a suas velhas maquinações:

> Eu mal podia descobrir a rainha Carlota: só lhe via a mão e o leque, fazendo mil gestos, mas via perfeitamente o indivíduo a quem se dirigia, que era o deputado Borges Carneiro [um liberal radical]. Soube, depois, que, indiscretamente, tanto um como outro analisavam o reinado de D. João VI até aquela época. Parece que El-Rei tudo ouvia, fazendo, porém, que nada percebia. Mais tarde, foi ele o primeiro a queixar-se de tanta indiscrição, repetindo muitas das frases, tanto da rainha, como do deputado.[18]

Trazimundo permaneceu a bordo, trespassado, "reduzido a um profundo silêncio". Ninguém o reconheceu e ele tampouco conhecia ninguém, embora tenha conseguido identificar um cortesão, um certo Antonio Telles da Silva, que lhe pareceu "muito mudado e envelhecido". No dia seguinte, D. João desembarcou. Subiu a rampa, seguido pelos altos funcionários da corte. No alto da rampa, recebeu as chaves da cidade, enquanto a multidão prorrompia em aplausos pelo retorno de seu monarca pródigo. "(...) por toda parte", declarou a descrição oficial da volta ao lar, "o povo se excedia em aclamações e vivas, disputando-se nas demonstrações do seu contentamento; parecia que a cidade se queria indenizar das lágrimas que chorou no dia 29 de novembro de 1807."[19] Por um breve instante, deve ter parecido a D. João que ele havia retornado a uma Lisboa que pouco se modificara durante sua ausência, e que de algum modo poderia retomar sem interrupções o seu reinado sobre os súditos que por tanto tempo havia abandonado. Mas logo se desiludiria dessas idéias. Em seu primeiro dia de volta a Lisboa, seus assessores de confiança, muitos dos quais eram companheiros da vida inteira — entre eles Vilanova Portugal, Joaquim José de Azevedo e seu camarista e confidente, Lobato, bem como o conde de Palmela —, foram demitidos pelas autoridades rebeldes de Lisboa e mandados para fora da cidade. No mesmo dia, D. João gaguejou seu juramento à Constituição, ao voltar, neutralizado, para o Velho Mundo e seus problemas.

QUINZE

As Conseqüências

Os piores temores de D. João viriam a se concretizar em seus últimos anos de vida. O exílio prolongado da corte havia armazenado problemas em Portugal, ecoados em toda a Europa pós-napoleônica. Uma profunda cisão entre liberais e monarquistas atravessava o país. Os próprios liberais estavam divididos — alguns viam a revolução meramente como uma forma de garantir o retorno da família real e o fim do governo nos trópicos, enquanto outros ansiavam por um rompimento mais radical com o passado. Nos primeiros meses depois da volta, D. João cooperou ou fingiu cooperar com o clima dominante, adaptando-se à vida de monarca constitucional, nomeando ministros, porém não mais desempenhando um papel ativo na política. Instalou-se no centro de Lisboa, no convento seiscentista de Bemposta, enquanto dona Carlota assistia a tudo do palácio de Queluz.

Não demorou muito para que ela tornasse a suscitar controvérsias. Em novembro de 1822, com a insatisfação crescente das facções conservadoras, enviou-se uma delegação a Queluz para fazer dona Carlota assinar a Constituição. Ela se recusou, criando sensação em todo o país — os constitucionalistas tinham sido rechaçados por uma pessoa bem no centro da monarquia. Foi um gesto astuto por parte de dona Carlota. Da noite para o dia, ela se tornou o ponto focal da futura contra-revolução. Perderia o trono e seria forçada a se exilar, por sua recusa em reconhecer a Constituição, mas, mesmo assim, continuou desafiadora. Numa carta famosa (e talvez apócrifa), escreveu a D. João sobre sua decisão:

> Senhor, recebi esta noite pelas mãos de vossos ministros um decreto para deixar o vosso reino. É por me mandar desterrada que V.M. me obriga a descer do trono a que me chamou. De todo o meu coração vos perdôo e me compadeço de V.M.; todo o meu desprezo e aversão ficarão reservados para os que vos rodeiam e que vos enganam. Na terra do desterro eu serei mais livre do que V.M. em vosso palácio. Eu levo comigo a liberdade: o meu coração não está escravizado; ele jamais se curvou diante de altivos súditos que têm ousado impor leis a V.M. e que querem forçar minha consciência a dar um juramento que ela desaprova (...) Já D. João, mais uma vez, se conformaria à nova situação, apesar de sempre declarar sua predileção pela colônia.[1]

De qualquer modo, ela evitou o que seria seu segundo exílio de Portugal. Com o aumento da pressão para que partisse, dona Carlota disse estar doente demais para viajar. Os médicos confirmaram que vinha sofrendo de uma doença pulmonar que datava do Rio, bem como de problemas renais que, nos últimos tempos, haviam trazido crises que lhe ameaçavam a vida. Sua sentença foi comutada para a perspectiva mais agradável de sua antiga residência em Ramalhão. E foi lá, em meio aos afrescos brasileiros do teto, aos bosques de frutas cítricas e às samambaias, que ela ficou meditando, à espera de novos acontecimentos.

Os anos de gastos excessivos durante o reinado de D. João tinham levado o Rio à falência. A saída de capital que acompanhou a família real em seu retorno a Lisboa acarretou a crise, e o novo regente, D. Pedro, começou a cortar as extravagâncias financeiras do pai.[2] A corte possuía mais de mil cavalos quando D. João partiu para a Europa. Todos foram vendidos, com exceção de 156. O pequeno exército de trabalhadores dos estábulos reais foi dispensado, usando-se o trabalho escravo em seu lugar. Outras extravagâncias foram ficando pelo caminho. O mundo de música sacra e de óperas construído por D. João durante sua estada foi desmantelado, e os salários inflacionados dos *castrati* italianos foram os primeiros a acabar. Neukomm os seguiu no retorno à Europa, deixando para trás um coral reduzido, dirigido por José Maurício e Marcos Portugal, com salários de fome. O golpe de misericórdia veio depois, em março de 1824, quando o teatro real pegou fogo. O Jardim Botânico também enfrentou tempos difíceis. De dia, suas plantas exóticas ficavam ao abandono, sufocadas por ervas daninhas tropicais que cresciam rapidamente. À noite, era vandalizado, e suas ervas eram arrancadas para serem usadas em cerimônias religiosas.

No plano político, D. Pedro enfrentou pressões de todos os lados. Os deputados lisboetas, decididos a cercear os poderes conquistados pelo Brasil durante a estada da corte, reclamavam sua volta à Europa, a fim de fazer uma grande viagem pela França, Inglaterra e Espanha, como preparativo para sua eventual ascensão ao trono português. No Brasil, ele se viu apanhado entre as exigências conflitantes das províncias e das tropas portuguesas lotadas no país; e no Rio persistia sua impopularidade, em decorrência do ataque ao edifício da Bolsa. Quase de imediato, ele foi obrigado a um recuo, quando uma insurreição liderada por guarnições portuguesas no Rio o deixou reduzido à condição de testa-de-ferro de um governo escolhido pelos militares. Mal decorridos seis meses da partida da família real, ele escreveu em desespero a seu pai, em Lisboa: "Imploro a Vossa Majestade, por tudo o que há de mais sagrado no mundo, que por favor me libere desta tarefa, que certamente me matará, com as cenas constantes de horror, algumas já visíveis e outras muito piores que virão, e que tenho sempre diante dos olhos."[3] D. Pedro ansiava por beijar a mão do pai, escreveu, e por tomar seu lugar "aos pés de Vossa Majestade" em Portugal.

No fim do ano, as cortes de Lisboa conseguiram alienar os deputados enviados pelas províncias brasileiras e rumavam para o restabelecimento do antigo sistema colonial. Houve grande indignação nas ruas do Rio, condensada nas palavras de José Bonifácio de Andrada e Silva, um paulista progressista que se educara na Europa, e que acabaria liderando o movimento pela independência. Seus argumentos, em essência, eram idênticos aos que tinham sido usados em Portugal contra o Brasil, apenas um ano antes. Devia o povo brasileiro, perguntou Bonifácio, "depois de se haver acostumado à apelação imediata por 12 anos, sofrer, como colonizados desprezíveis, os atrasos e a chicanice dos tribunais de Lisboa, a uma distância de 2 mil léguas de oceano (...)?"[4] A situação se invertera por completo, e a perspectiva de se curvar aos ditames de Lisboa tornara-se impensável num país que havia atingido a maioridade durante a estada da corte.

Foi nesse ponto que mudou a situação de D. Pedro no Brasil. Sua regência começou a ser vista como um baluarte contra as exigências imperiais das cortes de Lisboa. Quando, no fim de 1821, Lisboa aboliu os órgãos administrativos criados por D. João em sua chegada ao Brasil, a situação chegou ao auge. Após semanas de agitação política, uma multidão reuniu-se na praça central do Rio e uma petição com 8 mil assinaturas foi entregue a D. Pedro, pedindo que ele resistisse às pressões de Portugal e permanecesse no Brasil. Numa resposta que traçou a linha de batalha entre a colônia e a metrópole, o príncipe desafiou Lisboa: "Se é para o bem de todos e felicidade geral da nação", disse ele, em 9 de janeiro de 1822, "estou pronto. Diga ao povo que fico."[5] Dois dias depois, quando D. Pedro estava no teatro, soldados portugueses lotados no Rio tomaram as ruas de assalto, quebrando janelas à sua passagem. As 24 horas seguintes assistiram a um tenso empate na disputa entre unidades portuguesas e bandos do populacho carioca, armados de pistolas, espingardas de caça e utensílios agrícolas. D. Pedro estava tão inseguro de sua posição, que já havia mandado dona Leopoldina e seus filhos para Santa Cruz, bem como pedido ao comandante do HMS *Doris*, ancorado no porto, passagem para ele e para seus familiares, caso fossem obrigados a deixar o Rio. Mas os portugueses foram os primeiros a hesitar, recuando suas tropas para o outro lado da baía, antes de embarcarem, ameaçados por D. Pedro com o uso da força, em navios-transporte destinados à Europa.

Em meados de 1822, chegaram de Lisboa notícias perturbadoras. Dona Carlota estava fazendo sua jogada, apoiando seu filho D. Miguel numa tentativa de tomar o trono. "Tua mãe está do lado de Miguel", escreveu D. João, "e eu, que te amo, nada posso fazer contra os *carbonari* [revolucionários] que te odeiam."[6] Também havia insegurança crescente em todo o Brasil. Numa série de viagens épicas a cavalo, D. Pedro cobriu longos percursos até as províncias vizinhas — primeiro Ouro Preto, em Minas Gerais, depois São Paulo —, em busca de apoio para seu governo. E foi no caminho de volta de São Paulo, após uma visita ao porto de Santos, que se deu a cena icônica da nacionalidade brasileira. Sofrendo de um episódio de diarréia, D. Pedro fez uma parada imprevista junto a um riacho chamado Ipiranga. Ali, quando abotoava as calças, viu chegar um mensageiro que viera de São Paulo trazendo a correspondência urgente. O homem levava consigo diversas cartas — uma de dona Leopoldina, outra de José Bonifácio, e ainda notificações oficiais das cortes de Lisboa. Lidas em conjunto, elas deixaram clara a situação. Sete mil soldados estavam sendo preparados em Lisboa com destino ao Brasil; tanto dona Leopoldina, que se tornara defensora ardorosa e influente do movimento pela independência, quanto José Bonifácio diziam que era chegado um ponto sem volta. Em 7 de setembro de 1822, D. Pedro arrancou a insígnia portuguesa de seu uniforme e a jogou no chão. Desembainhando a espada, proclamou: "Independência ou morte! Estamos separados de Portugal!"

A viagem a São Paulo foi significativa para D. Pedro por outra razão. Foi lá que ele conheceu a mulher que viria a desempenhar um papel fundamental em sua vida nos anos subseqüentes: Domitila de Castro, uma encantadora morena de 24 anos. O romance foi apaixonado, e se tornou cada vez mais público com o passar do tempo. De volta ao Rio, D. Pedro instalou-a numa casa próxima ao palácio e teve dois filhos com ela, um dos quais morreu na infância. O imperador reconheceu a filha sobrevivente, concedendo-lhe o título brasileiro de "duquesa de Goiás" e insistindo em que, nas visitas ao palácio, ela fosse designada por "Sua Majestade". Dona Leopoldina sofreu em silêncio, confidenciando apenas a criados do palácio: "Posso suportar qualquer coisa, menos ver essa menina nivelada com meus filhos; e tremo de raiva ao vê-la; recebê-la é, para mim, o maior dos sacrifícios."[7] Muito tempo depois, D. Pedro chegou mesmo a levar Domitila num cruzeiro de três semanas pela costa, até Salvador. Enquanto dona Leopoldina se remoía em seu camarote particular, D. Pedro passeava pelo convés, levando a amante pelo braço e chamando-a por seu apelido afetuoso, "Titília".

No fim de 1826, D. Pedro foi ao sul inspecionar as tropas que estavam no Rio Grande do Sul, ainda engajadas na interminável batalha pela Banda Oriental. Viajou a bordo do *Pedro Primeiro*, um dos navios que, décadas antes (então chamado *Martins de Freitas*), fora usado na evacuação de Lisboa. Em seu convés redigiu duas cartas praticamente idênticas — uma para dona Leopoldina, outra para Domitila —, cada qual expressando seu amor e afeição imorredouros. Enquanto as cartas seguiam pela costa em direção ao Rio, dona Leopoldina sofreu um aborto espontâneo e, em seguida, sofreu uma série de "ataques de nervos". Seus médicos receitaram "pós medicinais, massagens, ventosas, banhos, laxantes, antiespasmódicos [e] vomitórios",[8] mas, não se sabe se do tratamento ou da doença, ela morreu em meio à manhã de 11 de dezembro dc 1826.

A perda do Brasil maculou a reputação dos liberais em Portugal. Houve uma percepção generalizada de que eles tinham lidado mal com a situação, e de que um regime absolutista não teria deixado Portugal perder sua mais rica possessão colonial. Em maio de 1823, os liberais foram afastados do poder, quando o país mergulhou no primeiro de seus muitos levantes contra-revolucionários, chefiado por D. Miguel e arquitetado nos bastidores por dona Carlota. D. João conseguiu sobreviver à revolta, conhecida como a *Vilafrancada*, colocando-se relutantemente à testa dela. Com a restauração, a ordem de exílio de dona Carlota foi revogada, e D. João decretou que sua "mui amada e estimada esposa" deveria assumir sua posição de direito como rainha de Portugal, no Palácio de Queluz. O casal real reunido foi festejado com antiquada deferência e comemorações exuberantes nas ruas, mas a situação subjacente era tensa, e a posição de D. João, ladeado por uma mulher e um filho cuja lealdade era duvidosa, estava fragilizada.

Uma segunda revolta, a *Abrilada* (abril de 1824), foi mais violenta. Novamente orquestradas por dona Carlota, as forças de D. Miguel criaram um tumulto na cidade, prendendo e executando os adversários liberais que tentavam fugir de Lisboa. Com a pressão crescente para que abdicasse em favor do filho, D. João refugiou-se no Convento de Bemposta, enquanto seus aliados políticos eram assassinados nas ruas. Foi o segundo ponto baixo do reinado de D. João, fazendo lembrar sua aflição de 17 anos antes, quando, em reuniões frenéticas com Strangford, Araújo e seus conselheiros palacianos, ele havia lutado pela sobrevivência. E dessa vez sua reação foi semelhante. Num eco longínquo do outono de 1807, D. João precipitou-se para o cais, numa carruagem sem identificação, e buscou refúgio num navio britânico, o HMS *Windsor Castle.*

De lá, solicitou um encontro com seu filho aventureiro, Miguel. Numa reviravolta totalmente inesperada, Miguel obedeceu e, uma vez a bordo, desmontou e implorou perdão ao pai. D. Miguel passou a noite confinado na popa do navio e, no dia seguinte, foi levado para o exílio na Áustria. Foi uma derrota esmagadora para dona Carlota e, dessa vez, D. João e seus ministros estavam decididos a contê-la. O resultado da rebelião deu origem ao confronto supremo entre marido e mulher, que tinham vivido meio século de ódio contido e não expresso. Numa longa carta a Fernando VII, em Madri, D. João foi atipicamente franco:

> O que mais me amargura nas presentes circunstâncias é ver que os atentados contra mim cometidos emanam das pessoas que me são unidas pelos mais estreitos vínculos, e a confiança que Vossa Majestade me merece não me permite ocultar-lhe que considero a rainha minha mulher, a irmã de V.M., como a mais culpada, e a primeira motora das intrigas e conspirações que me têm tramado. Desde o ano de 1806 tive provas convincentes dos projetos ambiciosos da rainha, e dos indignos meios que ela procurava para os promover, chegando ao ponto de querer que eu fosse declarado inábil de continuar o governo. Não lhe falarei nos múltiplos indícios de desafeição, e de traição, que subseqüentemente nela tenho reconhecido, até estes últimos tempos em que, seduzindo a incauta mocidade de meu filho, o infante D. Miguel, o induziu, segundo todas as aparências, a tentar os atos de rebelião que são bem notórios, e que à custa de maior sacrifício consegui sufocar. V.M. mesmo tem na sua mão cartas escritas pela rainha, as quais lhe foram entregues por um emissário chamado Fonseca e bem claramente demonstram o seu culpável intrometimento nos negócios do governo (...).[9]

Em seguida, ele pediu a Fernando que escrevesse a dona Carlota, sugerindo-lhe partir para o exílio voluntário na Espanha, ou talvez na França ou na Itália. Mas dona Carlota resistiu a todas as tentativas de afastá-la, novamente alegando a saúde precária — "(...) e agora presentemente estou com um ataque reumático, com grandes dores e febre, que me tirou todo o movimento da perna (...)",[10] escreveu em sua defesa. Voltando as baterias contra D. João, desafiou seus inimigos a processá-la: "Eu exijo que me julguem judicialmente, porque assim mandam as leis, e ninguém pode ser castigado sem ser ouvido e sem lhe provar o crime", e acrescentou: "e muito mais indecoroso fica a el-rei tomar uma medida tão forte contra mim, sem preceder um julgamento formal."

Dona Carlota acabou voltando a ficar no palácio rococó de Queluz, sob estreita vigilância. Policiais disfarçados de criados da corte vigiavam cada um de seus movimentos, fazendo relatórios diários sobre seus encontros e conversas. Durante algum tempo, dona Carlota desapareceu na obscuridade. Prestava cada vez menos atenção a sua aparência — tinha os cabelos desgrenhados e era possível vê-la vagando pelo palácio e seus jardins com vestidos soltos, que pareciam sacos. Embora ainda não tivesse chegado aos 50 anos, estava gravemente enferma, e sua longa luta para arrancar o poder do marido quase havia chegado ao fim.

D. João passou o resto de seus dias com um medo constante de novos atos de violência. Eles também foram consumidos em negociações que o afligiam — a resolução da questão brasileira. Portugal tinha-se recusado a reconhecer a independência do Brasil, mas, sob a pressão conjunta da Grã-Bretanha, acabou por se sentar à mesa de negociação. O acordo foi o último capítulo das relações cada vez mais surrealistas entre Portugal e seus antigos territórios coloniais. Nos termos desse documento, intermediado pelo diplomata inglês *sir* Charles Stuart, o Brasil pagaria a Portugal uma compensação pela perda de sua colônia. Redigiu-se uma lista de todos os bens e de parte das dívidas deixadas pela família real em sua partida do Rio, quatro anos antes. Nessa conta entraram a prataria, os móveis e o equipamento da Casa Real, a Biblioteca Real, metade da dívida contraída com os britânicos, navios de guerra, carregamentos, munição e os salários e pensões dos regimentos destacados no Brasil.

A soma total devida a Portugal ficou em 2 milhões de libras esterlinas, das quais 250 mil deveriam ir diretamente para D. João, pela venda da rede de propriedades que ele havia adquirido durante sua permanência no Rio. Foi um tratado marcado pela ironia. Um último carregamento do tesouro atravessaria o Atlântico, do Brasil para Portugal — o pagamento de uma conta pelas despesas da corte durante seu prolongado exílio no Rio.

As negociações também lidaram com a questão espinhosa do trono português, agora dividido entre o Velho e o Novo Mundo. Na assinatura do tratado, a separação se tornaria oficial, com um ramo dos Bragança instalando-se permanentemente nas Américas. D. João reservou-se o direito ao título de "Imperador do Brasil", mas entregou os poderes que ele implicava a seu filho, D. Pedro, ficando a sucessão com seus descendentes. Cercado por repúblicas revolucionárias instáveis, o Brasil progrediria durante grande parte do século XIX com um sistema semelhante ao da Grã-Bretanha — uma monarquia repleta de aristocratas com títulos de nobreza e um sistema parlamentarista de governo. O país se manteria unido graças ao longo reinado do filho de D. Pedro, D. Pedro II, uma figura que, como a rainha Vitória na Grã-Bretanha, passou a encarnar as aspirações do Brasil no século XIX.

Num dia gélido de novembro, D. João assinou o tratado, em seu gabinete no complexo arquitetônico do convento de Mafra. A essa altura, parecia ter mais do que seus 59 anos. Muito mais pesado do que em seus tempos de Brasil, seus problemas na perna ainda o atormentavam, e ele andava com grande dificuldade. Deixara crescer uma barba grisalha e desgrenhada, que, ao lado de suas roupas maltrapilhas, dava-lhe um ar de vagabundo. D. João sofreu com o reconhecimento da independência do Brasil. A declaração de seu filho fora seguida por uma operação de enxugamento, com o resto das forças portuguesas sendo rechaçado das águas brasileiras por uma pequena frota chefiada por um mercenário britânico, lorde Cochrane. Num desses episódios, os portugueses foram perseguidos durante toda a travessia do Atlântico até a própria foz do Tejo, onde quatro navios foram incendiados — um fim humilhante para três séculos de dominação colonial. Os sonhos imperiais que haviam impulsionado as primeiras etapas da transferência — a idéia de um duplo reino transatlântico — estavam terminados.

Em 4 de março de 1826, quatro meses depois de assinar a perda do Brasil, D. João saiu de sua segunda residência, o Convento de Bemposta, no centro de Lisboa, para um passeio de carruagem. Pretendia assistir a uma procissão religiosa, mas parou no caminho para uma refeição. Comeu seu prato favorito — uma galinha assada na manteiga, seguida por um pedaço de queijo e algumas laranjas. Quatro horas depois, vomitou o que seria sua última refeição completa. Ao voltar para o convento, teve convulsões e desmaiou. Assistido por seus médicos, sofreu uma deterioração do estado de saúde durante a semana seguinte. Perguntou-se a dona Carlota se ela queria visitar o marido, mas ela se declarou muito mal para viajar, embora estivesse a poucos quilômetros de distância, em Queluz. No fim dessa semana, o rei morreu.

D. João foi um dos poucos monarcas europeus a reinar continuamente durante a era napoleônica — "o único a me tapear em todos os tempos",[11] nas palavras do próprio Napoleão, escritas durante seus anos de exílio em Santa Helena. Em retrospectiva, a aventura brasileira foi um sucesso — da noite para o dia, os órgãos de um Estado em funcionamento foram implantados na colônia, tornando relativamente fácil a progressão para a independência. Isso se tornou um processo gradativo, desde a abertura dos portos, em 1808, até a conquista do *status* de reino unido a Portugal, em 1815, a partida da família real, em 1821, e o "grito do Ipiranga" de D. Pedro, em 1822. O Brasil foi predominantemente poupado da violência que acompanhou a independência de seus vizinhos, e se manteve unido como a única nação gigantesca que sobrevive até hoje.

O legado mais imediato do governo de D. João foi uma crise constitucional. Com D. Pedro como imperador do Brasil, seu irmão, D. Miguel, exilado na Áustria, e a mãe de ambos, dona Carlota, ainda sedenta de poder, quem sucederia o monarca quando de sua morte? Evitando o conflito até o fim, D. João se esquivara de todo esse assunto. Enquanto agonizava, nomeou sua filha Maria Teresa como regente temporária, com o vago acréscimo de que a sucessão passaria para "D. Pedro ou um de seus descendentes". D. Pedro tentou dissipar as ambigüidades, assumindo o trono português e, em seguida, abdicando em favor de sua filha de 7 anos, Maria da Glória, a qual prometeu em casamento a D. Miguel. Mas, quando Maria da Glória chegou à Europa para subir ao trono, outra contra-revolução — uma cópia carbono da anterior — estava em andamento. Com o apoio de dona Carlota, D. Miguel tinha voltado do exílio e se declarado monarca absoluto. Ao saber dessa reviravolta inquietante dos acontecimentos, D. Pedro tachou o irmão de traidor e chamou a filha de volta ao Brasil.

E, com a nova crise, um personagem que desempenhara um papel vital durante os primeiros anos de exílio da corte voltou para mais uma salva de palmas. Lorde Strangford foi enviado ao Rio para negociar com D. Pedro a volta de Maria da Glória. Nos anos de intervalo, ele servira como diplomata na Suécia e na Rússia, e foi visto pelo primeiro-ministro, o duque de Wellington, como a escolha perfeita. Era uma missão delicada — "Não é simples a sua tarefa, mas é de suma importância", escreveu na época seu colega *sir* Charles Bagot. "Quanto a estar de volta no Natal, não sonhe com isso. Sua ceia de Natal, com macacos cozidos e abacaxis, será servida no Rio, mas o senhor poderá estar de volta no próximo verão (...)."[12] Como não é de surpreender, Strangford continuava impopular no Rio, e suas tentativas de influenciar D. Pedro, juntamente com as do embaixador austríaco, barão von Marschall, depararam com alguns comentários tipicamente francos do imperador: "Os dois filhos de uma cadela acharam que iam me deixar limpo", teria dito D. Pedro, "mas eu os mandei às favas."[13] Após vários meses desagradáveis no Rio, Strangford partiu para Londres, sem ter feito nenhum progresso.

Dona Carlota não teve muito tempo para desfrutar o sucesso de seu filho favorito. Morreu sozinha em sua cama em Queluz, dois anos depois de D. Miguel se apossar do trono. Seu último ato foi a assinatura de um testamento em que ela se lembrou dos criados do palácio que a tinham servido ao longo dos anos. Seu legado — uma família e um país em guerra — prosseguiu numa coda adequada: em 1831, D. Pedro voltou a Portugal para liderar os liberais numa batalha para expulsar os absolutistas miguelistas. A guerra campeou durante anos, enquanto Portugal se dilacerava mais uma vez. A vitória final de D. Pedro só fez estabilizar temporariamente um país que, por décadas afora, continuou a sentir os efeitos de seu abandono de 13 anos.

Epílogo

O Rio continuou a se expandir durante o século XIX, mas sua infra-estrutura recebeu apenas pequenas melhorias.[1] O Campo de Santana, localizado na região central, foi reformado como um Bois de Boulogne em miniatura, com grutas, chafarizes e bosques; escavou-se um túnel nas montanhas de granito ao sul do centro da cidade, abrindo ao desenvolvimento os bairros residenciais de Copacabana e Ipanema. O Jardim Botânico foi resgatado e reformado, ganhando, entre outras características, uma imponente avenida de palmeiras. Passeios e jardins paisagísticos introduziram a *belle époque* do Rio.

No começo do século XX, as mudanças topográficas sutis iniciadas na era de D. João — os aterros, a drenagem de áreas alagadiças, o aplanamento de pequenos morros — ampliaram-se em gigantescos exercícios de deslocamento de terras. Montanhas altas foram removidas, aplainando o centro do Rio; uma área cada vez maior da baía foi aterrada, e uma rede de túneis foi escavada nos cercos montanhosos da cidade. Operários destruíram bairros inteiros, para dar lugar a uma série de avenidas que cortaram o centro da capital. A avenida Central (atual avenida Rio Branco) deu a esta um ar parisiense. Monumental, mas elegante, a avenida de 30 metros de largura foi ladeada pelas instituições culturais da época — o Teatro Municipal, a Biblioteca Nacional e o Museu de Belas-artes — e emoldurada, a distância, por outro tipo de monumento: o perfil do Pão de Açúcar. Longe do centro, a avenida Atlântica estendeu-se ao longo da praia de Copacabana, criando uma vitrine de paisagens escondidas durante muito tempo atrás de muralhas de pedra e florestas. Na década de 1920, a cidade já desfrutava da merecida reputação de ser um dos locais mais aprazíveis do mundo.

A reurbanização da cidade esvaziou o centro de seus residentes tradicionais — os vendedores ambulantes afro-brasileiros e os pequenos comerciantes que, na época de D. João, dividiam as ruelas estreitas do velho Rio com nobres, príncipes e ministros portugueses. O entulho criado pelo projeto de demolição acabou virando material para a graciosa avenida Beira-Mar, ao longo das praias do Flamengo e de Botafogo. Ali, os burgueses cariocas passavam as tardes passeando sobre as pedras de cantaria reconstituídas que um dia haviam abrigado os pobres da cidade.

A devastação do desenvolvimento do século XX enterrou essa elegância momentânea sob um quarteirão após outro de prédios de escritórios e apartamentos construídos às pressas. Houve inversões demográficas nas encostas circundantes. Antes localização ventilada das mansões e quintas tão amadas por dona Carlota, elas se tornaram refúgios dos despossuídos: os escravos libertados para a miséria, depois da abolição, e os pobres expulsos do centro da cidade. Cresceram os aglomerados de moradias em encostas íngremes, nos morros baixos e nas montanhas, numa colcha de retalhos feita de vielas de terra batida e barracos improvisados. Eram as favelas, as sentinelas miseráveis do novo Rio. Aos poucos, elas viriam a cercar os bairros abastados, encurralando a elite que as criou.

Passaram-se quase dois séculos desde que, de modo muito inesperado, o Rio serviu de anfitrião para milhares de cortesãos que atravessaram o Atlântico aos borbotões, em direção ao Brasil. Em meio aos arranha-céus e às raquíticas moradias de tijolo vermelho das favelas, restam alguns vestígios daquele período — o Paço Imperial, que até a década de 1970 abrigava uma anônima agência dos correios, foi restaurado e é hoje um elegante centro artístico, com uma livraria e um café com cadeiras de vime. O palácio de São Cristóvão não se saiu tão bem: seus aposentos e corredores meio dilapidados abrigam hoje um museu de história natural no estilo da década de 1950, com esqueletos escurecidos de dinossauros e fileiras de espécimes sob lâminas de vidro embaçadas.

No pátio há uma série de estátuas clássicas sem cabeça; do lado de fora, os restos de vegetação rasteira do que um dia foi um jardim formalmente planejado.

Talvez a lembrança mais vívida da longa temporada da corte nos trópicos encontre-se nas estantes da Biblioteca Nacional — a encarnação moderna da Biblioteca Real, que foi despachada de Lisboa durante as Guerras Peninsulares. O clima fez estragos precoces na coleção: ao abrir um caixote infestado de cupins, Marrocos descreveu seu conteúdo como "achando-se por isso em pó imensas tapeçarias".[2] Mas os livros que sobreviveram ainda podem ser encontrados na cidade até hoje. Continuam a compor uma coleção magnífica, que inclui uma raríssima Bíblia de Moguncia em dois volumes, datada de 1462, produzida em Mainz por aprendizes de Gutenberg, ao lado de outros tesouros de toda a Europa, os quais, muito depois da partida da família real, acabaram permanentemente insulados no Brasil.

A *palma mater* de D. João, plantada com grande cerimônia quando a corte ainda tentava tomar pé no Rio, continuou viva, como um monumento a sua época na cidade. Sobreviveu durante todo o século XIX e boa parte do século XX, enquanto a região antes rural do Jardim Botânico era tragada pelos projetos urbanos. É bem possível que a palmeira tivesse vivido ainda mais, se não tivesse sido atingida por um raio no início da década de 1970. Ela permaneceu de pé, mas murchou e morreu. Parte de seu tronco foi salva para exibição, como um obscuro vínculo com um Rio de Janeiro que foi praticamente apagado pela modernidade, mas continua guardado na imaginação dos cariocas.

Notas

Prefácio

1 Sobre a construção de Mafra, ver António Filipe Pimentel, *Arquitectura e poder: o Real Edifício de Mafra*, Coimbra: Universidade de Coimbra, 1992, *passim*.
2 Sobre a corrida do ouro no Brasil, ver Charles Ralph Boxer, *The Golden Age of Brazil: Growing Pains of a Colonial Society, 1695-1750*, Manchester: Carcanet, 1995, pp. 30-83.
3 Para uma discussão sobre a realeza, o império e a história da viagem real, ver David Cannadine, *Ornamentalism: How the British saw their Empire*, Londres: Penguin, 2001, pp. 21-23, 114-120.

Capítulo Um: Êxodo

1 Sobre a vida de lorde Strangford, ver Rose Macaulay, *They Went to Portugal*, Harmondsworth: Penguin, 1985, pp. 359-378; Edward Barrington de Fonblanque, *The Lives of Lord Strangford*, Londres: Cassell Petter & Galpin, 1877, pp. 107-203.
2 Henry Peter Brougham, *The Life and Times of Henry Lord Brougham*, 3 vols., Edimburgo e Londres: William Blackwood and Sons, 1871, vol. 1, pp. 368-369.
3 Brougham, *Life*, op. cit., vol. I, pp. 368-369.
4 Macaulay, *Portugal*, *op. cit.*, p. 367.
5 Robert Blakeney, *A Boy in the Peninsular War*, Londres: Greenhill Books, 1989, p. 12.
6 Também conhecidas pelos espanhóis e portugueses como Guerra da Independência.
7 De Pedro Gomes para seu sogro, conde de Cunha, 2 de novembro de 1807, *in* Ângelo Pereira, *D. João VI, Príncipe e Rei*, 4 vols., Lisboa: Imprensa Nacional da Publicidade, 1953, vol. I, p. 171.

8 Para um resumo detalhado das manobras políticas da corte nos meses que antecederam a invasão francesa, ver Alan K. Manchester, "The Transfer of the Court to Brazil", *in* Henry H. Keith e S. F. Edwards (orgs.), *Conflict and Continuity in Brazilian Society*, Columbia: University of South Carolina Press, 1969, pp. 148-153.

9 Marcus Cheke, *Carlota Joaquina: Queen of Portugal*, Londres: Sidgwick and Jackson Limited, 1947, p. 16.

10 Laure Junot Abrantès, *Memoirs of the Duchess D'Abrantès*, 8 vols., Londres: Henry Colburn and Richard Bentley, 1831, vol. 4, p. 99.

11 De Strangford para Canning, Lisboa, 8 de setembro de 1807, Foreign Office (FO) [Ministério das Relações Exteriores] 63, códice 55, nº 55.

12 De Strangford para Canning, Lisboa, 8 de setembro de 1807, FO 63, códice 55, nº 55.

13 A versão de Strangford sobre a reunião de Mafra e suas conseqüências pode ser encontrada em Strangford para Canning, Lisboa, 26 de setembro de 1807, FO 63, códice 55, nº 63.

14 De Strangford para Canning, Lisboa, 14 de outubro de 1807, FO 63, códice 55, nº 71.

15 Jean-Baptiste Antoine Marcellin de Marbot, *The Memoirs of Baron de Marbot*, 2 vols., Londres: Longmans, Green & Co., 1988, vol. 1, p. 295.

16 Macaulay, *Portugal*, op. cit., p. 359.

17 Pereira, *Príncipe e Rei, op. cit.,* vol. 1, p. 181.

18 Ver Manchester, "The Transfer of the Court to Brazil", op. cit., p. 153.

19 Ângelo Pereira, *Os Filhos d'El-Rei D. João VI*, Lisboa: Imprensa Nacional da Publicidade, 1946, p. 123.

20 Sobre as muitas versões diferentes do embarque de D. João, ver Lilia Moritz Schwarcz, *A Longa Viagem da Biblioteca dos Reis: do terremoto de Lisboa à independência do Brasil*, São Paulo: Companhia das Letras, 2002, p. 215.

21 Tobias Monteiro, *História do Império: a elaboração da Independência*, Rio de Janeiro: Briguiet, 1927, p. 59.

22 Octávio Tarquínio de Souza, *História dos Fundadores do Império do Brasil*, 10 vols., Rio de Janeiro: José Olympio, 1972, vol. 2, p. 30.

23 Schwarcz, *Biblioteca*, op. cit., p. 213.

24 Manuel de Oliveira Lima, *Dom João VI no Brasil*, Rio de Janeiro: Topbooks, 1996, p. 53.

25 Marquês de Fronteira e d'Alorna, *Memórias do Marquês de Fronteira e d'Alorna*, 6 vols., Coimbra: Imprensa da Universidade, 1932, vol. 1, p. 31.

26 De Strangford para Canning, HMS *Hibernia*, 30 de novembro-2 de dezembro de 1807, FO 63, códice 56, nº 103.

27 Macaulay, *Portugal, op. cit.*, p. 372.

28 Fronteira e d'Alorna, *Memórias, op. cit.*, vol. I, p. 32.

Capítulo Dois: A Travessia

1 Tradicionalmente, as estimativas variam de 8 mil a 15 mil pessoas (ver Manchester, "The Transfer of the Court to Brazil", pp. 176-177, nota 28), embora pesquisas recentes afirmem que o número pode ter sido muito menor (ver "Civilizados e radicais no século", Rio de Janeiro: *Jornal do Brasil*, caderno *Idéias*, 9 de dezembro de 2000).
2 Souza, *História, op. cit.*, vol. 2, p. 38.
3 Charles J. Esdaile, *The Peninsular War: a new history*, Londres: Allen Lane, 2002, p. 27.
4 Para descrições da viagem ao Brasil, ver Kenneth Light, *The Migration of the Royal Family of Portugal to Brazil in 1807/1808*, Rio de Janeiro, 1995; Antônio Marques Esparteiro *et al.*, "Transmigração da família real para o Brasil", *in História Naval Brasileira*, 2 vols., Rio de Janeiro: Ministério da Marinha, 1979, vol. 2, pp. 323-368; Thomas O'Neill, *A concise and accurate Account of the Proceedings of the Squadron under the command of Rear Admiral Sir W. S. Smith, in effecting the escape and escorting the Royal Family of Portugal to the Brazils* (...), Londres, 1807.
5 Light, *Migration, op. cit.*, Reports and Letters (i).
6 Pereira, *Príncipe e Rei, op. cit.*, vol. I, p. 184.
7 Kenneth Light, "A Viagem da Família Real para o Brasil, 1807-1808", *in D. João VI: um rei aclamado na América*, Rio de Janeiro: Museu Histórico Nacional, 2000, p. 111.
8 A. J. de Mello Moraes, *História da Transladação da Corte Portugueza para o Brasil em 1807-1808*, Rio de Janeiro, 1872, p. 63.
9 Sobre a composição da esquadra, ver Manchester, "The Transfer of the Court to Brazil", *op. cit.*, p. 158; Schwarcz, *Biblioteca, op. cit.*, p. 216.
10 John Barrow, *The Life and Correspondence of Admiral Sir William Sidney Smith*, 2 vols., Londres: Richard Bentley, 1848, vol. 2, pp. 264, 269.
11 Monteiro, *História do império, op. cit.*, p. 59.
12 De Strangford para Canning, HMS *Hibernia*, 30 de novembro-2 de dezembro de 1807, FO 63, códice 56, nº 103.
13 Schwarcz, *Biblioteca, op. cit.*, p. 213.
14 Monteiro, *História do Império, op. cit.*, p. 59.
15 Ver Luiz Edmundo, *A Corte de Dom João no Rio de Janeiro (1808-21)*, 3 vols., Rio de Janeiro: Imprensa Nacional, 1939, vol. 1, p. 66.
16 O'Neill, *Proceedings, op. cit.*, pp. 60-61. A descrição de O'Neill é vívida, mas não é fidedigna em alguns pontos. Por exemplo, ele inclui um encontro imaginário entre Junot e D. João antes de a frota portuguesa fazer-se ao mar. O excerto aqui citado, entretanto, é a transcrição que O'Neill fez de uma carta que recebeu no Rio de um oficial português.
17 Eles realmente tiveram sorte. Os transportes de soldados britânicos da época admitiam em média uma morte em cada trinta pessoas nas viagens longas, embora esse índice pudesse ser muito mais alto. Ver Robert Hughes, *The Fatal Shore*, Londres: Pan Books, 1987, p. 144.

18 Pereira, *Os Filhos...*, *op. cit.*, pp. 114-115.
19 Valentim Alexandre, *Os Sentidos do Império: Questão Nacional e Questão Colonial na Crise do Antigo Regime*, Porto: Edições Afrontamento, 1993, p. 173.
20 Ver Terry Coleman, *Nelson*, Londres: Bloomsbury, 2002, pp. 182-185.
21 Há um grande debate a respeito de Cabral ter ou não sabido da existência do Brasil antes de zarpar. Embora não seja inconcebível que ele fizesse alguma idéia da possibilidade de haver uma massa terrestre mais ou menos na região do Brasil, não há indicação de que a frota cabralina houvesse planejado visitar esse território maldefinido a caminho do Oriente.
22 Eduardo Bueno, *A Viagem do Descobrimento: A verdadeira história da expedição de Cabral*, Rio de Janeiro: Objetiva, 1998, p. 46.
23 C. D. Ley (org.), *Portuguese Voyages 1498-1663: Tales from the Great Age of Discovery*, Londres: Phoenix Press, 2000, p. 42.
24 H. B. Johnson, "Portuguese settlement, 1500-1580", *in* Leslie Bethell (org.), *Colonial Brazil*, Cambridge: Cambridge University Press, 1987, p. 6.
25 Pode-se encontrar uma tradução inglesa da carta de Caminha em Ley, *Voyages*, pp. 41-59; sobre o texto original em português e uma discussão da carta, ver Henrique Campos Simões, *As Cartas do Brasil*, Ilhéus: Editora do UESC, 1999, *passim*.
26 A Carta, de Pero Vaz de Caminha, Edição de base: *Carta a El Rei D. Manuel*, São Paulo: Dominus, 1963.
27 Simões, *As Cartas*, p. 39.
28 Mello Moraes, *Transladação*, p. 67.
29 H. V. Livermore, *A History of Portugal*, Cambridge: Cambridge University Press, 1947, p. 397.
30 Schwarcz, *Biblioteca*, p. 223.
31 De Brougham para o conde Grey Albany, 31 de dezembro de 1807, *in* Brougham, *Life*, vol. I, p. 395.
32 William Napier, "A reply to Lord Strangford's 'Observations'", *History of the War in the Peninsula*, 4 vols., Londres, 1848, vol. I, p. xxii.
33 De Brougham para o conde Grey Albany, 31 de dezembro de 1807, *in* Brougham, *Life*, vol. I, p. 396.

Capítulo Três: A Corte de Lisboa

1 Sara Marques Pereira, *D. Carlota Joaquina e os "Espelhos de Clio": actuação política e figurações historiográficas*, Lisboa: Livros Horizonte, 1999, p. 29.
2 Marques Pereira, *Espelhos*, p. 30.
3 Pereira, *Príncipe e Rei*, vol. I, pp. 47-48.
4 *Idem*, vol. I, pp. 47-48.
5 William Beckford, *Recollections of an excursion to the monasteries of Alcobaça and Batalha*, Fontwell: Centaur Press Ltd, 1972, pp. 202-209.
6 Abrantès, *Memoirs*, vol. 4, p. 230.
7 Idem, vol. 4, p. 234.

8 Beckford, *Recollections*, p. 197.
9 *Idem*, p. 215.
10 *Ibid.*, pp. 213-214. Essa citação parece meio boa demais para ser verdadeira, antecipando, ainda que de forma oblíqua, a fuga da corte para o Brasil, e talvez seja mais um exemplo da memória de Beckford a lhe pregar peças.
11 *Ibid.*, p. 215.
12 Ida Macalpine e Richard Hunter, *George III and the Mad-Business*, Londres: Pimlico, 1991, p. 96.
13 Olga S. Opfell, *Queens, Empresses, Grand Duchesses and Regents: Women Rulers of Europe, A.D. 1328-1989*, Jefferson: McFarland, 1989, p. 175.
14 Edmundo, *A Corte*, vol. I, p. 151.
15 F. Winslow, *Physic and Physicians*, 2 vols., Londres, 1839, vol. 2, p. 175.
16 Macalpine e Hunter, *Mad-Business*, pp. 104-106. Sobre o declínio mental de Maria I, ver Caetano Beirão, *D. Maria I, 1777-1792*, Lisboa: Imprensa Nacional de Publicidade, 1944, pp. 399-420.
17 Macalpine e Hunter, *Mad-Business*, pp. 104-106.
18 Para descrições de D. João, ver Pereira, *Príncipe e Rei*, vol. I, *passim*; A. J. de Mello Moraes, *Chronica Geral do Brasil*, 2 vols., Rio de Janeiro, 1886, vol. 2, pp. 154-158.
19 Marques Pereira, *Espelhos*, p. 53.
20 Ver Monteiro, *História do império*, p. 85, nota 2.
21 Edmundo, *A Corte*, vol. I, p. 239.
22 Francisca L. Nogueira de Azevedo, *Carlota Joaquina na Corte do Brasil*, Rio de Janeiro: Civilização Brasileira, 2003, p. 37.
23 De dona Carlota para Carlos IV, Queluz, 13 de agosto de 1806, ver Marques Pereira, *Espelhos*, p. 65.
24 Monteiro, *História do Império*, vol. I, p. 90, nota 13.
25 Sobre Palmela, ver Cheke, *Carlota Joaquina*, pp. 69-75. D. Pedro de Sousa e Holstein tornou-se, sucessivamente, conde, marquês e duque de Palmela (às vezes grafado Palmella). A bem da clareza e da coerência, seguindo o uso comum na bibliografia, referi-me a ele em todo o texto simplesmente como "Palmela" — inclusive neste ponto, onde seu título é anacrônico.
26 Cheke, *Carlota Joaquina*, pp. 70-73.
27 Ver o depoimento de Palmela em Edmundo, *A Corte*, vol. 2, pp. 612-613.
28 Cheke, *Carlota Joaquina*, p. 19.
29 Azevedo, *Carlota Joaquina*, p. 25.
30 Pereira, *Príncipe e Rei*, vol. I, p. 183.

Capítulo Quatro: "Imperador do Ocidente"

1 Paul Johnson, *Napoleon*, Londres: Weidenfeld & Nicolson, 2002, p. 68.
2 Para descrições das explorações marítimas portuguesas no século XV, ver Peter Russell, *Prince Henry 'the Navigator', A Life*, New Haven: Yale University Press, 2000, *passim*; C. R. Boxer, *The Portuguese Seaborne Empire, 1415-1825*,

Manchester: Carcanet, 1991, pp. 15-38; Malyn Newitt (org.), *The First Portuguese Colonial Empire*, Exeter: University of Exeter, 1986, pp. 1-35.

3 As descrições do funcionamento dos engenhos de açúcar e seu aspecto industrial moderno foram extraídas de Stewart B. Schwartz, "Plantations and Peripheries, *c.* 1580-*c.* 1750", *in* Bethell (org.), *Colonial Brazil*, pp. 67-81.

4 John Correia-Afonso (org.), *Intrepid itinerant: Manuel Godinho and his journey from India to Portugal in 1663*, Oxford: Oxford University Press, 1990, p. 26.

5 Para detalhes biográficos sobre Antônio Vieira, ver C. R. Boxer, *The Dutch in Brazil, 1624-1654*, Oxford: Clarendon Press, 1957, pp. 271-273; Thomas Cohen, *The Fire of Tongues: António Vieira and the Missionary Church in Brazil and Portugal*, Stanford: Stanford University Press, 1998, *passim*.

6 Kirsten Schultz, *Tropical Versailles: Empire, Monarchy, and the Portuguese Royal Court in Rio de Janeiro, 1808-1821*, Nova York: Routledge, 2001, p.16.

7 Schwarcz, *Biblioteca*, p. 194.

8 Sobre a corrida do ouro no Brasil, ver A. J. R. Russell-Wood, "The gold cycle, *c.* 1690-1750", *in* Bethell (org.), *Colonial Brazil*, pp. 190-243; Boxer, *Golden Age*, pp. 30-83.

9 Boxer, *Golden Age*, p. 47.

10 *Idem*, p. 41.

11 D. Luís da Cunha, *Instruções Inéditas de D. Luís da Cunha e Marco António de Azevedo Coutinho*, Coimbra: Coimbra University Press, 1929, pp. 211-212.

12 *Idem*, pp. 211-212.

13 Sobre o Tratado de Madri (1750), ver Boxer, *Golden Age*, pp. 293-297.

14 Ver Norbertino Domingos Bahiense, *Martins e a Revolução Pernambucana de 1817*, Espírito Santo: Instituto Histórico e Geográfico do Espírito Santo, 1974, pp. 42-43.

15 Sobre Pombal, ver Kenneth Maxwell, *Pombal, Paradox of the Enlightenment*, Cambridge: Cambridge University Press, 1995.

16 Luiz Norton, *A Corte de Portugal no Brasil*, São Paulo: Companhia Editora Nacional, 1979, p. 5.

17 John Hemming, *Red Gold: the conquest of the Brazilian Indians*, Londres: Papermac, 1995, p. 496.

18 Kenneth Maxwell, "The Generation of the 1790s and the Idea of Luso-Brazilian Empire", *in* Dauril Alden (org.), *Colonial Roots of Modern Brazil*, Berkeley: University of California Press, 1973, p. 137.

19 Schwarcz, *Biblioteca*, p. 195.

20 Pereira, *Príncipe e Rei*, vol. I, p. 131-132.

21 Macaulay, *Portugal*, p. 365.

22 Anônimo, *Plano sabio, profferido no Parlamento de Inglaterra pelo ministro de estado Mr. Pitt, sobre a continuação da guerra com a França, e trasladação do throno de Portugal para o novo império do Brasil. Com Licença da Meza do Desembargo do Paço*, Lisboa, 1808, p. 12.

23 Ver Maxwell, "The Generation of the 1790s and the Idea of Luso-Brazilian Empire", *passim*.

24 Paulo Bonavides e Roberto Amaral, *Textos Políticos da História do Brasil*, 9 vols., Brasília: Senado Federal, Subsecretaria de Edições Técnicas, 1996, vol. I, p. 161.
25 Schultz, *Tropical Versailles*, p. 49.
26 Maxwell, "The Generation of the 1790s and the Idea of Luso-Brazilian Empire", p. 119.

Capítulo Cinco: "Um Novo Mundo"

1 Schwarcz, *Biblioteca*, pp. 234-238.
2 Luiz Gonçalves dos Santos, *Memórias para servir à História do Reino do Brasil*, 2 vols., Rio de Janeiro: Livraria Editora Zélio Valverde, 1943, vol. I, p. 208.
3 Schultz, *Tropical Versailles*, p. 39.
4 Sobre as diversas versões do comportamento de dona Carlota na chegada, ver Monteiro, *História do Império*, p. 74.
5 Pereira, *Os Filhos* (...), pp. 139-141.
6 Santos, *Memórias*, vol. I, p. 263.
7 Infelizmente, os registros da reação brasileira à chegada e à permanência da corte portuguesa são escassos. O longo livro de memórias de Santos é um relato passo a passo de eventos, festejos, nomeações etc., mas é extremamente bajulador e contém poucos comentários pessoais, em contraste com as memórias de John Luccock, *Notes on Rio de Janeiro, and the southern parts of Brazil taken during a residence of ten years in that country, from 1808 to 1818*, Londres, 1820, e as cartas sinceras enviadas para casa pelo arquivista português Luiz Joaquim dos Santos Marrocos (ver Capítulo 8).
8 Paul W. Schroeder, *The Transformation of European Politics 1763-1848*, Oxford: Oxford University Press, 1994, pp. 435-438.
9 Luccock, *Notes*, pp. 96-97.
10 Luccock, *Notes*, p. 79.
11 Jean Marcel Carvalho França (org.), *Visões do Rio de Janeiro Colonial: antologia de textos, 1531-1800*, Rio de Janeiro: José Olympio, 1999, p. 189.
12 Luccock, *Notes*, p. 39.
13 Lilia Moritz Schwarcz, *As Barbas do Imperador: D. Pedro II, um monarca nos trópicos*, São Paulo: Companhia das Letras, 1998, p. 584, nota 6.
14 Luccock, *Notes*, p. 100.
15 Para um resumo da instalação da burocracia no Rio, ver Manchester, "The Transfer of the Court to Brazil", pp. 168-173.
16 Manchester, "The Transfer of the Court to Brazil", p. 168.
17 Para descrições da vida pública da família real no Rio, ver A. J. de Mello Moraes, *Chronica*, vol. 2, pp. 142-158; e Edmundo, *A Corte*, vol. 3, *passim*.
18 Carlos H. Oberacker Jr., *A Imperatriz Leopoldina*, Rio de Janeiro: Conselho Federal de Cultura, 1973, p. 168.
19 Sobre a história do Jardim Botânico, ver João Barbosa Rodrigues, *Hortus Fluminensis*, Rio de Janeiro, 1894, *passim*; Anyda Marchant, "Dom João's

Botanical Garden", *The Hispanic American Historical Review*, vol. 41, nº 2, maio de 1961, pp. 259-274.

20 Luiz Joaquim dos Santos Marrocos, "Cartas de Luiz Joaquim dos Santos Marrocos", Rio de Janeiro: *Anais da Biblioteca Nacional do Rio de Janeiro*, vol. 56, 1934, pp. 22-23.

Capítulo Seis: Os Anos de Guerra

1 Pereira, *Príncipe e Rei*, vol. 3, pp. 61-63.

2 *Idem*, vol. 3, pp. 61-63.

3 De Canning para Strangford, Londres, 17 de abril de 1808, FO 63, códice 59, nº 1.

4 De Strangford para Canning, Rio de Janeiro, 24 de julho de 1808, FO 63, códice 60, nº 1.

5 Pereira, *Príncipe e Rei*, vol. 3, p. 64.

6 Alan K. Manchester, *British Preeminence in Brazil: Its Rise and Decline*, Chapel Hill: University of North Carolina Press, 1933, p. 114.

7 Sobre as disputas concernentes à Banda Oriental, ver Manchester, *Preeminence*, pp. 109-112.

8 Azevedo, *Carlota Joaquina*, p. 25.

9 Pereira, *Príncipe e Rei*, vol. 3, pp. 67-74.

10 Esdaile, *The Peninsular War...*, p. 92.

11 Gordon Kent Thomas, *Wordsworth's Dirge and Promise: Napoleon, Wellington and the Convention of Cintra*, Lincoln: University of Nebraska Press, 1971, pp. 23-25.

12 Alexandre, *Os Sentidos do Império...*, p. 187.

13 Michael Glover, *The Peninsular War 1807-1814: A concise military history*, Londres: Penguin Books, 2001, p. 82.

14 Esdaile, *The Peninsular War...*, p. 194.

15 Pereira, *Os Filhos...*, p. 151.

16 Marques Pereira, *Espelhos*, p. 93.

17 Ver cartas em Marques Pereira, *Espelhos, passim*; Pereira, *Os filhos..., passim*; Pereira, *Príncipe e Rei, passim.*

18 De Strangford para Canning, Rio de Janeiro, 9 de outubro de 1808, FO 63, códice 60, nº 20.

19 Manchester, *Preeminence*, p. 123.

20 Tom Pocock, *A Thirst For Glory: the Life of Sir Sidney Smith*, Londres: Aurum Press, 1996, p. 210.

21 Azevedo, *Carlota Joaquina*, p. 132.

22 A. H. Norris e R. W. Bremmer, *The Lines of Torres Vedras*, Lisboa: The British Historical Society of Portugal, 1980, p. 16.

23 Glover, *The Peninsular War...*, p. 139.

24 Richard Wellesley, *Letter Books*, 14 vols., vols. 9-10, *Despatches of Lord Wellesley to Percy Clinton Sydney Smythe*, Ms. 49987-8, British Library, 1810-1812, de Wellesley para Strangford, 29 de outubro de 1810, Ms. 49987, nº 19.

25 Mello Moraes, *Chronica*, vol. 2, p. 133.
26 Schwarcz, *Biblioteca*, p. 266.
27 Sobre o marquês de Loulé, ver Oliveira Lima, *Dom João*, pp. 588-589; Schultz, *Tropical Versailles*, pp. 158-159.
28 Schultz, *Tropical Versailles*, p. 159. A essa altura (1817), dona Maria I tinha falecido e D. João era rei (ver Capítulo 9).
29 Luccock, *Notes*, p. 253.
30 Santos, *Memórias*, vol. I, p. 337.

Capítulo Sete: Uma Invasão Britânica

1 Neill Macaulay, *Dom Pedro: the struggle for liberty in Brazil and Portugal*, Durham: Duke University Press, 1986, p. 42.
2 Oliveira Lima, *Dom João*, p. 181.
3 Oliveira Lima, *Dom João*, p. 187.
4 Ver Mello Moraes, *Chronica*, vol. 2, pp. 154-158; Macaulay, *Dom Pedro*, p. 48; Schwarcz, *Biblioteca*, p. 290.
5 Pereira, *Príncipe e Rei*, vol. 3, p. 75.
6 Herbert Heaton, "A Merchant Adventurer in Brazil", *Journal of Economic History*, 6:1, pp. 1-23, maio de 1946, p. 8.
7 Sobre a invasão comercial britânica, ver Heaton, "A Merchant Adventurer in Brazil"; Gilberto Freyre, *Ingleses no Brasil: Aspectos da influência britânica sobre a vida, a paisagem e a cultura do Brasil*, Rio de Janeiro: José Olympio, 1948, pp. 147-281; John Mawe, *Travels in the Interior of Brazil, Particularly in the Gold and Diamond districts of that country...*, Filadélfia, 1816, pp. 110-112. Para um resumo da vida de Luccock, ver Heaton, "A Merchant Adventurer in Brazil", *passim*.
8 Heaton, "A Merchant Adventurer in Brazil", pp. 9, 13.
9 Idem, p. 11.
10 Ibid., pp. 11-12.
11 Luccock, *Notes*, p. 47.
12 Luccock, *Notes*, p. 273.
13 Heaton, "A Merchant Adventurer in Brazil", p. 8.
14 Sobre o tratado, sua aprovação e suas conseqüências no Rio, ver Manchester, *Preeminence*, pp. 77-108.
15 De Strangford para Wellesley, Rio de Janeiro, 12 de março de 1810, FO 63, códice 83, nº 17.
16 Pereira, *Príncipe e Rei*, vol. 3, p. 84.
17 Wellesley, *Letter Books*, de Wellesley para Strangford, 27 de novembro de 1810, vol. 9, Ms. 49987, nº 20; 8 de maio de 1811, vol. 10, Ms. 49988, nº 10.
18 Sobre o longo caminho para a abolição no Brasil, ver Leslie Bethell, *The Abolition of the Brazilian Slave Trade: Britain, Brazil and the slave trade question, 1807-1869*, Cambridge: Cambridge University Press, 1970, *passim*.
19 Leslie Bethell, *George Canning and the Independence of Latin America*, Londres: The Hispanic and Luso-Brazilian Councils, 1970, p. 14.

20 Luccock, *Notes*, p. 95.
21 Schultz, *Tropical Versailles*, p. 215.
22 Elizabeth Mavor (org.), *The Captain's Wife: the South American journals of Maria Graham 1821-23*, Londres: Weidenfeld & Nicolson, 1993, p. 61.
23 De Strangford para Wellesley, Rio de Janeiro, 15 de novembro de 1810, FO 63, códice 86, nº 86.
24 Schultz, *Tropical Versailles*, p. 216.
25 De Strangford para Wellesley, Rio de Janeiro, 15 de novembro de 1810, FO 63, códice 86, nº 86.
26 Jacques Arago, *Narrative of a voyage around the World...*, Londres: Treuttel and Wurtz, 1823, p. 72.
27 Ver Manchester, *Preeminence*, pp. 126-134.
28 Pereira, *Príncipe e Rei*, vol. 3, p. 78.
29 De Strangford para Castlereagh, Rio de Janeiro, 31 de dezembro de 1813, FO 63, códice 148, nº 151.
30 De Strangford para Castlereagh, Rio de Janeiro, 20 de fevereiro de 1814, FO 63, códice 167, nº 9.
31 De Strangford para Castlereagh, Rio de Janeiro, 20 de fevereiro de 1814, FO 63, códice 167, nº 8.
32 De Strangford para Castlereagh, Rio de Janeiro, 20 de fevereiro de 1814, FO 63, códice 167, nº 9.
33 De Strangford para Castlereagh, Rio de Janeiro, 6 de abril de 1814, FO 63, códice 167, nº 23.
34 Strangford, *in* Manchester, *Preeminence*, p. 103.
35 De Strangford para Castlereagh, Rio de Janeiro, 31 de dezembro de 1814, FO 63, códice 169, nº 126.
36 Marrocos, *Cartas*, p. 18.
37 Edmundo, *A Corte*, v. 2, pp. 542-543.
38 Para uma descrição vívida da Europa da restauração, ver J. B. Priestley, *The Prince of Pleasure and his Regency 1811-20*, Londres: Penguin Books, 2002.
39 Luccock, *Notes*, p. 569.
40 Sobre as complexas negociações do Congresso de Viena, ver Oliveira Lima, *Dom João*, pp. 303-334.

Capítulo Oito: O Arquivista

1 Marrocos, *Cartas*, pp. 29-30.
2 *Idem*, p. 31.
3 Schwarcz, *Biblioteca*, p. 264.
4 Marrocos, *Cartas*, p. 38.
5 *Idem*, p. 60.
6 *Ibid.*, p. 66.
7 Macaulay, *Dom Pedro*, p. 40.

8 Luiz Edmundo, *A Corte de Dom João no Rio de Janeiro (1808-21)*, Rio de Janeiro, Imprensa Nacional, 1939, p. 330.
9 Marrocos, *Cartas*, p. 68.
10 *Ibid.*, p. 73.
11 *Ibid.*, pp. 112-113.
12 *Ibid.*, p. 61.
13 *Ibid.*, p. 112.
14 Heaton, "A Merchant Adventurer in Brazil", p. 14.
15 Marrocos, *Cartas*, p. 200.
16 *Idem*, p. 223.
17 *Ibid.*, p. 208.
18 *Ibid.*, p. 111.
19 *Ibid.*, p. 222.
20 *Ibid.*, pp. 222-223.
21 *Ibid.*, p. 216.
22 *Ibid.*, p. 213.
23 *Ibid.*, p. 177.
24 *Ibid.*, p. 204.
25 *Ibid.*, pp. 249-253.
26 *Ibid.*, p. 322.
27 *Ibid.*, p. 320.
28 *Ibid.*, p. 369. A cifra mencionada significa 179 mil-réis e 200 réis, onde um mil-réis equivale a mil réis. Na época das cartas de Marrocos, um mil-réis equivalia aproximadamente a um dólar norte-americano. Ver Stanley Stein, *Vassouras: A Brazilian Coffee County, 1850-1900*, Cambridge, Mass.: Harvard University Press, 1957, p. 293.
29 *Cartas*, p. 368.
30 *Idem*, p. 383.

Capítulo Nove: As Vicissitudes do Exílio

1 Malyn Newitt, *Lord Beresford and the Governadores of Portugal*, 2001, p. 6.
2 De Beresford para *sir* David e *lady* Elizabeth Pack, *in* Newitt, *Beresford*, p. 10.
3 De Beresford para *lady* Elizabeth Pack, *in* Newitt, *Beresford*, p. 11.
4 Pereira, *Os Filhos*, p. 182.
5 *Idem*, p. 182.
6 Marrocos, *Cartas*, pp. 257-258.
7 *Idem*, p. 583 .
8 *Ibid.*, p. 285.
9 Santos, *Memórias*, vol. 2, p. 528. Na versão dos acontecimentos descrita por Marrocos (*Cartas*, p. 285), dona Carlota acompanhou por terra a frota que deixava a baía, até a praia Vermelha, de onde observou os navios desaparecerem no horizonte.
10 Macaulay, *Dom Pedro*, p. 70.

11 Oberacker, *A Imperatriz*, pp. 34-35.
12 Sousa, *História*, vol. 2, p. 65; Monteiro, *Império*, p. 86.
13 Monteiro, *Império*, p. 85.
14 Marrocos, *Cartas*, p. 165.
15 Arago, *Narrative*, p. 88-89. Mary C. Karasch, *Slave life in Rio de Janeiro*, Princeton: Princeton University Press, 1987, p. 339, atribui esse ato a D. João, equivocadamente.
16 Macaulay, *Dom Pedro*, p. 33.
17 *Idem*, p. 47.
18 Roderick J. Barman, *Citizen Emperor: Pedro II and the Making of Brazil, 1825-91*, Stanford: Stanford University Press, 1999, p. 15.
19 Palavras do cônsul Delavat, citadas *in* Sousa, *História*, vol. 2, p. 83 (edição de 1957).
20 Marrocos, *Cartas*, p. 339.
21 Mello Moraes, *Chronica*, vol. 2, p. 176.
22 Macaulay, *Dom Pedro*, p. 69.

Capítulo Dez: Uma Roma Subtropical

1 Marrocos, *Cartas*, p. 444.
2 *Idem*, p. 223.
3 O projeto não logrou êxito. Eclodiram doenças a bordo do navio destinado ao Rio e centenas de pessoas morreram, antes mesmo de porem os pés no Brasil. Com a promessa de receberem terras e escravos para cultivá-las, os suíços foram providos de enxadas e sementes na chegada. Farquhar Mathison, um viajante, deparou com o povoado, alguns anos depois de sua fundação, e encontrou apenas fileiras de casas vazias e terras cultiváveis abandonadas. Do grupo original de setecentas pessoas, apenas trezentas ficaram, enquanto o resto fugiu para municípios agrícolas mais estabelecidos, ou acabou voltando para o Rio. Ver Desmond Gregory, *Brute New World: The Rediscovery of Latin America in the Early Nineteenth Century*, Londres: British Academic Press, 1992, pp. 162-163.
4 Ver as recomendações de Viana em *Gabinete de Dom João VI*, Rio de Janeiro: Arquivo Nacional, Caixa 1, Maço 2, nº 25, 22 de agosto de 1810.
5 C. F. Philipp von Martius e Johann Baptist von Spix, *Travels in Brazil in the years 1817-1820*, 2 vols., Londres: Longman Hurst & Co., 1824, vol. I, p. 62.
6 Schwarcz, *As barbas do Imperador (...)*, p. 222-225.
7 Macaulay, *Dom Pedro*, p. 68.
8 Schwarcz, *As Barbas do Imperador* (...), p. 290.
9 Luiz Edmundo, *Rio in the time of the Viceroys*, Rio de Janeiro: J. R. de Oliveira, 1936, p. 186.
10 *Idem*, p. 186.
11 *Ibid.*, pp. 184-185.
12 Foi esse o mundo carnavalesco imortalizado por Jean-Baptiste Debret: Ver Jean Baptiste Debret, *Voyage pittoresque et historique au Brésil, ou, Séjour d'un artiste*

français au Brésil, depuis 1816 jusqu'en 1831, 3 vols., Paris: Firmin Didot Frères, 1834-1839, *passim*.

13 Sobre a escravidão no Brasil, ver Robert Edgar Conrad, *Children of God's Fire: A Documentary History of Black Slavery in Brazil*, Princeton: Princeton University Press, 1983, *passim*; Robert Edgar Conrad, *World of Sorrow*, Baton Rouge: Louisiana State University Press, 1986, *passim*; Joseph C. Miller, *Way of Death: Merchant Capitalism and the Angolan Slave Trade*, James Curry, 1988, *passim*; quanto ao Rio, ver Karasch, *Slave life in Rio de Janeiro, passim.*

14 Peter Fryer, *Rhythms of Resistance: African musical heritage in Brazil*, Londres: Pluto, 2000, p. 6.

15 João Capistrano de Abreu, *Chapters of Brazil's Colonial History 1500-1800*, Oxford: Oxford University Press, 1997, p. 51.

16 Marrocos, *Cartas*, p. 377.

17 Luccock, *Notes*, p. 64.

18 James Henderson, *A History of Brazil; comprising its geography, commerce, colonization, aboriginal inhabitants* (...), Londres, 1821, p. 74.

19 Jurandir Malerba, *A Corte no Exílio: civilização e poder no Brasil às vésperas da independência (1808-1821)*, São Paulo: Companhia das Letras, 2000, p. 141.

20 Karasch, *Slave life...*, p. 38.

21 Conrad, *God's Fire*, p. 31.

22 Conrad, *World of Sorrow*, p. 58.

23 Schultz, *Tropical Versailles*, p. 125.

24 Karasch, *Slave life*, p. 205.

25 Schultz, *Tropical Versailles*, pp. 165-176.

26 Conrad, *God's Fire*, p. 124.

Capítulo Onze: O Momento Decisivo

1 Martius e Spix, *Travels in Brazil*, vol. I, p. 221.

2 Sobre a história da Biblioteca Real, ver Schwarcz, *Biblioteca, passim.*

3 As coroações por aclamação tinham sido abandonadas em Portugal depois de o rei D. Sebastião ter sido decapitado no campo de batalha em Marrocos, em 1578. Ver Macaulay, *Dom Pedro*, p. 66.

4 De Strangford para Castlereagh, Rio de Janeiro, 31 de dezembro de 1813, FO 63, códice 148, nº 151.

5 Cheke, *Carlota Joaquina*, p. 52.

6 Oliveira Lima, *Dom João*, p. 571.

7 *Idem* p. 501.

8 Documentos Históricos, 110 vols., Biblioteca Nacional do Rio de Janeiro, 1953, vol. 102, pp. 12-13; Emilia Viotti da Costa, *The Brazilian Empire: Myths and Histories*, Chapel Hill: University of North Carolina Press, 2000, p. 8.

9 Documentos Históricos, vol. 102, pp. 12-13; Costa, *The Brazilian Empire*, p. 11.

10 Roderick J. Barman, *Brazil: The Forging of a Nation, 1798-1852*, Stanford: Stanford University Press, 1988, p. 57.

11 Ver J. A. da Costa, "Napoleon I au Brèsil", *Revue du Monde Latin*, vol. 8, pp. 205-216.
12 Barman, em *The Forging of a Nation...*, pp. 40-41, faz uma divisão diferente do que poderia ter sido: uma bacia amazônica legalista, uma cisão entre Pernambuco e a Bahia e o restante formando uma única "República do Brasil".
13 Oliveira Lima, *Dom João*, p. 515.
14 Manchester, "The Transfer of the Court to Brazil", p. 182, nota 104.
15 Alexandre, *Os Sentidos*, p. 404.
16 *Idem*, p. 406.
17 H. J. D'Araújo Carneiro, *Cartas Dirigidas a S. M. El Rey D. João VI desde 1817*, Londres: Cox & Baylis, 1821, p. 6.
18 Alexandre, *Os Sentidos*, p. 362.
19 Kenneth Maxwell, *Why Was Brazil Different? The Contexts of Independence*, Working Papers on Latin America, Cambridge, Mass.: The David Rockefeller Center for Latin American Studies, 2000, p. 17.

Capítulo Doze: Dona Leopoldina

1 Oberacker, *A Imperatriz*, p. 70.
2 Gilberto Ferrez e Robert C. Smith, *Franz Frühbeck's Brazilian Journey*, Nova York: University of Pennsylvania Press, 1960, p. 15.
3 Oberacker, *A Imperatriz*, pp. 94, 103.
4 Ferrez e Smith, *Frühbeck*, p. 16.
5 *Idem*, p. 16.
6 *Ibid.*, p. 16.
7 Oberacker, *A Imperatriz*, p. 57.
8 *Idem*, p. 56.
9 *Ibid.*, p. 16.
10 *Ibid.*, p. 60.
11 *Ibid.*, pp. 57-58.
12 "França Antártica": colônia fundada na baía do Rio de Janeiro, em 1555, pelo excêntrico nobre Nicolau de Villegagnon. Começou com grandes esperanças, mas foi dilacerada por dissidências religiosas e se separou três anos depois, sendo definitivamente desalojada pelos portugueses em 1560. Ver Hemming, *Red Gold*, pp. 119-138.
13 Oberacker, *A Imperatriz*, p. 63.
14 *Idem*, p. 75-77.
15 *Ibid.*, p. 65.
16 *Ibid.*, p. 74.
17 Sobre a viagem para o Brasil, ver Ferrez e Smith, *Frühbeck*, *passim*.
18 Oberacker, *A Imperatriz*, p. 106.
19 *Idem*, p. 111.
20 *Ibid.*, p. 166.
21 *Ibid.*, p. 121.

22 Monteiro, *Império*, p. 89.
23 Schwarcz, *Biblioteca*, p. 334.
24 Oberacker, *A Imperatriz*, p. 119.
25 Macaulay, *Dom Pedro*, p. 312, nota 37.
26 *Idem*, p. 189.
27 *Ibid.*, p. 118.
28 Para uma descrição das *Viagens Filosóficas* e da expedição de Ferreira, ver William Joel Simon, *Scientific Expeditions in the Portuguese Territories (1783-1808)* (...), Lisboa: Instituto de Investigação Científica Tropical, 1983, *passim*; Alexandre Rodrigues Ferreira, *Viagem Filosófica pelas capitanias do Grão Pará, Rio Negro, Mato Grosso e Cuiabá, 1783-1792*, Rio de Janeiro: Conselho Federal de Cultura, 1971, *passim*.
29 Simon, *Scientific Expeditions* (...), p. 126.
30 Bertita Harding, *Amazon Throne*, Londres: Harrap & Co, 1942, p. 71.
31 Oberacker, *A Imperatriz*, p. 127.
32 *Idem*, p. 164.
33 *Ibid.*, p. 167.
34 *Ibid.*, p. 136.
35 *Ibid.*, p. 179.
36 *Ibid.*, p. 179
37 *Ibid.*, p. 132.
38 Marrocos, *Cartas*, p. 305.
39 Oberacker, *A Imperatriz*, p. 176.
40 *Idem*, p. 182.
41 *Ibid.*, p. 182.
42 *Ibid.*, p. 182.

Capítulo Treze: Sinais de Perigo

1 Também houve problemas nas fronteiras do Brasil: sobre a situação sumamente complexa do resto da América do Sul durante a permanência da corte no Rio, ver David Bushnell, "The Independence of Spanish South America", *in* Leslie Bethell (org.), *The Independence of Spanish South America*, Cambridge: Cambridge University Press, 1987, pp. 95-154; Edwin Williamson, *The Penguin History of Latin America*, Londres: Allen Lane, 1992, pp. 195-228.
2 Santos, *Memórias*, vol. 2, p. 616.
3 Luccock, *Notes*, p. 572.
4 Marrocos, *Cartas*, p. 315.
5 Isabel Nobre Vargues, "O processo de formação do primeiro movimento liberal: a Revolução de 1820", *in* José Mattoso (org.), *História de Portugal*, 8 vols., Editorial Estampa, 1993, vol. 5, *O Liberalismo*, p. 57.
6 Maxwell, *Why Was Brazil Different?* (...), p. 10.
7 *Idem*, p. 10.
8 De Beresford para Palmela, *in* Pereira, *Os filhos* (...), pp. 286-287.

9 De Thornton para Castlereagh, Rio de Janeiro, 18 de novembro 1820, FO 63, códice 229, nº 60.
10 Barman, *The Forging of a Nation...*, p. 61.
11 *Idem*, p. 69.
12 Francisco Adolfo de Varnhagen, *História da Independência do Brasil*, Brasília, 1972, p. 42.
13 Norton, *A Corte de Portugal* (...), p. 85.
14 Duque de Palmella, *Despachos e Correspondência do Duque de Palmella colligidos e publicados por J. J. Dos Reis e Vasconcellos*, 4 vols., Lisboa: Imprensa Nacional, 1851, vol. I, p. 142.
15 Edmundo, *A Corte*, vol. 2, p. 621.
16 Oberacker, *A Imperatriz*, p. 205.
17 *Idem*, p. 200.
18 *Ibid.*, p. 200.
19 *Ibid.*, pp. 200-201.
20 *Ibid.*, pp. 200-203.
21 Macaulay, *Dom Pedro*, p. 76.
22 Schultz, *Versailles*, p. 239.

Capítulo Catorze: O Retorno

1 Para descrições dos últimos meses da corte no Rio, ver Barman, *The Forging of a Nation*, pp. 65-80; Macaulay, *Dom Pedro*, pp. 70-86; Schultz, *Versailles*, pp. 235-247; Varnhagen, *História*, pp. 35-94.
2 Schultz, *Versailles*, pp. 247-265.
3 Macaulay, *Dom Pedro*, p. 78.
4 *Idem*, p. 80.
5 De Thornton para Castlereagh, Rio de Janeiro, 3 de maio de 1821, FO 63, códice 227, nº 30.
6 De Thornton para Castlereagh, Rio de Janeiro, 3 de maio de 1821, FO 63, códice 227, nº 30.
7 Schultz, *Versailles*, p. 247.
8 Macaulay, *Dom Pedro*, p. 85.
9 Debret, *Voyage*, vol. 3, p. 268.
10 Mello Moraes, *Chronica*, vol. 2, p. 208.
11 Schwarcz, *Biblioteca*, p. 355.
12 Oberacker, *A Imperatriz*, pp. 211-212.
13 De Thornton para Castlereagh, Rio de Janeiro, 27 de abril de 1821, FO 63, códice 227, nº 5.
14 De Thornton para Castlereagh, Rio de Janeiro, 27 de abril de 1821, FO 63, códice 227, nº 5.
15 De Thornton para Castlereagh, Rio de Janeiro, 27 de abril de 1821, FO 63, códice 227, nº 5.
16 Cheke, *Carlota Joaquina*, p. 87.

17 Fronteira e d'Alorna, *Memórias*, vol. I, p. 241.
18 *Idem*, vol. I, p. 241.
19 Pereira, *Príncipe e Rei*, vol. 4, p. 175.

Capítulo Quinze: As Conseqüências

1 Schwarcz, *Biblioteca*, p. 360. De acordo com Marques Pereira, essa carta, freqüentemente citada, é apócrifa, embora exista uma cópia dela, com a assinatura "Rainha", na biblioteca do palácio da Ajuda, em Lisboa. Ver Marques Pereira, *Espelhos*, p. 172, nota 73.
2 Macaulay, *Dom Pedro*, p. 96, 176.
3 *Idem*, p. 101.
4 *Ibid.*, p. 106.
5 *Ibid.*, p. 107.
6 *Ibid.*, p. 117.
7 *Ibid.*, p. 199.
8 *Ibid.*, p. 202.
9 Marques Pereira, *Espelhos*, p. 157.
10 *Idem*, p. 159.
11 Robert Harvey, *Liberators: Latin America's struggle for independence*, Londres: John Murray, 2000, p. 469.
12 Fonblanque, *Strangford*, p. 161.
13 Macaulay, *Dom Pedro*, p. 227.

Epílogo

1 Sobre a transformação do Rio durante os séculos XIX e XX, ver Arquivo Geral da Cidade, *Memória da Destruição: Rio — Uma História que se perdeu (1889-1965)*, Rio de Janeiro: Arquivo da Cidade, 2002, *passim*; Teresa Meade, *'Civilizing' Rio: reform and resistance in a Brazilian city, 1889-1930*, Pensilvânia: Pennsylvania State University Press, 1997, *passim*; Jeffery Needell, *A tropical belle époque: elite culture and society in turn-of-the-century Rio de Janeiro*, Cambridge: Cambridge University Press, 1987, *passim.*
2 Schwarcz, *Biblioteca*, p. 282.

Seleta Bibliográfica

Abrantès, Laure Junot. *Memoirs of the Duchess D'Abrantès*, 8 vols. Londres: Henry Colborn and Richard Bentley, 1833.

Abreu, João Capistrano de. *Chapters of Brazil's Colonial History 1500-1800*. Oxford: Oxford University Press, 1997.

Alexandre, Valentim. *Os Sentidos do Império: Questão Nacional e Questão Colonial na Crise do Antigo Regime*. Porto: Edições Afrontamento, 1993.

Anônimo. *Plano Sábio, Profferido no Parlamento de Inglaterra pelo Ministro de Estado Mr. Pitt, sobre a Continuação da Guerra com a França, e Trasladação do Throno de Portugal para o Novo Império do Brasil. Com Licença da Meza do Desembargo do Paço*. Lisboa, 1808.

Arago, J. *Narrative of a Voyage Around the World...* Londres: Treuttel and Wurtz, 1823.

Arquivo Geral da Cidade. *Memória da Destruição: Rio — Uma História que se Perdeu (1889-1965)*. Rio de Janeiro: Arquivo da Cidade, 2002.

Azevedo, Francisca L. Nogueira de. *Carlota Joaquina na Corte do Brasil*. Rio de Janeiro: Civilização Brasileira, 2003.

Bahiense, Norbertino Domingos. *Martins e a Revolução Pernambucana de 1817*. Espírito Santo: Instituto Histórico e Geográfico do Espírito Santo, 1974.

Barman, Roderick J. *Citizen Emperor: Pedro II and the Making of Brazil, 1825-91*. Stanford: Stanford University Press, 1999.

__________. *Brazil: The Forging of a Nation, 1798-1852*. Stanford: Stanford University Press, 1988.

Barrow, John. *The Life and Correspondence of Admiral Sir William Sidney Smith*, 2 vols. Londres: Richard Bentley, 1848.

Beckford, William. *Recollections of an Excursion to the Monasteries of Alcobaça and Batalha*. Fontwell: Centaur Press Ltd., 1972.

Beirão, Caetano. *D. Maria I, 1777-1792.* Lisboa: Imprensa Nacional de Publicidade, 1944.

Bethell, Leslie (org.). *Colonial Brazil.* Cambridge: Cambridge University Press, 1987.

____________. The *Independence of Spanish South America.* Cambridge: Cambridge University Press, 1987.

____________. *The Abolition of the Brazilian Slave Trade: Britain, Brazil and the Slave Trade Question, 1807-1869.* Cambridge: Cambridge University Press, 1970.

____________. *George Canning and the Independence of Latin America.* Londres: The Hispanic and Luso-Brazilian Councils, 1970.

Blakeney, Robert. *A Boy in the Peninsular War.* Londres: Greenhill Books, 1989.

Bonavides, Paulo, e Roberto Amaral. *Textos Políticos da História da Brasil*, 9 vols. Brasília: Senado Federal, Subsecretaria de Edições Técnicas, 1996.

Boxer, Charles Ralph. *The Golden Age of Brazil: Growing Pains of a Colonial Society, 1695-1750.* Manchester: Carcanet, 1995.

____________. *The Portuguese Seaborne Empire, 1415-1825.* Manchester: Carcanet, 1991.

____________. *From Lisbon to Goa, 1500-1750.* Londres: Variorum Reprints, 1984.

____________. *Four Centuries of Portuguese Expansion, 1415-1825: A Succinct Survey.* Joanesburgo: Witwatersrand University Press, 1961.

____________. *The Dutch in Brazil 1624-1654.* Oxford: Clarendon Press, 1957.

Brandão, Raúl. *El Rei Junot.* Coimbra: Atlântida, 1974.

Brougham, Henry Peter. *The Life and Times of Henry Lord Brougham*, 3 vols. Edimburgo & Londres: William Blackwood and Sons, 1871.

Browne, capitão Thomas Henry. The *Napoleonic War Journal of Captain Thomas Henry Browne, 1807-1816.* Londres: Bodley Head for the Army Records, 1987.

Bueno, Eduardo. *A Viagem do Descobrimento: A Verdadeira História da Expedição de Cabral.* Rio de Janeiro: Objetiva, 1998.

Bushnell, David. "The Independence of Spanish South America". *In* Bethell (org.), *The Independence of Spanish South America.* Cambridge: Cambridge University Press, 1987, pp. 95-154.

Calmon, Pedro. *O Rei do Brasil.* Rio de Janeiro: José Olympio, 1935.

Cannadine, David. *Ornamentalism: How the British Saw their Empire.* Londres: Penguin, 2001.

Carneiro, H. J. D'Araújo. *Cartas Dirigidas a S. M. El Rey D. João VI desde 1817.* Londres: Cox & Baylis, 1821.

Cheke, Marcus. *Carlota Joaquina: Queen of Portugal.* Londres: Sidgwick and Jackson Limited, 1947.

Cohen, Thomas. *The Fire of Tongues: António Vieira and the Missionary Church in Brazil and Portugal.* Stanford: Stanford University Press, 1998.

Coleman, Terry. *Nelson.* Londres: Bloomsbury, 2002.

Conrad, Robert Edgar. *World of Sorrow*. Baton Rouge: Louisiana State University Press, 1986.

__________. *Children of God's Fire: A Documentary History of Black Slavery in Brazil*. Princeton: Princeton University Press, 1983.

Correia-Afonso, John (org.). *Intrepid Itinerant: Manuel Godinho and his Journey from India to Portugal in 1663*. Oxford: Oxford University Press, 1990.

Costa, Emilia Viotti da. *The Brazilian Empire: Myths and Histories*. Chapel Hill: University of North Carolina Press, 2000.

Cunha, D. Luís da. *Instruções Inéditas de D. Luís da Cunha e Marco António de Azevedo Coutinho*. Coimbra: Coimbra University Press, 1929.

Debret, Jean-Baptiste. *Voyage pittoresque et historique au Brésil, ou, Séjour d'un artiste français au Brésil, depuis 1816 jusqu'en 1831*, 3 vols. Paris: Firmin Didot Frères, 1834-1839.

Dropmore Papers. *An Outline of a Scheme to Transport the Prince Regent of Portugal, or His Son, to Brazil and to Send a Military Force to Assist the Emancipation of Spanish and Portuguese America and the Opening up of South America to British Trade*. British Library Manuscripts, vol. CCCCXXXI, Ms. 59285, 1805-antes de 25 de junho de 1806.

Edmundo, Luiz. *A Corte de Dom João no Rio de Janeiro (1808-21)*, 3 vols. Rio de Janeiro: Imprensa Nacional, 1939.

__________. *Rio in the Time of the Viceroys*. Rio de Janeiro: J. R. de Oliveira, 1936.

Esdaile, Charles J. *The Peninsular War: A New History*. Londres: Allen Lane, 2002.

__________. *Spain in a Liberal Age: From Constitution to Civil War, 1808-1939*. Oxford: Blackwell, 2000.

Esparteiro, Antônio Marques *et al*. "Transmigração da Família Real para o Brasil". *In História Naval Brasileira*, 2 vols. Rio de Janeiro: Ministério da Marinha, 1979, vol. 2, pp. 323-368.

Ferreira, Alexandre Rodrigues. *Viagem Filosófica pelas Capitanias do Grão Pará, Rio Negro, Mato Grosso e Cuiabá, 1783-1792*. Rio de Janeiro: Conselho Federal de Cultura, 1971.

Ferrez, Gilberto e Robert C. Smith. *Franz Frühbeck's Brazilian Journey*. Nova York: University of Pennsylvania Press, 1960.

Ferrez, Marc. *O Rio Antigo do Fotógrafo Marc Ferrez: Paisagens e Tipos Humanos do Rio de Janeiro 1865-1918*. Rio de Janeiro: Editora Ex Libris, 1985.

Fonblanque, Edward Barrington de. *The Lives of Lord Strangford*. Londres: Cassell Petter & Galpin, 1877.

França, Jean Marcel Carvalho (org.). *Visões do Rio de Janeiro Colonial: Antologia de textos, 1531-1800*. Rio de Janeiro: José Olympio, 1999.

Francis, David. *Portugal 1715-1808: Joanine, Pombaline and Rococo Portugal as seen by British Diplomats and Traders*. Londres: Tamesis, 1985.

Freyre, Gilberto. *Ingleses no Brasil: Aspectos da Influência Britânica sobre a Vida, a Paisagem e a Cultura do Brasil.* Rio de Janeiro: José Olympio, 1948.

Fronteira e d'Alorna, marquês de. *Memórias do Marquês de Fronteira e d'Alorna*, 6 vols. Coimbra: Imprensa da Universidade, 1932.

Fryer, Peter. *Rhythms of Resistance: African Musical Heritage in Brazil.* Londres: Pluto, 2000.

Garcia, Rudolfo (org.). *Correspondência entre Maria Graham e a Imperatriz Dona Leopoldina e Cartas.* Rio de Janeiro: Biblioteca Nacional, 1940.

Glover, Michael. *The Peninsular War 1807-1814: A Concise Military History.* Londres: Penguin Books, 2001.

Graham, Maria. *Journal of a Voyage to Brazil and Residence There, 1821-23.* Londres, 1824.

Gregory, Desmond. *Brute New World: The Rediscovery of Latin America in the Early Nineteenth Century.* Londres: British Academic Press, 1992.

Guedes, Max Justo, e Gerald Lombardi (orgs.). *Portugal Brazil: The Age of the Atlantic Discoveries.* Lisboa: Bertrand Edition, Franco Maria Ricci, Brazil Cultural Foundation, 1990.

Harding, Bertita. *Amazon Throne.* Londres: Harrap & Co., 1942.

Harvey, Robert. *Liberators: Latin America's Struggle for Independence.* Londres: John Murray, 2000.

Hayter, Alethea (org.). *The Backbone: Diaries of a Military Family in the Napoleonic Wars.* Edimburgo: Pentland, 1993.

Heaton, Herbert. "A Merchant Adventurer in Brazil", *Journal of Economic History*, 6:1, maio de 1946, pp. 1-23.

Hemming, John. *Red Gold: The Conquest of the Brazilian Indians.* Londres: Papermac, 1995.

Henderson, James. *A History of Brazil; Comprising its Geography, Commerce, Colonization, Aboriginal Inhabitants...* Londres, 1821.

Hughes, Robert. *The Fatal Shore.* Londres: Pan Books, 1987.

João VI, Dom. *Gabinete de Dom João VI*, Caixas 1-6. Rio de Janeiro: Arquivo Nacional, 1808-1821.

Johnson, H. B. "Portuguese Settlement, 1500-1580". *In* Bethell (org.), *Colonial Brazil.* Cambridge: Cambridge University Press, 1987, pp. 1-38.

Johnson, Paul. *Napoleon.* Londres: Weidenfeld & Nicolson, 2002.

Karasch, Mary C. *Slave Life in Rio de Janeiro.* Princeton: Princeton University Press, 1987.

__________. "Rio de Janeiro: From Colonial Town to Imperial Capital". *In* Robert Ross e Gerard Telkamp (orgs.), *Colonial Cities: Essays on Urbanism in a Colonial Context.* Comparative studies in overseas history, vol. 5. Dordrecht: Nijhoff, 1985.

Ley, Charles David (org.). *Portuguese Voyages 1498-1663: Tales from the Great Age of Discovery.* Londres: Phoenix Press, 2000.

Light, Kenneth. "A Viagem da Família Real para o Brasil, 1807-1808". *In D. João VI: Um Rei Aclamado na América.* Rio de Janeiro: Museu Histórico Nacional, 2000, pp. 108-113.

__________. *The Migration of the Royal Family of Portugal to Brazil in 1807-1808.* Rio de Janeiro, 1995.

Livermore, H. V. *A History of Portugal.* Cambridge: Cambridge University Press, 1947.

Luccock, John. *Notes on Rio de Janeiro, and the Southern Parts of Brazil Taken During a Residence of Ten Years in that Country, from 1808 to 1818.* Londres, 1820.

Macalpine, Ida, e Richard Hunter. *George III and the Mad-Business.* Londres: Pimlico, 1991.

Macaulay, Neill. *Dom Pedro: The Struggle for Liberty in Brazil and Portugal.* Durham: Duke University Press, 1986.

Macaulay, Rose. *They Went to Portugal.* Harmondsworth: Penguin, 1985.

McLynn, Frank. *Napoleon: A Biography.* Londres: Pimlico, 1997.

Malerba, Jurandir. *A Corte no Exílio: Civilização e Poder no Brasil às Vésperas da Independência (1808-1821).* São Paulo: Companhia das Letras, 2000.

Manchester, Alan K. "The Transfer of the Court to Brazil". *In* Henry H. Keith e S. F. Edwards (orgs.), *Conflict and Continuity in Brazilian Society.* Columbia: University of South Carolina Press, 1969, p. 148-190.

__________. *British Preeminence in Brazil: Its Rise and Decline.* Chapel Hill: University of North Carolina Press, 1933.

Marbot, Jean-Baptiste Antoine Marcellin de. *The Memoirs of Baron de Marbot,* 2 vols. Londres: Longmans, Green & Co., 1988.

Marchant, Anyda. "Dom João's Botanical Garden", *The Hispanic American Historical Review,* vol. 41, nº 2, maio de 1961, pp. 259-274.

Marques Pereira, Sara. *D. Carlota Joaquina e os "Espelhos de Clio": Actuação Política e Figurações Historiográficas.* Lisboa: Livros Horizonte, 1999.

Marrocos, Luiz Joaquim dos Santos. *Cartas de Luiz Joaquim dos Santos Marrocos.* Rio de Janeiro: Anais da Biblioteca Nacional do Rio de Janeiro, vol. 56, 1934.

Martius, C. F. Philipp von, e Johann Baptist von Spix. *Travels in Brazil in the Years 1817-1820,* 2 vols. Londres: Longman Hurst & Co., 1824.

Mattoso, José (org.). *História de Portugal,* 8 vols. Lisboa: Editorial Estampa, 1993.

Mavor, EIizabeth (org.). *The Captain's Wife: the South American Journals of Maria Graham 1821-23.* Londres: Weidenfeld & Nicolson, 1993.

Mawe, John. *Travels in the Interior of Brazil, Particularly in the Gold and Diamond Districts of that Country...* Filadélfia, 1816.

Maxwell, Kenneth. *Why was Brazil Different? The Contexts of Independence.* Working Papers on Latin America. Cambridge, Mass.: The David Rockefeller Center for Latin American Studies, 2000.

__________. *Pombal, Paradox of the Enlightenment.* Cambridge: Cambridge University Press, 1995.

———. "The Generation of the 1790s and the Idea of Luso-Brazilian Empire". *In* Dauril Alden (org.), *Colonial Roots of Modern Brazil.* Berkeley: University of California Press, 1973.

Meade, Teresa. *"Civilizing" Rio: Reform and Resistance in a Brazilian City, 1889-1930.* Pensilvânia: Pennsylvania State University Press, 1997.

Mello Moraes, A. J. de. *Chronica Geral do Brasil,* 2 vols. Rio de Janeiro, 1886.

———. *História de Transladação da Corte Portugueza para o Brasil em 1807-1808.* Rio de Janeiro, 1872.

Miller, Joseph C. *Way of Death: Merchant Capitalism and the Angolan Slave Trade.* Londres: James Curry, 1988.

Monteiro, Tobias. *História do Império: A Elaboração da Independência.* Rio de Janeiro: Briguiet, 1927.

Napier, William. "A Reply to Lord Strangford's 'Observations'", *History of the War in the Peninsula,* 4 vols., Londres, 1848.

Needell, Jeffery. *A Tropical Belle Époque: Elite Culture and Society in Turn-of-the-Century Rio de Janeiro.* Cambridge: Cambridge University Press, 1987.

Newitt, Malyn. *Lord Beresford and the Governadores of Portugal,* 2001.

———. *The First Portuguese Colonial Empire.* Exeter: University of Exeter, 1986.

Norris, A. H., e R. W. Bremmer. *The Lines of Torres Vedras.* Lisboa: The British Historical Society of Portugal, 1980.

Norton, Luiz. *A Corte de Portugal no Brasil.* São Paulo: Companhia Editora Nacional, 1979.

Oberacker, Carlos H. Jr. *A Imperatriz Leopoldina.* Rio de Janeiro: Conselho Federal de Cultura, 1973.

Oliveira Lima, Manuel de. *Dom João VI no Brasil.* Rio de Janeiro: Topbooks, 1996.

O'Neill, Thomas. *A Concise and Accurate Account of the Proceedings of the Squadron under the Command of Rear Admiral Sir W. S. Smith, in Effecting the Escape and Escorting the Royal Family of Portugal to the Brazils...* Londres, 1807.

Opfell, Olga S. *Queens, Empresses, Grand Duchesses and Regents: Women Rulers of Europe, A.D. 1328-1989.* Jefferson N.C.: McFarland, 1989.

Palmella, duque de. *Despachos e Correspondência do Duque de Palmella colligidos e publicados por J. J. Dos Reis e Vasconcellos,* 4 vols. Lisboa: Imprensa Nacional, 1851.

Pereira, Ângelo. *Os Filhos d'El-Rei D. João VI.* Lisboa: Imprensa Nacional da Publicidade, 1946.

———. *D. João VI, Príncipe e Rei,* 4 vols. Lisboa: Imprensa Nacional da Publicidade, 1953.

Pimentel, António Filipe. *Arquitectura e Poder: o Real Edifício de Mafra.* Coimbra: Universidade de Coimbra, 1992.

Pocock, Tom. *A Thirst For Glory: The Life of Sir Sidney Smith*. Londres: Aurum Press, 1996.

Prado Jr., Caio. *The Colonial Background of Modern Brazil.* Berkeley & Los Angeles: University of California Press, 1971.

Presas, José. *Memórias Secretas de D. Carlota Joaquina.* Rio de Janeiro: Tecnoprint, 1996.

Priestley, J. B. *The Prince of Pleasure and his Regency 1811-20.* Londres: Penguin Books, 2002.

Rodrigues, Ana Maria (org.). *D. João VI e o seu Tempo.* Rio de Janeiro: Comissão Nacional para as Comemorações dos Descobrimentos Portugueses, 1999.

Rodrigues, João Barbosa. *Hortus Fluminensis.* Rio de Janeiro, 1894.

Russell, Peter. *Prince Henry "the Navigator". A Life.* New Haven: Yale University Press, 2000.

Russell-Wood, A. J. R. *A World on the Move: the Portuguese in Africa, Asia, and America, 1415-1808.* Manchester: Carcanet, 1992.

Santos, Luiz Gonçalves dos. *Memórias para Servir à História do Reino do Brasil*, 2 vols. Rio de Janeiro: Livraria Editora Zélio Valverde, 1943.

Saramago, José. *Journey to Portugal: A Pursuit of Portugal's History and Culture.* Londres: Harvill, 2000.

Schroeder, Paul W. *The Transformation of European Politics 1763-1848.* Oxford: Oxford University Press, 1994.

Schultz, Kirsten. *Tropical Versailles: Empire, Monarchy, and the Portuguese Royal Court in Rio de Janeiro, 1808-1821.* Nova York: Routledge, 2001.

__________. "Royal Authority, Empire and the Critique of Colonialism: Political Discourses in Rio de Janeiro (1808-1821)", *Luso-Brazilian Review*, XXXVII, 2000, pp. 7-31.

Schwarcz, Lilia Moritz. *As Barbas do Imperador: D. Pedro II, um Monarca nos Trópicos.* São Paulo: Companhia das Letras, 1998.

__________. *A Longa Viagem da Biblioteca dos Reis: Do Terremoto de Lisboa à Independência do Brasil.* São Paulo: Companhia das Letras, 2002.

Schwartz, Stewart B. "Plantations and peripheries, *c.*1580-*c.*1750". *In* Bethell (org.), *Colonial Brazil.* Cambridge: Cambridge University Press, 1987, pp. 67-81.

Simões, Henrique Campos. *As Cartas do Brasil.* Ilhéus: Editora da UESC, 1999.

Simon, William Joel. *Scientific Expeditions in the Portuguese Territories (1783-1808)...* Lisboa: Instituto de Investigação Científica Tropical, 1983.

Sousa, Octávio Tarquínio de. *História dos Fundadores do Império do Brasil*, 10 vols. Rio de Janeiro: José Olympio, 1972.

Souza, Iara Lis Carvalho. *Pátria Coroada: O Brasil como Corpo Político Autônomo 1780-1831.* São Paulo: Editora UNESP, 1998.

Tavares, Francisco Muniz. *História da Revolução de Pernambuco de 1817.* Recife: Governo do Estado, Casa Civil de Pernambuco, 1969.

Thomas, Gordon Kent. *Wordsworth's Dirge and Promise: Napoleon, Wellington and the Convention of Cintra.* Lincoln: University of Nebraska Press, 1971.

Tostes, Vera Lúcia Bottrel (org.). *D. João VI: Um Rei Aclamado na América.* Rio de Janeiro: Museu Histórico Nacional, 2000.

Vargues, Isabel Nobre. "O processo de formação do primeiro movimento liberal: a Revolução de 1820". *In* José Mattoso (org.), *História de Portugal,* 8 vols. Lisboa: Editorial Estampa, 1993, vol. 5: *O Liberalismo,* pp. 45-63.

Varnhagen, Francisco Adolfo de. *História da Independência do Brasil.* Brasília, 1972.

Wellesley, Richard. *Letter Books,* 14 vols. Vols. 9-10: Dispatches of Lord Wellesley to Percy Clinton Sydney Smythe, Ms. 49987-8, British Library, 1810-1812.

Williamson, Edwin. *The Penguin History of Latin America.* Londres: Allen Lane, 1992.

Índice Remissivo

Agradecimentos

Gostaria de agradecer a meu irmão Hugo por seu otimismo e incentivo, quando este livro não passava de um esboço mental rudimentar. Vários anos depois, sua orientação editorial revelou-se de valor inestimável. Roderick J. Barman, Alfeu França, Neill Macaulay, Malyn Newitt, Steve Nugent, Kirsten Schultz e Landeg White investiram tempo e trabalho para palmilhar um manuscrito inicial completo e oferecer comentários e correções conducentes à reflexão. Em Bloomsbury, meus agradecimentos vão para meus editores, Rosemary Davidson, Victoria Millar, Nicola Barr e Margaret Stead, por seu *feedback* detalhado, e também para Liz Calder, por seu apoio entusiástico a este projeto desde o início. No plano das ilustrações, Elisa Guerra, no Rio de Janeiro, fotografou algumas das lâminas.

Minha família inteira ofereceu-me um respaldo sólido ao longo de todo o processo — especialmente meus pais, em Sydney, e Helen e Paul Godard, em Nîmes, cuja mescla típica de hospitalidade descontraída e esplêndida cozinha provençal facilitou minha travessia de alguns períodos difíceis de redação. Entre os muitos que me ajudaram, apoiaram e alimentaram no Rio, ao longo dos anos, com verdadeiro carinho carioca, estão Ana Claudia e Christian Lachmann, Mara Ruth e Adriana Baião, Luciana Pappacena, Milton Machado, Cézar e Lívia Baião, Maria Augusta França, Leonardo Coelho, Maria Alice França, Edyomar Vargas, Edyomar Filho, Lara de Assis Rosa, Zenir de Paula, Adriana (Cat),

Aydano e os "tios" Alfeu, Déa, Aimar, Roberto, Leny e Leila. Para eles, espero que este livro possa retribuir um pouco do calor humano e da amizade que me ofereceram durante esta última década.

Londres, 2004

IMPRESSÃO E ACABAMENTO:
YANGRAF Fone/Fax:
6195.77.22
e-mail:yangraf.comercial@terra.com.br